나와 우주의 집중탐구
나는
누구인가?

나는 누구인가?

초판 1쇄 발행 2017년 10월 30일

지은이 남경흥
펴낸이 장길수
펴낸곳 지식과감성#
출판등록 제2012-000081호

디자인 최예슬
편집 이현, 이다래
교정 이주영
마케팅 고은빛, 윤석영

주소 서울시 금천구 가산동 60-5 갑을그레이트밸리 B동 507호
전화 070-4651-3730~4
팩스 070-4325-7006
이메일 ksbookup@naver.com
홈페이지 www.knsbookup.com

ISBN 979-11-5961-876-5(04440)
값 19,000원

ⓒ 남경흥 2017 Printed in Korea

잘못된 책은 구입하신 곳에서 바꾸어 드립니다.
이 책의 전부 또는 일부 내용을 재사용하려면 사전에 저작권자와 펴낸곳의 동의를 받아야 합니다.

이 도서의 국립중앙도서관 출판예정도서목록(CIP)은 서지정보유통지원시스템
홈페이지(http://seoji.nl.go.kr)와 국가자료공동목록시스템(http://www.nl.go.kr/kolisnet)에서
이용하실 수 있습니다. (CIP제어번호 : CIP2017027527)

홈페이지 바로가기

성공학 총서 4-1

나와 우주의 집중탐구

나는 누구인가?

성공의 문을 여는 첫 질문

로터스성공학연구소장 **시전 남경흥**

로터스성공학연구소　지식과감정

목차

Prologue _10

제1부 나는 누구인가?

제1장 나는 누구인가? ··· 24

1. 나를 일깨우는 질문 "나는 누구인가?" _24
2. 우주의 탄생 비밀은 나의 존재를 푸는 열쇠다 _32
3. 몸과 마음의 신비로운 결합이 이 우주를 대변하고 있다 _35
   3.1. 구체적 형상을 지닌 물질로 이루어진 우리의 몸을 살펴보자
   3.2. 비물질인 마음의 본질은 무엇인지 살펴보자
   3.3. 종합과 통찰

제2장 삶이란 무엇인가? ··· 45

1. 태어남은 어떤 의미를 담고 있는가? _45
2. 삶의 진정한 의미는 무엇인가? _54
3. 삶이란 목적이 있는 여행인가? _60
   3.1. 삶은 무한성을 증명해 가는 과정이다
   3.2. 삶이란 이 세상과의 놀이이다
   3.3. 행복이란 삶의 목표가 아니라 과정이다

제2부 생명이란 무엇인가?

제1장 생명에 대한 통찰 ········· 73

1. 생물학적 생명관 _73
2. 우주론적 생명관 _81
3. 양자론적 생명관 _85
4. 마음(의식)의 측면에서 바라본 생명관 _91
5. 요약과 통찰 _96

제2장 생명을 지배하는 우주의 법칙 ········· 99

1. 우주창조의 비밀을 간직한 대칭성(Symmetry) _99
2. 마법의 숫자 "3"의 비밀 _102
3. 영속변화의 법칙 _114
4. 진동의 법칙 _117
5. 끌어당김과 밀어냄의 법칙 _122
   5.1. 개관
   5.2. 사랑의 본질은 중력이자 관계(결맺음)이다
6. 성장과 진화의 법칙 _132
7. 인과의 법칙 _134
8. 상대성의 법칙 _137
9. 이원성 또는 양극성의 법칙 _140
10. 프랙털적 진화의 법칙 _144

제3부 우주와 나의 연결성

제1장 우리 우주의 탄생과 존재가 바로 나다 ········· 152

1. 빅뱅을 통해 잠에서 깨어난 우주 _152
2. 다중우주 중 하나일 가능성이 높은 우리 우주 _156

제2장 우리 우주의 구성과 내 몸의 구성은 동일하다 159

1. 개관 _159
2. 일반물질(보손과 페르미온) _161
3. 암흑물질 _163
4. 암흑에너지 _169
5. 명상과 통찰 −우주와 나의 본질은 허공이다− _173

제3장 물질과 질량 – 나를 이 세상에 드러내는 출발점 177

1. 물질의 본질인 미립자의 탄생과 진화 _177
2. 질량, 나를 이 세상에 드러내는 시작 _182
   2.1. 개관
   2.2. 명상과 통찰

제4장 다른 나 – 반물질의 존재 187

1. 우주의 모든 물질이 반대 짝을 가지고 있다 _187
2. 또 다른 '나'는 존재하는가? _191

제5장 우주와 나를 움직이는 힘(동력) 192

1. 힘이란 무엇인가? _192
2. 모든 힘의 어머니인 중력 _194
3. 중력에서 파생된 힘들 _201
   3.1. 전자기력
   3.2. 강한 핵력
   3.3. 약한 핵력
4. 파생된 3가지 힘의 통합 _205
5. 중력은 과연 힉스입자의 작용인가? _206

제6장 시작과 끝을 알려주는 시간의 비밀 ······ 208

1. 시간에 대한 역사 _208
2. 대칭성 깨짐의 결과로 파생한 시간 개념 _210
3. 실수시간과 허수시간 _212
4. 시간은 어떤 의미를 갖는가? _214

제7장 탄생과 죽음의 비밀 - 우주를 이루는 2가지 본질계의 존재 ····· 218

1. 절대계(무극)와 상대계(태극)란 무엇인가? _219
2. 절대계와 상대계의 통합된 시스템인 우리 우주와 나의 역할 _228

제4부 확률이 지배하는 우주와 나

제1장 고전역학의 종언과 양자역학의 태동 ······ 240

1. 고전역학의 종언 _240
2. 상대성이론과 양자역학의 부상 _242
    2.1. 상대성이론
    2.2. 양자역학의 태동
    2.3. 양자역학의 놀라운 성과

제2장 이 세상의 본질은 끈들의 파동이다 ······ 260

1. 초 끈 이론 _260
    1.1. 초 끈 이론
    1.2. 힉스장
2. 초대칭성(Supersymmetry) _267
3. 초대칭의 흔적을 밝혀줄 중력파 _271
4. 다중우주를 예측하는 끈 이론 _274

제3장 요약과 통찰 ······ 276

제5부 진공의 놀라운 비밀 – 우주와 나를 구성하는 본체

제1장 진공이란 무엇인가? ····················· 281

1. 고전역학에서의 진공 _281
2. 양자역학에서의 양자 진공 _283
    - 2.1. 진공상태에서의 양자요동 – 생명창조의 장
    - 2.2. 가상입자의 실제입자로의 변신
    - 2.3. 가상입자의 쌍소멸과 우연한 탈출
    - 2.4. 디지털 세상의 도래와 이를 넘어설 양자컴퓨터

제2장 블랙홀과 화이트홀 ····················· 296

1. 블랙홀은 정보장이다 _296
2. 블랙홀의 유동성은 진공과 유사하다 _301

제3장 양자진공과 마음의 유사성 ····················· 304

1. 양자 진공과 마음의 유사성 비교 _304
2. 홀로그램적 성질을 가진 양자진공과 마음 _312
    - 2.1. 우주는 유동하는 거대한 홀로그램이다
    - 2.2. 두뇌는 정보의 홀로그램적 저장장치이다
    - 2.3. 만물은 홀로무브먼트의 다른 측면이다
3. 요약과 통찰 _322

제6부 우주가 가르쳐주는 깨달음

제1장 새로운 시작을 알리는 깨달음 327

1. 마음의 영원성과 나의 주체성 _327
2. 보이지 않는 미시세계의 중요성 _331
3. 우주는 이 세상이 '믿음체계'임을 보여 주고 있다 _344
4. 우주만물의 본질은 정보(순수의식)이다 _345
   - 4.1. 우주만물의 본질이 정보라고 보는 이유
   - 4.2. 우주만물은 매트릭스로 상호 연결되어 있다
5. 마음의 근원인 진공, 무한한 보물창고 _359
6. 진공과 미립자는 생명의 원천이다 _371
7. 연결을 지향하는 것이 본질에 이르는 길이다 _376

제2장 내가 우주의 중심이다 386

1. 부족함이 일상이라는 제한적 생각을 털어내고,
   풍요로움이 일상이라는 생각으로 마음을 가득 채우자 _386
2. 내가 우주의 중심이다 _389

Epilogue _391

Prologue

　필자는 2013년 《우주와 나를 연결하는 허공의 놀라운 비밀》이라는 제목의 저서에서 나와 우주가 끈으로 연결된 하나라는 화두를 던지면서, 이 세상의 본질은 일반적으로 우리가 알고 있는 것처럼 공짜 점심은 일절 없는 부족함이 지배하는 고통의 세상이 아니라 어느 곳에서나 공짜 점심이 넘쳐흐르는 풍요의 세상이라는 것을 과학적 분석을 바탕으로 주장한 바 있다.

　그러면서 이제 막 시작된 4차 산업혁명은 이 세상을 더욱 풍요롭고 서로 연결된 하나의 세상으로 만들어 주는 정(正, +)의 효과와 더불어 부(富)의 편재라는 부(負, -)의 효과가 일상적이 될 것이라는 견해를 피력하였다.

　모든 것이 급격히 변화하고 있는 21세기 격동의 시대에 들어선 지금, 예전의 사고의 틀에서 벗어나 나의 본질을 철저히 이해하고 여기에서 참 지혜를 얻어 새로운 대처방안을 마련하지 않는다면 우리 보통 사람들은 철저히 기술혁신의 과실(果實)에서 멀어져 고통의 바다에 내던져질 것이다.

　기술혁명이란 물질문명이 디지털혁명을 통해 분리의 끝자락에 이르자 이제는 그 방향을 180도 바꾸어 연결성을 지향해 나아가게 되는 혁명적인 전환을 그 본질로 하는 것이다. 물론 그 바탕에는 기술이 있고, 기술이란 이 우주의 본질인 마음의 성질에서 파생된 부산물로 문화와 유사한 성질을 가진다고 필자는 보고 있다. 그러므로 마음의 작용을 터득한 소수자들의 손에 그 과실의 대부분이 넘어갈 것이다. 지난 수렵농경시대가 덧셈과 뺄셈의 세상이었고, 우리가 경험한 공업혁명과 서비스혁명에 의한 2~3차 산업사회가 곱셈과 나눗셈의 사회였다면, 이제 우리에게 다가오고 있는 기술혁명에 의한 4차 산업사회는 지수(2^n) 즉 제곱의 세상이기 때문이다.

전 인류의 0.1%에 불과한 이들이 권력과 부를 모두 거머쥐면 4차 산업혁명의 본질인 '관계와 공유'라는 신과 인류의 최상목표는 허공에서 떠도는 목소리가 되고 소수자가 지배하는 과점사회의 악몽이 현실화될 것이다. 영국의 저명한 물리학자 스티브 호킹 박사가 기술혁명에 대하여 우려하는 것도 바로 이것이다.

4차 산업혁명이 "우리 모두를 풍요와 행복으로 이끄는 지상낙원이 되느냐, 아니면 소수자에 의해 대부분은 우매한 노예가 되느냐."는 우리 보통 사람들이 이 우주의 본질을 제대로 깨달아 나의 중요성을 각성하고 마음껏 창의력을 발휘하느냐에 달려 있다. 우리들이 우주에 넘쳐나는 풍요로운 지혜를 나의 것으로 만들 때, 비로소 이 세상은 우리 모두를 풍요와 행복으로 이끄는 지상낙원이 될 것이며 고용 없는 성장의 악몽은 그 종말을 고할 것임을 믿어 의심치 않는다. 바로 이 세상은 타고난 재능을 가진 특별한 자가 이끄는 것이 아니라, 끈기와 열정으로 자기가 가진 무한한 재능을 펼쳐내어 다른 사람들과 나누는 열린 마음을 가진 보통 사람들이 이끄는 열린 세상이기 때문이다.

필자는 30년이 넘는 기간 동안 "나는 누구인가?"라는 질문의 답을 얻기 위해 연구해왔다. 2013년 이를 요약한 졸저 《허공의 놀라운 비밀》을 발표한 후 여러 기업 및 단체에서 강의 요청이 있었고, 이 책에 수록된 내용을 가지고 연구하는 모임도 있다는 것을 인터넷을 통해 알 수 있었다. 그러던 중 필자는 뇌를 크게 다치는 불의의 사고를 당하여 대학병원 중환자실에서 10여 일 동안 혼수상태에서 무간지옥을 헤맨 후 깨어났다. 주치의는 깨어나도 지적 활동은 어렵고 일상생활만 가능할 것이라고 하였으나, 필자는 다친 지 2개월 만에 거의 정상상태를 회복하는 기적을 이루었다. 지금 생각해 보면 이는 모두 필자가 평상 시 심신수련에 전심전력을 다한 덕이 아닌가 하는 생각이 든다. 습관화가 나를 구한 것이다. 그러면서 삶이 무엇인지, 어떻게 살아야 할 것인지를 고뇌하는 많은 이들에게 내가 깨달은 것을 보다 쉽고 자세하게 전달해야 한다는 소명의식도 함께 찾아왔다.

이러한 이유로 필자는 집필을 시작하여 이 4부작을 독자들께 내어놓게 되었다. 제1부는 "나는 누구인가?"에 대한 질문의 답을 나를 중심으로 한 연구, 우주와 나의 연결성에 대한 연구로 대별하여 검토하여 그 답을 제시하였고, 제2부는 "나는 누구인가?"에 대한 답을 얻은 바탕 위에 "어떻게 하면 풍요롭고 성공적인 삶을 살 수 있을까?"에 대한 답변을 제시하였다. 이것이 제2부 《풍요로운 삶의 비밀》이다. 여기서는 인류가 수천 년간 찾아 헤매던 '연금술'의 비밀이 진정 무엇인지를 파헤치고 이에 대한 해답을 제시하여 독자들이 여기에서 제시한 방법을 익혀 습관화한다면 누구라도 풍요로운 삶을 살아갈 수 있음을 보여주고자 노력하였다.

이제 1부와 2부를 이해하고 실천하는 독자들의 앞으로의 삶은 지금의 삶과는 전혀 다른 삶(하루하루를 감사하며 행복이 흘러넘치는 삶)이 될 것이라고 필자는 감히 장담한다.

그런데 우리의 삶은 너무나 짧은 데 비하여 기회는 발견하기가 매우 어렵다. 그래서 성공적인 삶은 잡힐 수 없는 무지개라고 지레 포기하는 사람들이 너무나 많은 것이 현실이다.

이에 필자는 저서의 집필 의도인 「우리 보통 사람들도 모두 성공적이고 지복을 누리는 삶을 살아갈 수 있음에도, 나의 존재가 무엇인지 찾지 못해 고해의 바다에서 허덕이며 살아가는 나와 같은 보통 사람들에게 성공적이면서 행복한 삶을 살 수 있는 길을 보여주겠다.」는 의도를 보다 촉진할 수 있는 방법이 없을까 고민하다가, 「독자들의 변화를 이끌어줄 '멘토'를 소개하자. 그러면 독자들이 보다 실감나게 이들의 조언이나 행동을 본받아 성공의 지름길로 내달리게 될 것이다.」라는 생각이 뇌리를 스쳤다.

이렇게 제3부 《성공의 동반자 내 인생의 멘토》가 집필되었고, 멘토를 선정하는 데 있어서는 다음 사항을 고려하였다. 첫째, 역사상 이미 성공적인 삶을 살아간 사람(현존 인물을 포함한다)과 집단들 중 필자의 집필의도와 합치하는 개인 또는 집단을 멘토로 선정하여 이들의 행적을 제시하였다. 둘째, 필자는 평소 읽은 책을 핵심만 요약 정리해 기록으로 남기는 습관이 있어서 수십 년 동안 필자가 읽은 자기계발서로 분류할 수 있는 책의 메모를 상당량 가지고 있었다. 집필하면서 이 귀중한 자료의 활용방안을 고민하다가 "이 메모를 책의 제목과 함께 정리하여 독자에게 소개하면 심화학습을 갈망하는 독자들이 이들 책을 찾아 읽게 될 것이다. 그러면 필자는 독자와 베스트셀러 저자와의 교량역할을 하는 셈이 되고 그러면 이 또한 가치 있을 것이다."라는 데 생각이 미쳤다. 그래서 필자가 메모해 놓은 자기계발서 중 28권을 엄선하여 필자의 견해를 담아 요약 소개하였다.

이제 독자들은 제3부 《내 인생의 멘토》를 통해 멘토의 조언과 경험을 체득하여 나의 것으로 만들면 1, 2부에서 제시하고 있는 내용을 보다 심층적으로 깨닫게 될 뿐만 아니라, 하루하루 달라지는 나를 보고 자신 스스로도 크게 놀라게 될 것이다.

제3부에서는 먼저 집단지성을 통해 이 세상을 바꾸었거나 바꾸는 데 선두에 있는 지도자나 기업, 가문 넷을 엄선하여 소개한 후, 2차~4차 산업혁명을 이끌었거나 이끌고 있는 개인적 역량이 뛰어났던 선구적 기업가 9명를 소개하였다. 그런 다음 자본주의 토양이 척박했던 구한말 무에서 유를 이루고 백성의 구제에 부를 쾌척했던 우리들의 조상도 소개하여 조상에 대한 고마움도 잊지 말도록 배려하였다. 뿌리가 없다면 우리는 존재할 수 없기 때문이다.

소개된 멘토를 간략히 살펴보자. 집단지성을 통해 이 세상을 바꾸었거나 바꾸고 있는 첫 번째 멘토로는 디지털혁명에서 자주 인용되는 속도전의 대명사 '칭기즈 칸'을 소개하였다. 그는 최근 수년 동안 계속 이 세상을 바꾼 가장 위대한 지도자로 선정된 바 있는데 그 이유는 인류의 연결성에 획기적 계기를 마련해주었기 때문이다. 두 번째 멘토로는 18~19세기 차별의 대명사였던 유대인으로 불우한 처지를 인내로 극복하고 세계 최고의 부를 이루어 200년 이상 이를 지켜 나가고 있는 로스차일드 가문을 소개하였다. 그리고 세 번째 멘토로는 이제 막 시작된 4차 산업혁명을 선두에서 이끌고 있는 기업인 구글이다. 구글은 사람들이 창업자의 이름은 몰라도 회사명은 누구나 알고 있는 미스터리한 기업이다. 네 번째 멘토로는 한정된 자원과 한계 토지(사막)이라는 제약을 딛고 일어나 이를 최고의 장점으로 바꾸어 영국의 식민지였던 가난했던 토후소국 두바이의 기적을 이룬 세이크 모하메드 왕가이다.

그런 다음 이 세상을 변화시켰거나 변화를 이끌고 있는 개인적 역량이 뛰어난 인물 8명을 엄선하여 멘토로 소개하였는데, 이들은 이민자 가족으로 미국의 시대정신이 된 벤저민 프랭클린, 외딴 섬에서 사생아로 태어나

불우한 한계를 극복하고 미국 건국의 아버지가 된 알렉산더 해밀턴, 성공은 99%의 땀과 1%의 영감이 가져준다고 말한 발명왕 에디슨, 근면과 끈기로 그 시대의 최고 갑부가 된 철강왕 카네기와 석유왕 록펠러, 지금의 4차 산업혁명을 가져온 IT계를 이끈 대표주자 빌 게이츠와 스티브 잡스, 제2의 스티브 잡스로 불리는 제프 베조스, 혼란스러운 시기였던 청나라 말 신의와 세상의 변화를 읽는 혜안으로 빈털터리에서 거상이 되었으나, 정경유착에 대한 뼈아픈 대가를 치른 호설암이다. 우리는 호설암을 통해 성공의 과정이 얼마나 중요한지를 깨닫게 될 것이다.

그리고 마지막으로 우리나라는 부(富)의 역사가 일천하여 아직 우리가 본받을 만한 멘토를 선정하기 어려워 제외하는 대신, 구한말 거의 무에서 부를 일구어 이를 빈민구제에 쾌척한 부자로 우리가 본받을 만하다고 판단되는 4명(가문 포함)을 소개하여 우리의 조상에 대한 존경심도 가져야 함을 보여주었다. 이들은 구한말 무에서 유를 이루어 굶주린 백성의 구제에 그 부를 쾌척한 경주 최부자집, 개성상인 임상옥, 국제무역왕 최봉준, 제주 기생 김만덕, 청상과부 백선행 등이다.

이들 멘토의 선정은 가능한 한 최근의 인물을 중심으로 하되, 지역별로 안배하고자 했으며 전제군주는 가능한 배제하였으나 전제군주나 인류의 용광로를 만들어 오늘날의 인류발전에 큰 기여를 한 칭기즈 칸과 오늘날 두바이의 기적을 진두지휘하고 있는 세이크 모하메드 왕은 독자에게 소개할 가치가 충분하다고 판단하여 이들을 멘토에 포함시켰다.

이렇게 이 세상을 움직인 실존인물들을 멘토로 소개한 다음, 베스트셀러였던 자기계발서 중 대표적인 책 28권을 '멘토서'로 필자가 임의로 선정하여 새로운 삶을 일깨워준 가르침, 꿈을 이끌어준 가르침, 빠른 성공의 비밀을 가르쳐준 가르침, 부를 가져다준 가르침, 행운을 이끄는 가르침 등으로 나누어 필자의 견해를 가미, 쉽게 요약하여 독자에게 그 핵심을 전달하고자 노력하였다.

지금까지 독자 여러분은 숨 가쁘게 달려왔다. 이제 독자들은 1~3부를 통해 성공과 지복을 향하여 커다란 발걸음을 옮겨 놓은 것이다.

그렇다면 우리는 인생의 깊이를 더하여 그 길의 깊이와 폭을 넓혀야 할 것이다. 그러려면 태초부터의 인류의 질문인 신과 영혼, 그리고 나는 어떤 연결성이 있는지를 올바르게 이해하여야 할 것이다.

이를 위해 모든 것을 정리한다는 의미를 담은 제4부《신과 영혼, 그리고 나》를 집필하였다.

제4부《신과 영혼, 그리고 나》는 인간의 마지막 질문이자 궁극의 질문인지도 모른다. 신과 영혼 문제는 참으로 다루기 어려운 문제이다. 그러나 이를 다룬 이유는 신과 영혼을 이해하지 못하고서는 삶이 무엇인지 정의할 수도 없고, 진정한 행복이 무엇인지도 알 수 없기에 필자의 얕은 지식을 총동원하여 신화부터 각종 종교의 교리, 진화론에 이르기까지 그 연관성을 검토하고 영혼에 대한 종교의 생각과 과학적 측면에서의 연구 등에 대해 검토하면서 진정한 행복이 무엇인지 필자 나름의 결론을 도출하였다.

이렇게 4부작으로 된 필자의 집필은 마무리되었다.

이 4부작은 지금까지 누구도 시도한 적이 없는 우주와 나라는 주제 하에 자연과학과 심리학, 종교, 철학, 마음 등 전 분야의 통섭을 통하여 그 연결성을 파악하였기에 독자들이 읽기에 다소 어렵고 미흡한 부분이 있을 수 있을 것이다. 독자님들께서 좋은 의견을 제시하여 주신다면 이를 반영하여 보다 발전된 책으로 거듭나고자 한다.

우리들 대부분은 우리가 사는 이 세상이야말로 우리에게 주어진 유일한 창조의 장이라는 사실을 모르고 살아가다 죽음을 맞이하면서 지나간 삶을 후회하게 된다.

이제 우리는 알았다. 마음만 바꾸면 우리 보통 사람들도 얼마든지 창조적이 될 수 있다는 것을. 이미 여러분은 모두 하루하루 창조활동을 지속하고 있는 것이다. 당신과 똑같은 인생을 살아가는 사람은 아무도 없지 아니한가? 이 말은 바로 여러분의 지금의 위치와 생각은 여러분 스스로가 창조한 것이고, 그것이 이 세상에 형체를 가지고 나타난 것이라는 말이다. 그럼에도 대부분의 보통 사람들은 이를 알아채지 못하고 남을 탓하거나 신세타령을 하면서 허송세월하고 있다. 우리는 이러한 생각과 태도를 버리고 오늘부터라도 새로운 삶의 의지만 갖는다면 원하는 모든 것을 얻을 수 있다. 바로 내가 우주요, 창조주라는 사실을 깨닫기만 한다면 말이다.

신과 우주의 목표는 모두 함께하는 세상이기에 우리가 사는 세상을 지상낙원으로 만들 수 있는 동력은 소수의 힘이 아니라 여러분 모두의 힘이 합치될 때 가능하다는 것을 독자 여러분은 이 책을 통해 깨닫게 되기를 바란다.

큰 힘이 소수에 몰리면 이는 종국에는 폭력성으로 변화하며 그러면 이 세상은 그야말로 종교에서 이야기하는 지옥이 되거나 미래학자들의 암울한 예측대로 이 지구를 우리가 만든 인공지능에 내어주고 유대민족이 수천 년간 고향을 버리고 사막을 헤맸듯이 타 행성을 찾아 떠도는 떠돌이 신세로 전락할지도 모른다.

이러한 필자의 생각은 그냥 악몽이나 환상이 아니라, 우리의 뇌와 몸 곳곳에 존재하는 신경전달물질이 우리의 기분을 조정하고 우리의 기분은 이들을 분비하게 하거나 억제하여 행동을 유발시키거나 억제함으로써 이 세상을 창조한다는 사실에 바탕을 두고 있다.

필자는 뇌와 감성의 관계를 연구하던 중 아래의 놀라운 사실을 추가로 발견하면서 이 우주의 본질은 바로 관계임을 더욱 확신하게 되었다.

'관계맺음'이 우리의 뇌와 세포에서도 끊임없이 일어나며, 이는 일명 '호르몬'이라 부르는 신경전달물질이 담당하고 있다는 사실이다. 이 신경전달물질은 우리의 기분변화에 따라 그 물질을 분비하여 우리의 행동을 유발하거나 억제하는데, 알려진 종류만도 수십 종에 이르지만 크게 나누면 세 가지의 기능을 촉진 또는 억제한다는 것을 발견한 것이다.

인간은 대체로 쾌락을 얻기 위해 행동하는데, 개인의 쾌락을 유도하는 도파민(dopamine)이라는 호르몬은 지속성이 짧아 어느 일정시점에 이르면 지루함이 쾌락을 넘어서면서 투쟁과 파괴를 유도하는 아드레날린(adrenalin)이라는 호르몬의 분비를 촉진하게 된다. 그러면 우리는 상대방에게 싸움을 걸거나 물건 등을 파괴함으로써 그 불만을 표출하게 된다. 그래서 인간은 쾌락을 찾아 마약, 오락, 게임 등에 몰입하게 되며, 일정 시점이 지나면 이것에 만족하지 못하고 자해행위를 하거나 남을 괴롭히는 등 파괴적 행동을 하게 되는 것이다. 이 두 가지 호르몬의 성질을 보면 나만을 위한 이기심을 고양시키는 호르몬이라는 점에서 일견 '자유의지'를 고양시키는 촉진제인 것처럼 보이나, 그 효과는 지속적이지 못하고 단속적이어서 우리가 바라는 지복(至福)의 상태를 결코 가져다주지는 못하며 종국에는 나를 파괴시킨다는 약점을 가지고 있다. 따라서 이기심에 기반을 둔 자본주의경제가 더욱 발전하기 위해서는 공유경제라는 목표와 함께해야 그 장점이 발휘되어 지속될 수 있을 것이라는 교훈을 우리에게 가르쳐주고 있다. 그나마 요즘 공유경제의 도입이 시작되고 있다는 점에서 다가올 미래가 일부 미래학자들의 예언처럼 암담하지만은 않을 것 같다.

그런데 놀라운 사실은 우리가 이타심을 발휘할 때에 분비되는 행복호르몬인 세로토닌(serotonin)이라는 호르몬이 존재한다는 점이다. 이 호르몬은 그 행복감의 지속성이 매우 길다. 바로 지복(至福) 호르몬인 것이다.

화학구조식으로 볼 때, 도파민이나 아드레날린이 하나의 육각구조를 기본으로 하는 데 반해 세로토닌은 육각구조와 오각구조 두 개가 함께 하는 특이한 형태를 갖고 있다. 화학구조를 보면 우리는 쉽게 아래 사실을 유추할 수 있는 것이다. "도파민과 아드레날린은 오직 나 하나만을 위한 촉매제이나, 세로토닌은 너와 내가 합일하도록 이끌어주는 촉매제이다." 이렇게 화학구조만 보더라도 우리는 그 역할을 유추할 수 있다니 이 우주의 지혜가 그저 놀라울 따름이다.

이러한 우주의 오묘함을 보면서 깨닫게 되는 것은, 존재란, '나'라는 존재를 존중하는 바탕 위에 다른 존재와 서로 도우며 관계를 지속적으로 유지하여 보다 높은 곳, 즉 본질을 향해 나아가라는 것이며 신의 창조목적 그 자체가 바로 존재라는 것을 웅변적으로 보여주고 있다는 사실이다.

또 이를 보면 우리가 애타게 갈구하는 '자유'란 나만을 위한 자유가 아니라 모두를 위한 자유라고 생각되지 않는가?

우리는 이제 공유사회라는 본질을 향한 걸음을 옮겨 놓았다.

보통 사람인 우리들 모두 이에 동참하여 그야말로 '지상낙원'을 누려야 하지 않을까.

이 책은 나의 본질을 찾는 여정의 기록으로 독자 여러분들이 읽고 이해하는 데 다소 시간이 걸릴 것이다.

그러나 어디 나의 본질을 탐구하여 이해하고 이를 실생활에 도움이 되도록 이용하는 것이 그렇게 쉽겠는가?

만약 이 우주의 원리, 즉 신의 섭리가 그렇게 쉽게 이해할 수 있는 것이라면 아마 이 우주는 잘못된 생각을 가진 사람들로 말미암아 파괴되어 흔적도 없이 사라졌을지도 모른다. 그리고 수천 년에 걸쳐 배출된 위대한 철학자, 과학자, 종교 등도 필요 없었을 것이다.

진정한 지식은 쉽게 얻어지는 것이 아니다. 몰입하고 탐구와 탐구를 지속하여 이 우주와 합일이 되어야만 가능한 것이다. 그러나 너무 겁먹을 필요는 없다.

이 책을 읽고 이 책이 담고 있는 진수를 이해하신 독자 여러분들은 진정한 성공과 부는 물질적인 풍요뿐만이 아니라 정신적인 풍요가 뒷받침되어야 가치 있고 영속적이라는 것을 깨닫게 될 것이다.

이 책은 요즘 젊은이들 사이 유행하는 자기 힐링서가 아니며, 패배자의 자기합리화를 도와주는 책이 아니라 이 세상의 구성과 작동방식을 깊이 이해하고 이 우주에서 진정한 자기를 찾아내어 이 세상은 피해 도망가야 할 적이 아니라 함께 손잡고 나아가야 할 친구이며 내가 이 우주의 중심이라는 사실을 일깨워 주기 위한 지침서이다.

아무쪼록 많은 분들이 이 책에서 인생의 좌표를 얻어 한 번뿐인 이 세상에서 부와 성공을 이루고 서로 서로 나누는 행복한 삶을 살아가다 이 세상을 떠날 때 미련 없이 웃으면서 더 높은 곳으로 출발하시길 기원한다.

끝으로 중학교 선생님들께 부탁의 말씀을 올리고자 한다.

평소 필자는 가장 중요한 인생의 전환기는 부모의 품을 떠나 나를 찾게 되는 시기인 중학교 시절(13~15살)이라는 확신(나의 중학교 경험도 한몫했다)을 가지고 있었다. 그런데 이 시기가 인생의 가장 중요한 시기임에도 불구하고 부모님의 관심은 가장 적은 시기라는 점은 큰 문제가 아닐 수 없다. 그래서 필자는 이들에게 올바른 길로 안내해 줄 방법이 없을까 고민하다가 알기 쉬운 동화나 만화로 이를 각색해 보고자 하였으나, 능력 부족으로 이를 포기하고 대신 선생님들이 이 책을 읽고 실천하여 풍요로운 삶을 살게 된다면 선생님들의 긍정 에너지가 학생들에게 바이러스처럼 옮겨 가지 않을까 하는 생각을 갖게 되었다. 만약 기회가 되어 중학교 선생님이 이 책을 읽으시고 삶의 양식이라 생각하신다면 동료 선생님들께 필자의 생각을 말씀해주시면 감사하겠다. 그리고 책이 필요하신 선생님이 계시다면 허용범위 내에서 무료로 송부해 드리겠다.

이제 베니스의 구겐하임미술관 입구에 쓰여 있는 경구를 소개하며 프롤로그를 마치고자 한다.

Changing Place.
Changing Time.
Changing Thought.
And Changing Future.

결실이 무르익는 풍요의 계절 10월에 필자가

제1부

나는 누구인가

제1장

나는 누구인가?

1. 나를 일깨우는 질문 "나는 누구인가?"

부끄러운 이야기이지만 필자는 30세 후반에야 비로소 "나는 누구인가?"라는 질문을 하게 되었다.

그동안 필자도 대부분의 보통 사람들처럼 평범한 직장인으로 살면서 "시간이 지나면 승진도 하게 될 것이고 그러면 생활이 보다 나아지겠지."라는 단순한 생각으로 살아왔다. 보통 다른 사람들처럼 필자도 시간이 지나면서 승진도 하여 일정 직책도 얻었으나 생활이 나아지기는커녕 아이들이 크면서 대출을 얻어 마련한 집의 이자와 매년 늘어나는 생활비 때문에 마이너스 통장이 일상이 된 지 오래였다. 앞날의 희망도 보이지 않았고 이러한 암담한 현실에 마음은 무너져 내리고 있었다.

어느 날 하늘을 바라보며 "내가 무엇을 위해 살고 있지? 나는 도대체 누구지? 나는 이렇게 살다가 저 혜성의 꼬리처럼 이 세상에서 사라져야 할 덧없는 존재인가?"라는 질문을 던졌다. 지나간 세월이 주마등같이 스치면서 처와 아이들의 얼굴이 떠오르자 저절로 눈물이 두 뺨을 타고 흘러내렸다.

그러면서 지금까지 어떻게 살아왔는가 하는 데 생각이 미쳤다. 가난한 아홉 형제자매의 장남으로 태어나 맨땅에 헤딩하는 마음으로 지금까지 성실하게는 살아왔다고 생각이 되었다. 그러나 "삶의 목표도 없이 그냥 하루하루를 생존에 매달려 왔을 뿐이지 제대로 이루어 놓은 것은 하나도 없었구나."라는 생각에 미치자 퇴직 후의 나의 모습이 뇌리를 스쳤다. 퇴직 후 오고 갈 데 없어 이리저리 헤매면서 방황하는 내 모습이 영상으로 보였다. 너무나 허망하게 끝나가는 내 인생을 바라보면서 나는 하염없이 소리쳤다. 아, 정말 가난하게 태어난 자는 아무리 노력해도 이 정도가 종착점인가? 이 모습이 진정 나라는 말인가?

필자는 30대 후반에 이르러서야 비로소 "나는 누구인가?"라는 질문을 처음 던진 것이다.

이 질문을 던지면서 다른 길을 찾아 떠나야겠다고 결심했다. 6살 딸아이가 울면서 필자의 바지자락을 잡으며 "아빠. 가지 마." 하는데도 딸아이를 야멸차게 뿌리치고 고시원에 입소하여 직장과 고시원만을 다람쥐 쳇바퀴 돌듯 오가며 보낸 지 어언 1년이 지난 30대의 마지막 겨울 어느 날 전문직 자격증을 들고 있었다.

드디어 다른 인생이 손짓하며 어서 오라고 부르고 있었다. 늦게나마 "나는 누구인가?"라는 질문을 던짐으로써 보다 나은 곳을 향한 새로운 항해를 시작하게 된 것이다.

독자 여러분, 이러한 질문을 자신에게 던져 본 적이 있는가? 아마 이 질문을 던져 본 적이 있는 분이라면 지금 분명히 성공석인 삶을 살고 있을 것이다.

반면, 평범한 대부분의 사람들은 이 세상을 떠날 때야 비로소 이러한 질문을 던지며 그동안 헛되게 살아온 삶을 후회하게 된다.

그러나 지금, 바로, 여기, 이 책을 펼쳐 든 독자들은 분명 지금보다 더 나은 삶, 즉 부와 성공을 함께 거머쥐고 행복한 삶을 살기를 원하시는 분들이자 행운아라고 필자는 확신한다.

감히 장담하건대, 이 책을 모두 독파하신 독자들은 앞으로 지금보다 훨씬 보람되고 성공적인 삶을 살아가시리라는 것을 필자는 확신하며 영원한 응원을 보낸다.

필자는 "나는 누구인가?"라는 질문을 시작으로 지난 20여 년 동안 이 세상에 존재하는 종교 경전들, 동서양 철학서, 뇌 과학, 생물학과 물리학을 포함한 자연과학, 심리학, 경영 및 경제학 등 사회과학을 통섭하면서 사고의 폭을 이 우주까지 확장시켜 왔으며, 인도, 유럽, 미국, 중국을 비롯한 세계 각국을 여행하면서 많은 영감을 얻은 바 있다. 그리고 수백도의 시뻘건 숯불을 맨발로 걸어도 보았으며, 불의의 사고로 뇌를 크게 다쳐 10일 이상의 혼수상태에서 무간지옥(無間地獄)을 체험하는 등 실제 경험을 통하여 몸과 마음의 신비를 직접 체험한 바도 있었다. 이러한 지속된 추구와 체험을 통해 필자는 "이 우주는 '관계맺음(with)'이 본질이며, 우리가 알고 있는 것과는 달리 이 세상은 모든 것이 부족하여 싸워 이겨야 살 수 있는 정글의 세상이 아니라, 신의 선물인 풍요로 가득 찬 세상이다."라는 것을 이해하게 되었다.

바로 누구든 원하기만 한다면 이 풍요를 내 것으로 만들 수 있다는 것이 우리가 사는 세상의 실체인 것이다.

그런데 왜 대부분의 사람들이 빈곤에 허덕이며 사는 반면, 일부 사람들은 엄청난 부와 명성을 내 것으로 만들어 이 삶을 즐기고 있는 것일까?

이 책은 필자의 체험으로 찾아낸 진정한 부와 행복에 이르는 바른 길을 안내함으로써 우리 보통 사람들이 어떻게 생각하고 행동해야 부와 명성을 얻어 이 세상을 즐기고 사는 이들과 같이 이 세상의 풍요를 마음껏 즐기면서 살 수 있을지에 대한 해답을 제시해주는 데 그 목적을 두고 있다.

지금 우리가 처한 처지가 아무리 암담해 보여도 길을 찾는 자에게는 그 길이 모습을 드러내 보여 준다는 진실을 증명하고, 그리하여 이 세상의 많은 보통 사람들이 물질적 부는 물론 정신적 부를 얻어 우리 모두 하나라는 사실을 깨닫고 함께하는 세상을 만들어 진정한 행복을 향해 나아가는 데 도움을 주고자 한다.

자. 그러면 인류는 존재에 대해 어떠한 생각을 해 왔는지 하나하나 짚어 가 보자.

나라는 존재가 어디에서 와서 어디로 가는지, 탄생 이전과 죽음 이후의 세상이 존재하는 것인지, 과연 어느 종교에서 이야기하는 것처럼 환생이 존재하는 것인지 아니면 죽음으로 모든 것은 끝이 나는 것인지 등등 수많은 질문에 대하여 인지가 발달한 지난 수천 년 동안 종교와 철학, 그리고 과학에서 많은 논의가 있어 왔다.

인류의 스승이라고 일컬어지는 분들의 말들을 적은 경전이나 동서양철학자, 영성학자들의 말들을 종합해 보면 그 주장하는 바가 서로 다소 다르긴 하지만 대체로 태어남 이전의 생과 죽음 이후의 생을 인정하는 것처럼 보인다.

그러면 무엇이 생명을 지속시키는 주체일까?

과연 그 주체를 우리는 확인할 수 있을까?

대부분의 종교는 영생 또는 환생이라는 현상을 인정하고 죽음 이후에도 '영혼'이라는 주체가 생을 지속한다고 가르치고 있다.

그러나 지금까지의 과학은 소위 영혼이라고 일컬어지는 정신(마음)은 뇌에 소재하는 것으로서 인간이 죽으면 육체와 함께 사라져 버려 우리의 존재 자체는 끝나는 것이라고 가르쳐 왔다.

그렇다면 생명이란 너무나 허무한 존재가 아닌가?

"나는 누구인가?"라는 태초부터의 의문은 역사적으로 볼 때 항상 이 우주에 대한 질문으로 이어져 왔다.

"이 세상은 창조된 것인가 아니면 원래 있는 그대로 시작도 없고 끝도 없는 존재인가? 그리고 그 범위는 얼마나 넓은 것인가?"

이러한 물음은 이 지구상에 생명이 태어난 이래 우리 인류가 가지고 있던 근본에 대한 물음이었으며, 종교가 성립하는 배경이 되었다.

지구상의 4대 종교라 할 수 있는 기독교, 이슬람교, 불교, 힌두교에서는 이러한 사상이 아주 명확하게 반영되어 있다. 주로 동양의 정신세계에 많은 영향을 준 힌두교와 불교의 경전은 이 세상은 시작도 끝도 없이 오직 여여(如如)한 것이며, 삶과 죽음도 탄생과 소멸이 아니라 존재의 한 변화과정일 뿐이라고 말한다.

반면에 서양과 서아시아의 정신세계에 많은 영향을 준 기독교와 이슬람교 경전은 이 세상은 태초에 하나님에 의하여 창조된 것이라고 하고 있다. 그러므로 당연히 그 끝인 종말이 있을 것이라는 추정을 할 수 있으며, 이는 종말론으로 발전하였다. 그러므로 이생에서의 삶과 죽음은 탄생과 소멸, 즉 시작과 끝이라고 보는 것이 일반적인 시각일 수밖에 없다.

따라서 힌두교와 불교는 현재의 삶과 사후세계는 연결되어 있으며 나라는 집착은 무수한 윤회를 초래하므로 나라는 집착을 버리고 진리에 대한 완전한 깨달음을 통해 삶과 죽음에서의 영원한 자유를 얻는 것을 지고의 목표로 하고 있다. 즉 우리가 알고 있는 탄생과 죽음은 영생의 한 변화과정에 불과하며 진리는 영원히 여여하므로 이생에서의 삶은 보다 높은 깨달음을 얻기 위한 배움터라고 말한다. 이러한 가르침을 따르고 있는 동양에서는 정신에 대한 지나친 집착과 물질에 대한 지나친 배척을 가져오는 역기능의 한 측면으로 나타나기도 하였다.

반면에 기독교와 이슬람교는 창조에 의해 이 세상이 시작되었다고 말하고 있기 때문에 죽음은 모든 것의 소멸을 의미하는 것이다. 그런데 종말론을 통해 기름 부어진 자만이 천국에 이를 수 있다고 함으로써 사후세계를 인정하는 모순을 보이고 있다. 그러면서도 윤회는 부정하며, 살아 있는 이 세상에서의 삶에 대부분의 무게중심을 두고 있다. 이러한 사상은 서구를 중심으로 과학을 태동시켰고 물질문명이 발달하는 데 결정적 기여를 한 바 있다.

물론 20세기 과학문명의 발달은 많은 사람들을 무신론자로 만들었고, 종교를 가진 사람들도 그 믿음은 많이 약화되었다고 볼 수 있다. 그래서 철학자나 종교학자는 20세기 말에 이르면 무신론자가 폭발적으로 증가하고 기존 종교는 쇠퇴를 면치 못할 것이라는 예측을 내놓은 바 있다. 그러나 이를 비웃기라도 하듯, 21세기인 최근의 조사 결과에 따르면 그동안 과학문명의 발달에 따라 일시적으로 감소하던 종교인의 수가 오히려 증가세로 반전되어 종교를 가진 사람이 전 세계 인구의 80% 선에 이르고 있는 것으로 나타나고 있다. 고전과학에 기초한 물질주의 사고를 가진 현대인에게는 다소 의아한 결과이긴 하지만 이러한 사실은 물질문명의 부작용에 눈을 뜬 사람들이 늘어나고 있다는 것을 보여 주는 증거로서, 인간이 물질적 존재라기보다는 영성적인 존재임을 시사하는 증거로도 볼 수 있다.

이제 막 열리고 있는 4차 기술혁명 시대인 21세기는 물질의 세계를 넘어 이 우주의 본질인 영성의 세계로 한 발짝 더 다가가고 있는 시대이다. 인터넷 연결망과 모바일을 그 기반으로 하는 기술혁명은 이 우주의 본질인 '연결성'을 한층 강화하고 있고 물질인 몸 위주의 산업사회에서 정신위주의 기술사회로 빠른 변화가 이행되면서 '공유경제' 등 '관계(with)'가 화두로 떠오르고 있는 변혁의 시대로 넘어가고 있는 것이다.

우리는 비로소 이 우주의 본질에 다가가고 있으며 '마음'의 중요성을 재인식하는 시점에 와 있다.

마음의 중요성은 아무리 강조해도 지나치지 않다.

우리가 이 세상을 어떻게 바라보느냐에 따라 살아가는 방식과 생각이 달라지고 긍정주의자가 되거나 부정주의자가 되기도 하며, 쾌락주의와 염세주의에 물들 수도 있다.

이러한 사고방식들은 우리의 인생을 행복으로 이끌거나 불행으로 이끌기도 한다. 그럼에도 불구하고 많은 사람들이 이 우주와 나 그리고 삶에 대하여 깊이 생각하기보다는 다른 사람들의 의견이나 종교적 맹신에 따라 자기의 인생을 결정하고 죽음이 임박했을 때서야 비로소 후회하게 된다. 이 세상에 '나'라는 존재를 인식하지 못하고 갈대의 삶을 살다가 떠나는 것이다. 우리가 환생을 믿든지 안 믿든지 간에 이 세상에서 살고 가는 이번의 인생은 단 한 번뿐이며 복습기간은 결코 주어지지 않는다.

우리는 이 우주의 존재와 나, 그리고 삶과 죽음이라는 근본 질문에 귀를 기우려야 이 세상에서 성공적인 삶을 살다가 아무런 미련이나 후회함도 없이 웃으면서 더 높은 진화의 단계를 향해 나아갈 수 있을 것이다.

    그런데 나는 누구인가를 알려면 먼저 나를 존재하게 한 이 우주가 어떻게 태어났는지를 알아야 한다.

2. 우주의 탄생 비밀은 나의 존재를 푸는 열쇠다

최근 과학자들은 오랜 연구 결과 우리 우주는 하나의 점에 불과한 크기를 가지고 있던 원시우주가 약 137억 년 전 빅뱅을 일으켜 탄생되어 지금도 무한 확장의 과정을 걷고 있다는 것으로 결론지었다.

그렇다면 137억 년이나 된 우리 우주는 어떤 과정을 거쳐 탄생했을까? 일반적으로 인정하고 있는 인플레이션 이론(inflation theory)에 따르면 우리 우주는 빅뱅 후 계속 팽창을 지속하여 탄생 후 45만 년이 지나 오늘날 우주의 모습을 갖추었다고 한다.

자. 그러면 원시우주는 어떤 상태였을까를 생각해 보자. 필자는 여러 과학자들, 인도의 구루들, 여러 경전의 기록, 민담 등의 공통점을 비교 분석한 결과 다음과 같은 결론을 얻었다.

원시우주는 점이자 무한대의 크기를 가지고 있었고 그 내부는 모든 것이 구분 없이 혼재되어 있는 평온하고 잔잔한 정지 상태였을 것이다. 바로 기독교의 무소 부재한 신의 상태를 의미하며 도교의 무극의 상태, 불교의 여여한 상태, 힌두의 브라만이 이를 표현하는 방식인 것이다. 즉 0이자 무한대의 상태였다. 0이자 무한대란 무슨 의미인가? 이 말은 아무것도 없는 것처럼 잔잔하고 움직임이 없지만 무한한 정보(bit), 즉 에너지를 잠재한 상태를 의미한다. 이를 의식의 측면에서 보면 무한 지성과 그 근저에 위치한 감성 즉 순수의식이 아직 움직임을 시작하지 않은 상태를 의미한다고 볼 수 있다.

그런데 이러한 상태의 본질인 순수의식이 문득 "나는 누구인가(Who am I)?"라는 질문을 던지며 깨어났던 것이다. 지성의 근저에 있던 감성이 꿈

틀하며 움직이기 시작한 것이다. 바로 잠재에너지가 활동에너지로 바뀌는 순간이다. 이 질문이 '빅뱅'을 일으켜 거대한 에너지를 뿜어내며 구별과 분리의 상태로 전환된 것이 바로 오늘날 우리가 알고 있는 현상계인 우주인 것이다. 그러면 왜 원시우주 상태로는 나(순수의식)를 스스로 알 수 없는 것인가? 그 이유는 원시우주는 모든 것이 혼합되어 0이자 무한대인 상태이므로 모든 것이 구분이 없는 일체합일의 상태여서 분리를 전제로 하는 물음인 "나는 누구인가?"에 대한 답의 도출이 불가능하기 때문이다. 그러므로 "나는 누구인가?"라는 질문을 던질 때, 즉 '빅뱅'에 의해 분리 상태로 전환된 이후에야 구분과 분별, 비교가 가능하여 내가 누구인지 그리고 내 능력이 어디까지인지를 알 수 있는 것이다.

원시상태의 우주를 신이라고 가정할 때, 신은 무소 부재하므로 모든 것을 다 인지하고 있다고 생각하기 쉽다. 그러나 모든 것을 안다는 전제를 세우면 그 모든 것의 모든 것이 존재한다는 전제가 있어야 한다. 무한대가 있다면 무한대와 다른 무한대의 집합이 있을 수 있듯이 말이다. 이 말은 바로 한계지음 즉 구분으로 부소부재가 아니다.

따라서 원시우주인 신은 0의 상태, 즉 백지상태로서 어느 그림이든 그리고 싶은 장소(공간), 때(시간)를 불문하고 그림을 그릴 수 있는 바탕이라고 봄이 합리적이다. 서양에서는 0을 아무것도 존재하지 않는 무(無)로 이해하고 있으나, 불교사상에서 유래된 공(空)을 뜻하는 0은 범어로 순야(舜若, sunya)라고 하며, 이는 백지상태를 뜻한다. 바로 '진공'을 의미하는 것이다.

뒤에 추가로 상세히 논하겠지만 이것이 우리의 눈에 보이는 펼쳐진 현상계(거시세계)인 상대계와 대비되는 접혀진 본질계(미시세계의 최정상)인 절대계의 세상인 원시우주인 것이다.

자. 그러면 신은 왜 "나는 누구인가?"라는 질문을 던졌을까?

필자는 이에 대하여 명상하면서 신의 절대왕국인 천당은 매우 지루할 것이라는 생각이 우선 들었다. 부족함이 없으니 원하는 것도 없고 그러니 움직일 필요도 없으며 생각할 필요도 없을 것이다. 얼마나 따분하고 지루할까? 그래서 원시우주의 본체인 순수의식(신이라고 부를 수도 있을 것이다)은 "도대체 나는 누구고 내 능력은 어디까지야!" 하고 소리칠 수도 있을 것이라는 생각 말이다.

우스갯소리로 들릴지 모르지만 힌두사상에서는 신이 이 세상을 창조한 이유가 유희(遊戱)라고 하고 있고, 실제로 우리 인간들뿐만 아니라 모든 생명체의 내면을 뜯어보면 유희가 그 바탕에 깔려 있음을 깨닫게 된다.

우리가 무엇을 가지고 놀 때면 그 놀이 자체에 빠져 들어간다. 모든 것이 환희 그 자체요, 천국인 것이다. 우리가 직업이라고 부르는 일에도 놀이요소가 그 밑바탕에 깔려 있다. 그래서 이 세상에서 가장 성공한 사람들을 분석해 보면 대부분 자기가 놀이처럼 즐길 수 있는 일을 직업으로 택한 사람들이고 그들은 그들의 일에 몰입(flow)함으로써 창의적인 사람이 되고 이 세상을 이끌어 가는 리더가 되는 것이다.

물론 부와 권력이 힘들이지 않아도 이들에게 함께 따라온다.

3. 몸과 마음의 신비로운 결합이 이 우주를 대변하고 있다

'나'라는 존재는 독자 모두 인지하고 있듯이 물질인 육체와 비물질인 정신으로 구성되어 있다. 그런데 물질은 상대계의 특징이고, 비물질은 절대계의 특징이다. 그러므로 나라는 존재는 상대계와 절대계(뒤에 상세히 설명하였으니 이를 참조하시길 바란다)의 특징이 상호 작용함으로써 존재하게 되는 것이다. 또 상대계는 구체성이 그 특징인 반면 절대계는 추상성을 그 특징으로 하고 있다. 이런 점에서 보면 나란 구체성과 추상성을 함께 가지고 있는 묘한 존재이다.

3.1. 구체적 형상을 지닌 물질로 이루어진 우리의 몸을 살펴보자

물질인 몸은 부모의 유전자를 이어받아 형성되는데 우리의 몸을 이루는 세포 수는 평균 60-65kg인 사람이 70조 개 정도를 가지고 있다고 한다. 이는 지구상의 인구인 70억 명보다 1만 배가 많고 우리 은하계에 존재하는 별의 개수인 5,000억 개보다 140배나 많은 그야말로 엄청난 숫자로 이 세포들이 서로 화합하여 '나'라고 하는 하나의 몸을 100년 남짓 지탱하고 있는 것이다(세포 하나는 무려 약 15조 개의 원자로 이루어져 있다는 것을 알면 우리의 몸 자체가 소우주임이 명백하다는 것을 이해할 수 있으리라).

우리 인류가 이 지구에 발을 디딘 약 600만 년 동안 자연재해와 외적의 침입을 막기 위해 사투를 벌여 왔고, 부족이나 국가라는 형태를 통해 다른 부족이나 타 국가를 침입하여 무수한 살생을 감행하며 다투고 싸워 왔다. 지구 역사상 가장 평화시기라고 하는 최근 50년 동안도 곳곳에서 내전에 따른 대규모 학살이나 기아가 만연하고 있고 이념이 다르다는 이유로 살육

이 지속적으로 자행되고 있는 것을 보면, 우리의 육체라는 하나의 통합된 생명체를 유지하기 위해 나를 구성하고 있는 세포들이 얼마나 힘이 들까 하는 생각이 든다. 나 한 사람을 이루는 70조 개의 세포의 1만 분의 1에 불과한 지구상 인류가 저리 싸움을 지속하고 있는 것과 비교할 때 그 조화가 신비스럽기만 하다.

물론 현재의 지구상의 인구수보다 1만 배나 많은 세포들이 상호 협력하여 화합(harmony)을 이루는 것이 얼마나 힘든지를 나타내는 지표가 있다. 우리 몸의 70조 개의 세포는 약 11개월에 한 번씩 자식세포에게 역할을 양보하고 모두 사라진다는 것이다.

우리가 만약 80년을 살고 죽는다면 우리를 유지시키기 위해 나를 구성하는 세포 70조 개가 약 90번을 죽는 셈이다. 이들 세포는 뇌, 몸체, 내장기관을 구성하면서 자기 맡은 바 역할을 다 하면서 상호 협력과 조화를 이루며 우리의 몸을 지탱하고 있다(내부작용). 또한 나를 이루는 세포는 서로 합동하여 기후의 변화에 적응하며 외부의 병균 등의 침입을 퇴치하고 있다(외부작용).

나를 유지하기가 하루하루 얼마나 힘든 작업일까!

70조 개의 세포는 1년도 안 되어 모두 죽고 새로운 자식세포에게 자기를 내주면서도 남을 탓하거나 허무한 자기 생에 대해 전혀 불만을 표시하지 않는 것이다.

그런데 우리는 어떠한가? 이러한 나를 이루는 생명의 본질인 나의 세포에 대해 감사한 마음을 한 번이라도 가져 본 적이 있는가! 오히려 술과 담배, 놀이에 빠져 몸을 함부로 하다 몸이 아프거나 하면 "아이, 재수 없어. 다른 친구는 나와 같이 술 먹고 담배 피고 진창 놀았는데, 아니 나보다 더

했으면 더 했지 덜 한 것도 없는데 왜 재수 없게 나만 아프지. 젠장." 하고 투덜거린다.

우리는 나를 이루는 세포가 바로 생명의 본질인 순수의식이 깃들어 있는 신 그 자체라는 것을 깨닫고 나를 하루하루 살아 있게 해 주는 나의 세포에게 감사해야 한다. 이를 알게 되면 이 세상에 존재하는 모든 것이 신비롭고 감사한 마음이 저절로 우러날 것이다. 마음을 긍정적으로 바꾸고 하루하루 내가 살아 있음에 감사하라. 나의 세포들에게 감사의 마음을 표현하라. 그러면 나의 몸은 엄청난 새로운 기운이 채워지고 머리는 아주 맑아져 심신이 조화를 이루는 몰입(flow) 상태에 도달하게 되리라.

세포가 생명의 기본 구성체이고 이들 각자가 기초 생명체인 점을 인정한다면 나라는 존재가 이 세상에 살아 있다는 사실 자체가 정말 경이로울 따름이다.

정말 우리 모두는 행운아임이 틀림없다.

또 하나의 놀라운 사실을 보자.

우리의 태어남의 과정은 그야말로 신비 그 자체이다.

우리는 부모님이 서로 사랑을 나눔으로써 이 세상에 태어났다.

연구결과에 따르면, 성교 시 1회 2억 5천만 마리의 남성의 정자가 여성의 난자를 향하여 치열한 스타트를 하는데 이 중 85%는 불량품이어서 여성의 질에 도달하기 전 중도에 탈락하고 약 3천 7백만 마리의 정자만이 질 근처까지 도달한다고 한다. 그런데 정자의 접근을 감지한 여성의 질은 이들을 적으로 간주하여 백혈구 면역체계를 가동시켜 이들을 공격함으로써 질에 도달하는 정자는 이들의 단 6%에 불과한 2백 3십만 마리 정도라고 한다. 이렇게 어려운 과정을 거쳐 남은 정자들도 질을 통과해 난자를 향하여 여행하는 도중 대부분 면역체계에 잡혀 먹히고 약 25마리 정도만이 나팔관에 도착하게 된다고 한다. 더욱더 놀라운 것은 나팔관은 점액질로 차단되어 있던 난자의 난자막이 약화되어 정자를 받아들일 화학적 사다리가 만들어질 때까지 정자를 유인하여 잠을 재운다고 한다.

이 얼마나 놀라운 사실인가?

이후 난자는 생산 활동 준비가 끝나면 강력한 화학물질을 잠든 정자에게 발사하여 정자들을 깨워 난자로 유인하며, 정자 하나가 난자에 도착하면 난자막이 핵폭탄처럼 폭발하여 막을 형성하게 되는데 이는 2개 이상의 정자를 받아들일 경우 난자가 파괴되는 것을 막기 위한 조치이다.

그런데 어떻게 일란성 쌍둥이가 태어나는 것일까? 이는 극히 예외적인 현상이다. 난자 막에 동시에 도달한 정자를 눈치 채지 못한 난자가 그대로 막을 형성하게 되어 나타나는 현상이며, 이는 자연(신)도 실수할 수 있음을 보여 주는 것으로 종래의 결정론적 사고가 얼마나 잘못되었는지 보여 주는 증거이다. 이러한 현상을 보면 최근의 양자론의 불확정성의 원리, 확률이론이 자연을 그대로 설명해 주는 이론임을 확신할 수 있다.

이러한 현상에서 우리가 배울 수 있는 가장 중요한 점은 이들 물질의 기초단위인 세포와 정자, 그리고 질과 나팔관, 난자 등도 모두 그 내면의 밑바탕에는 '의식'이 자리하고 있어 이들의 여행을 안내하거나 억제시켜 생명을 탄생시킨다는 사실이다. 즉 물질과 의식은 합일체로 작용하여 생명을 창조하고 유지시키며 파괴하는 것이다.

몸 따로, 마음 따로는 작용할 수가 없으며, 오직 둘이 결합함으로서만 창조를 통해 더 높은 곳으로의 도약을 이룰 수 있는 것이다. 이것이 우주의 본질이요, 용솟음치는 에너지를 만들어 내는 우주의 본질인 것이다.

3.2. 비물질인 마음의 본질은 무엇인지 살펴보자

마음(心)은 우리는 일반적으로 정신(精神)이라고도 부르며, 종교계에서는 영혼(靈魂)이라고도 부른다. 특히 동양에서는 몸을 움직이게 하는 본체를 백(魄)이라 부르고 이는 죽음과 함께 사라진다고 보고 있으며, 마음을 움직이는 본체는 살아 있을 때는 혼(魂) 혹은 영혼이라고도 부르고 있고 죽은 후에는 혼령(魂靈) 또는 귀신(鬼神)이라고도 부른다.

종교나 영성계에서는 대부분 마음의 본질을 영원히 윤회하는 우주의 본질로 보아 이의 영속성을 인정하고 있으나, 과학계에서는 마음은 인간의 뇌가 만들어 내는 작용으로 보아 육체의 소멸과 함께 사라지는 것이라고 보는 것이 20세기 전반까지의 통설이었다.

그러나 20세기 후반에 등장한 양자이론과 초 끈 이론은 그동안 과학계에서 의식의 존재를 인정하지 않고 있어 해결하지 못하고 있었던 미시세계의 특이성을 의식의 존재를 인정하여 해결(이를 불확정성의 원리라고 부른다)함으로써, 종래의 종교계나 영성계 등에서 흔히 이야기하는 영혼이 이 의식을 의미하는 것인지도 심도 깊게 논의되고 있다. 즉 과학계에서도 의식이란 뇌에만 존재하는 뇌가 만들어 낸 무엇이라 육체의 소멸과 함께 사라지는 일시적인 무엇이 아니라 우주의 본질과 관련된 무엇이라는 심증을 굳혀 가고 있는 것이다.

그러나 아직도 대부분의 뇌 과학자들은 기존의 입장을 견지하고 있으나 속속 종래의 견해가 틀렸다는 증거가 발견되고 있다. 필자는 10년 이내에 뇌 과학자들은 종래의 견해를 폐기하고 의식의 영원성을 받아들여야 할 것이라고 생각한다.

3.3. 종합과 통찰

나는 몸과 마음의 합일체인데 몸과 마음 중 어느 것이 본질인가? 참으로 어려운 질문이다.

과학자들의 의견을 따른다면 몸이 본질인 것 같기도 한데, 사람들은 과학이 발달된 요즈음도 대부분 '영혼'이라고 부르는 마음이 본질이라고 생각하고 있는 것 같다. 이는 과학의 풍성한 성과물에도 불구하고 종교는 더욱 성행하여 전 세계 인구의 80% 정도가 종교를 믿거나 전지전능한 신의 존재를 믿는 것으로 나타나고 있다는 점에서도 유추할 수 있다.

특이한 것은 영혼이나 신의 존재에 대해 전혀 모르는 3-5세 아이들도 죽은 후 자기가 또 다른 세상에 살아 있을 것이라고 생각하고 있는 것으로 많은 연구들에서 조사된다는 보고가 있는 것을 보면 인간은 직관적으로 영혼의 존재를 인지하고 있는 것이 아닌가 하는 심증을 갖게 한다.

이것은 무엇을 의미하고 있는가? 인간은 지식이 있든 없든지를 불문하고 직관적으로 본질이 무엇인지 눈치 채고 있음을 의미하는 것이다. 앞으로 논의를 더 진행하면서 여러분은 우리가 왜 이렇게 생각하는지를 이해하게 될 것이다.

그 이해는 철학이나 형이상학이 아닌 바로 자연과학의 계속되는 발견들을 통해서 이루어지고 있다는 사실을 알면 여러분은 아마 무척 놀라게 될 것이다.

그런데 필자는 낙상사고로 뇌를 크게 다쳐 사경을 헤매면서 깨달은 것이 하나 있다. 그동안 마음공부를 하면서 마음에 너무 집중한 나머지 나의 몸의 귀중함을 망각하고 있었다는 사실이었다. 물론 부처님의 중도사상을 이해하고 있던 필자는 선무도, 단학수련과 제반 체조 등을 수련하면서 36가지의 유연성 체조를 개발하여 20년간 거의 하루도 빠짐없이 유연성 운동을 이행하였고 휴일에는 등산도 즐겨 해 왔다. 그 덕분에 20여 년간 대체로 건강한 육체를 유지할 수 있었으나, 이것이 오직 나의 노력 때문이라는 자만심에 빠져 있었던 것이다.

그러나 불의의 낙상사고로 뇌를 다쳐 119 구급차에 실려 병원으로 이송된 후 10일 이상 중환자실에서 혼수상태로 이승과 저승을 오가다 겨우 정신을 차려 보니 양손은 침대 양쪽 파이프 지지대에 묶여 있었고, 머리는 아프고 어지러워 천장이 왔다 갔다 하였으며 눈에서는 별과 같은 불꽃이 수시로 튀어 오르는 등 혼란스러운 데다 심장부정맥까지 와 있는 중환자 상태인 나를 발견하였다. 내가 왜 이러고 있나 생각하니 기가 막혔다. 다소 병세가 안정되어 중환자실에서 입원실로 옮긴 며칠 후 나는 옆의 환자들의 계속되는 고통스런 외침과 어수선함을 견딜 수 없어 주치의의 퇴원이 어렵다는 진단에도 불구하고 통원치료로 돌려달라고 졸라서 자진 퇴원하였다.

필자는 집으로 돌아온 후 종래의 습관대로 유연성 체조를 아침저녁으로 실시하여 굳은 뼈와 근육을 회복시키는 데 최선을 다하는 한편, 눈에서 불빛이 왔다 갔다 하는데도 불구하고 컴퓨터에 문서를 입력하고 독서도 꾸준히 하기 시작하였다. 물론 컴퓨터의 문서입력은 시간을 다투는 중요문서였기에 기를 쓰고 식은땀을 흘리며 입력하였지만 말이다. 그랬더니 며칠이 지난 후 눈도 서서히 정상으로 돌아오고 어지럼증도 다소 나아졌으며, 몸의 움직임도 유연해져 있었다. 마침 병원 통원일이 다가와 신경외과를 찾아갔더니 주치의가 그동안의 증상을 물어보고 일상생활은 정상적으로 할 수 있는지, 하는 일은 무엇인지 등을 물어보았다. 필자는 "다소 어지럽고 눈이 아직 정상은 아니지만 문서 작성 등 업무는 정상적으로 하고 있다."고 대답했더니 주치의 선생님은 매우 놀라면서 "선생님처럼 뇌를 많이 다치신 분들은 보통 회복기간이 6개월 이상 되고 회복이 되더라도 완치는 없고 90% 이상이 치매가 수반되며 부수 질병이 초래되어 정상생활이 어려운 게 일반적이에요. 그런데 선생님은 다친 후 채 한 달도 경과하지 않았는데 고도의 지적 능력이 요구되는 일을 하신다니 매우 놀랍습니다. 참 복도 많으시군요. 선생님이 처음 입원하실 때 저는 상태가 매우 안 좋아 보여 걱정을 많이 했습니다."라고 말하였다.

나는 "감사합니다."라고 인사하면서, "그런데 선생님, 죽었다 다시 살아나서 그런지 모든 것이 감사하게만 느껴지네요."라고 말했더니 주치의는 크게 웃으면서 "크게 다치고 회복된 많은 분들이 그런 말씀을 많이 하세요."라고 응답하였다. 나는 "아, 그렇구나."라는 생각과 함께 주치의 선생님의 말이 무슨 의미인지 저절로 이해가 되었다.

진료 후 귀가하면서 필자는 "내가 다른 사람들보다 빠른 회복세를 보이고 있다니 한두 달 후면 완전히 예전의 나로 돌아갈 수 있겠구나." 하는 생각이 들어 기뻤다. 그러면서 빠른 회복의 원인이 무엇인지 찾아보았다. 그것은 물론 낙상사고로 인사불성인 필자를 빠르게 발견하고 즉시 119 구급대 긴급 지원요청을 한 처의 대처, 그리고 3분이라는 짧은 시간 내의 구급차 출동과 병원 이송, 병원 측의 신속한 응급조치와 치료 등 여러 우연한 사건들이 일치하여 나의 생명을 구할 수 있었다는 데에 생각이 미치자 "감사합니다."라는 말이 절로 나왔다. 그러나 이것만이 필자가 죽지 않고 살아난 원인이 아닐 거라는 생각이 들었다. 계속 생각을 더듬던 중 문득 내 몸을 이루는 70조 개의 세포에 대한 고마운 감정이 솟구치며 저절로 두 눈에서 눈물이 흘러 내렸다.

사실 필자를 구성하고 있는 세포들은 지금까지 필자를 존재하게 하기 위해서 11개월마다 70조 개의 세포 모두가 그 자리를 자식세포에게 내어주고 자신은 아무 불평 없이 죽어간 것이다. 살신성인이라고 했던가. 바로 세포들이 필자를 구해내려고 극심한 고통을 견뎌 내면서 협동체계를 무너뜨리지 않아 빠른 회복에 이르도록 기여한 것이다. 아무리 독한 약물이 들어와도 고통을 참아냈으며, 핏줄이 터져 머리에 피가 흥건히 고여도 이를 청소해 내기 위해 면역체계를 가동했고, 부러진 뼈도 자동으로 치료하고 각 내장기관의 이상을 사전에 차단하거나 완화시키면서 나를 정상화 단계로 이끌어 주고 있는 것이 바로 세포인 것이다!

얼마나 신비스럽고 고마운 세포인가? 그런데도 필자는 술과 담배, 오락 등에 시간 가는 줄 모르고 몸을 혹사시키면서도 세포의 고마움을 단 한 번이라도 생각해 보았던가? 후회와 참회의 마음에 다시 한 번 눈물을 쏟았다. 앞으로 남은 인생은 정신의 소중함뿐만이 아니라 몸의 소중함도 똑같은 비중으로 생각해 수련해 나가겠다고 다짐하고 또 다짐했다.

마음뿐만 아니라 나의 몸을 이루는 세포 하나도 모두 본질인 순수의식 그 자체라는 깨달음이 나를 변화시키고 있었다.

마음이 나의 본질인 것은 분명하나, 물질계인 현상계에서 몸 또한 마음과 같은 중요성을 갖는다는 것이 이해되었다.

이러한 필자의 생각에 다소 의아한 생각이 든다면 너무 물질문화에 취해 있다는 증거이다. 이러한 태도는 종래의 고전파 과학의 지식에 기반을 둔 단멸론(斷滅論, 정신은 뇌의 작용에 불과하므로 육체가 죽으면 함께 사라진다는 생각을 말한다)이 20세기 후반 양자론에 의해 뒤집혀져 이제는 잘못된 이론이 된 것임을 모르고 있다는 것을 말해주는 것이다. 이러한 생각은 종교의 결정론을 믿고 극단주의에 빠지게 유인하거나 우리의 삶을 육체의 죽음으로 모든 것이 끝나는 것으로 봄으로써, 쾌락주의나 염세주의에 빠져 살게 유인할 수 있는 오류에 빠질 수 있다. 이는 정말로 잘못된 생각으로 죽음에 이르러서야 그동안 살아온 삶을 후회하게 되는 보통 사람들의 삶을 살고 있다는 것을 깨달아야 한다. 보통 사람들은 오히려 마음 수련에는 게을리 하면서 몸에 좋다는 음식, 치장, 몸매 관리 등에 치중한다. 너무 마음에 심취하여 몸을 돌보지 않는 것도 잘못된 삶이나, 물질에 심취하여 마음을 돌보지 않는 것은 더욱 잘못된 삶이다. 이는 본질인 마음을 무시하고 허상인 물질을 본질이라고 착각하면서 사는 삶이기 때문에 죽음에 이를 때야 비로소 후회하는 삶이기 때문이다. 독자들은 왜 몸과 마음이 어느 쪽에도 치우치지 않는 삶을 살아야 하는지 뒤에서 배우게 될 것이다. 우선 독자들에게 한 가지 팁을 주자면, 몸과 마음이 혼연일체가 될 때야 비로소 생각의 물질화가 이루어지고 이것이 우리를 성공과 행복에 한 걸음 다가갈 수 있도록 도와준다는 것이다. 이에 대하여는 뒤에서 상세히 설명하게 되니 자세한 것은 그곳에서 상세히 논하기로 한다.

제2장

삶이란 무엇인가?

1. 태어남은 어떤 의미를 담고 있는가?

태어남, 그 자체가 기적이자 행운이다. 그러면 왜 태어남이 기적이고 행운 그 자체인지 살펴보자.

나라는 존재가 태어나려면 나의 부모님이 사랑을 나누고 상호 교접행위인 성교(sex)라는 행위를 하여야 한다. 태어남 그 자체는 상반되는 전하를 가진 에너지가 마주쳐 불꽃을 튀기며 새로운 생명을 창조하는 행위의 결과인 것이다. 이러한 생명의 태어남은 방법만 다를 뿐 식물이나 동물 모두 마찬가지이다.

자. 그러면 태어남의 시작인 성교 행위를 들여다보자.

남성이 성교 시 1회 배출하는 정자는 보통 2.5억 개 정도라고 하며, 남자는 평생 평균 600회의 성교를 할 수 있다고 한다. 이때 배출되는 정자 수는 1천 5백억 개 정도이다. 그리고 여성은 평생 난자를 600회 배출할 수 있다고 한다. 그렇다면 생명이 태어날 수 있는 확률은 얼마일까? 경우의 수를 모두 고려할 경우 평생 난자와 정자가 결합하기 위해 경쟁해야 하는 경쟁률은 90조 분의 1이라 한다. 그러므로 하나의 생명이 태어나기 위해서는 90조 분의 1이라는 엄청난 경쟁을 뚫고 정자가 난자 막을 통과하여 결승점에 도달하여야 하는 것이다.

고액복권 당첨 확률을 보통 800만 분의 1이라고 보고 있으므로 고액복권에 1,125만 회나 당첨되는 것과 같으며, 전 세계 인구인 70억 명이 각자 1.7만 번씩 다시 태어날 확률과 같은 것이다.

이와 같이 우리가 이 세상에 태어난다는 것은 정말이지 거의 통과 가능성이 없는 문을 통과한 것으로 기적이 함께하지 않으면 불가능한 확률이 아닌가?

참으로 이 세상에 태어난 이들은 모두 엄청난 행운아임이 틀림없다.

그러면 왜 이런 행운아들이 사는 세상이 고해(苦海)로 비춰질까?

생명이란 우주의 기본원리인 엔트로피 증가의 원칙에 위배되는 현상이다. 물이 높은 곳에서 낮은 곳으로 흐르는 것처럼 물질은 모두 높거나 많은 곳에서 낮거나 적은 곳으로 흘러간다. 그러면서 평형을 맞춘다. 그런데 생명현상을 보라. 물고기는 강을 거슬러 올라가고, 새싹은 땅을 뚫고 올라온다. 자연현상에 순응하기보다는 역행하는 것이 생명인 것이다. 그러므로 고통은 반드시 수반될 수밖에 없으며, 이 고통이 승화되어 기쁨이 되는 것이다. 고통이 없으면 기쁨도 없다. 비교대상이 없다면 그 가치판단을 어디에 둘 수 있을까. 상대계는 실재하는 물질이든 비물질이든 항상 대립 쌍을 가지고 있다. 이것이 상대계의 특성인 것이다. 우리는 알아야 한다. 기쁨만 있는 천국보다 기쁨과 슬픔이 있는 이 세상이 보다 살맛이 있다는 것을. 쉽게 목표를 이루었을 때보다는 어려움을 이기고 목표하는 바를 이루었을 때 그 기쁨이 배가(倍加)되는 것이다. 한 가지 덧붙이자면 우리가 느끼는 이 세상의 움직임 중에서 고통으로 느끼는 사건은 약 70%, 기쁨으로 느끼는 사건은 약 30%라고 하며 기쁨은 단속적이고 지속성이 고통의 약 30%에 불과하다고 한다. 이런 우리의 주관적 느낌도 이 세상이 고통으로 가득한 세상으로 비쳐지는 단서가 된다.

우리는 물질인 육체와 비물질인 의식(영혼인 무의식과 현재의식, 자율신경계를 지배하는 기초의식을 포함한다)으로 구성되어 있다.

그야말로 상대계와 절대계의 특성을 모두 가지고 있다.

우리의 몸과 마음은 항상 절대계의 요소와 상대계의 요소가 순환되는 구조를 가지고 있는 것이다.

과학자들은 우주를 탐구하면서 이 우주 창조의 주체는 그동안 우리가 아무것도 없는 곳으로 알고 있었던 진공임을 밝혀냈다. 아무것도 없다고 생각했던 양자 진공에서는 생명의 창조 및 소멸현상이 지속되고 있었던 것이다.

한 걸음 더 나아가 우리가 알고 있는 물질을 잘게 쪼개어 더 쪼갤 수 없는 양자적 규모의 미시세계에 이르러보니 물질의 기반이라고 생각했던 입자의 흔적은 사라지고 파동만이 남는다는 놀라운 사실을 발견하게 되었다.

이러한 사실은 육체도 그 근본 질료는 진공임을 의미한다. 필자는 이 진공이야말로 우리 의식의 본원인 순수의식이며 우리 마음의 근원지요 생명의 탄생 장소라고 주장한다. 진공의 세계는 무한가능성의 장이자 생명의 무한 씨앗을 품고 있으나 움직임이 없는 절대계 그 자체인 것이다. 그런데 절대계에서 파생된 상대계의 모든 것은 본질인 절대계를 지향하게 되어 있다. 마찬가지로 다양한 지식의 질과 양에 따라 무생물, 식물, 동물, 영장류, 인간에 이르기까지 위계(hierarchy)를 가지고 태어난 생명은 영겁을 진화하면서 절대계인 창조주를 지향하게 되어 있는 것이다.

우리는 인간은 평등하게 태어났다고 주장한다. 본질의 입장에서 보면 일리 있는 말이다. 불교에서는 미물이라도 생명을 중요하게 다루라고 가르치고 있다. 최근 양자역학에서 밝혀냈듯이 무생물부터 인간까지 모두 동일한 질료인 진공에서 태어난 것이라는 점에서 보면 맞는 말이다. 그러나 우리가 발 딛고 살고 있는 현상계는 상대계이며 이는 구별과 한계지음이 특징인 세상으로서 상대적 평등의 세상이지 절대적 평등의 세상은 아닌 것이다. 오히려 불평등이 일상적인 것이 이 세상이다.

우주과학자들이 최근 밝혀냈듯이 이 우주는 대부분 물질로 이루어져 있다고 우리가 알고 있는 상식과는 달리, 물질은 전 우주질량의 불과 4%(이 물질 중 우리 인체를 구성하는 성분과 같이 눈에 보이는 무거운 성분은 불과 0.03%에 불과하다)에 불과하고 나머지 96%는 진공이다. 그야말로 우주 전체가 거의 공(空)이다.

필자는 여기서 갑자기 반야심경의 한 구절인 '색즉시공(色卽是空) 공즉시색(空卽是色)'이라는 말이 떠오른다. 부처님의 혜안에 저절로 두 손이 모아진다.

그렇더라도 우리가 살고 있는 4%의 물질세상을 부정할 수는 없다. 엄연한 현실인 것이다. 우리가 몸을 받아 이 세상에 태어난 것도 현실이요, 살아야 하는 것도 현실이며 죽어야 하는 것도 현실인 것이다. 결국 우리는 이를 받아들인 토대하에 어떻게 삶을 살고 갈 것인가를 고민해 보아야 하는 것이다.

우리가 어떻게 이 세상에 태어나게 되었는지는 창조주를 인정하지 않으면 해결할 수 없는 것이기에 종교가 생겨났고, 지구상의 80% 이상의 사람들이 어느 종교인지를 막론하고 종교를 믿고 있다. 이 사실은 모든 사람들이 신을 완전히 믿느냐 아니냐의 여부를 떠나 창조주의 존재를 대체로 인정하고 있다는 말과도 일맥상통한다. 현상계인 이 세상은 "공짜 점심은 없다."는 한마디 말로 표현되는 것처럼 인과의 법칙이 지배하는 세상이다.

그러나 우리가 태어난 것이 우리 자신이 제공한 어떠한 사건이 원인이 되어 그 결과로 이 세상에 나타났다고 설명하기에는 많은 문제점을 안고 있다.

불교에서는 태어남을 환생이라는 인과 작용을 통해 설명하면서 해탈이나 열반을 통해 이 인과의 사슬에서 벗어나야 한다고 가르치고 있다. 이러한 교설은 보이지 않는 세상인 절대계를 우리가 맨 먼저 기준해야 하는 1차적 세상(본질)으로 보는 데 따른 필연적 결론이다. 그러나 우리가 살고 있는 현상세계를 판단의 1차적 기준 세계(본질)라는 입장에서 보면, 분명 우리의 탄생은 '공짜 점심'이다. 인과율의 적용을 받지 않는 예외현상이 일상적인 세상인 것이다. 인과율이 깨지는 세상은 어디인가? 바로 절대계이다. 그러므로.태어남이란 대부분 절대계의 성분으로 이루어진 중간계(?)의 어디인가에서 머물던 영혼이 부모님의 몸을 빌려 이 세상인 상대계에 태어난 것이 나라고 본다면, 불교에서 말하는 것과 달리 인과율을 우리가 볼 수 없는 저세상(탄생 전 세상 또는 죽음 후의 세상)까지 연장시키지 않고도 탄생에 대한 설명이 가능하다.

무한창조력을 가지고 있고 창조의 대가도 요구하지도 않는 절대계의 본질인 순수 의식이야말로 우리 생명창조의 원천이라고 본다면, 우리의 탄생은 분명 '공짜 점심'으로 볼 수 있는 것이다. 즉 우리는 공짜 점심으로 태어나 인과율이 지배하는 이 현상계에서 인과율의 지배를 받으며 살아야 하는 존재인 것이다. 성경이나 불경 등 종교경전에 언급된 말씀들을 제대로 이해하려면 절대계와 상대계의 성분과 그 성질이 어떠한지, 그리고 그 경전의 말씀에서 1차적 판단 기준으로 하는 세상이 어느 계인지를 바로 보아야 경전의 말씀을 제대로 이해할 수 있는 것이다.

일례로 창조주가 과연 어떤 모습을 하고 있는지에 대하여 인격화된 신으로 다루게 되면, 상대계에 기초하여 신을 판단하는 것이므로 인격신은 우리와 같은 한계를 갖고 있는 신이 된다. 바로 믿음의 대상을 선신으로 한정하면 그 대칭인 악신이 존재함을 인정하는 것이 되고, 이는 바로 상대계의 본질인 이원성을 인정하는 것으로 1차적 판단기준(본질)을 바로 우리가 사는 현상계에 두고 있는 것이다. 그러므로 탄생 이전을 함유하고 있는 창조주를 설명하기에는 부적합한 판단기준이다.

반면에 창조신을 비인격 신으로 다루게 되면 신은 절대계의 모습인 공(空)으로 한계 없는 무한가능성을 가지고 있는 신으로 그 모습이 드러나게 되는 것이다. 그러므로 신을 선악 구별 없는 일체화된 신으로 보면 이는 바로 절대계의 본질인 일체성, 무한성을 인정하는 것이 되므로 1차적 판단기준(본질인 체(體))은 절대계이고 우리가 사는 현상계는 2차적 판단기준(반영인 용(用))이 되는 것이다.

고로 창조신은 비인격신으로 봄이 타당하다.

중국의 맹자, 순자의 인간의 성선설, 성악설도 우리가 사는 상대계를 1차적 판단기준으로 삼고 있어 이 우주의 진정한 본질(진공, 일체성, 구분불가능성)은 고려되지 않은 한계지음을 바탕으로 한 구분이라는 것을 쉽게 이해할 수 있다.

철학적 바탕을 절대계에 두느냐, 상대계에 두느냐에 따라 그 해석이 달라진다는 것을 이해하면 우리가 깊은 정신세계를 다룬 종교서적이나 철학서를 읽는 데 많은 도움을 받을 수 있다.

논의가 샛길로 들어갔지만 우리의 출생은 분명 상대계 내에서의 순환과정이라고 보기보다는 절대계의 성분을 보다 많이 가지고 있는 어떤 계와 우리가 살고 있는 물질계가 만나 순환하는 과정이 아닌가 하는 생각이 든다.

그 단서는 물리학에서 밝혀지고 있듯이 거시세계인 현상계(4차원 세계)인 펼쳐진 세계가 있는 반면, 미시세계인 비현상계(6차원 또는 7차원 세계)인 숨겨진(접혀진) 세계가 있어 우리는 느낄 수는 없지만 그들 서로 간에 그 영향을 주고받고 있다는 사실에서 찾을 수 있다.

결국 우리의 탄생이란 이러한 관계맺음의 시작이며 죽음은 이러한 관계맺음의 해제라고 볼 수 있다. 따라서 관계맺음이 끝나면 보다 높은 에너지를 함유한 무의식(영혼)은 그 파동과 일치하는 계로 돌아가게 되는 것이 아닐까 하는 생각이 든다.

최근 과학자들은 원자를 가속시켜 있는 장소에 그 원자의 껍데기를 그대로 둔 채로 한 장소에서 다른 장소로 내용(소프트웨어)을 이동시켜 다른 원자에 그대로 복제시키는 데 성공하였다. 이는 유체이탈이동, 궁극적으로는 원하는 장소로의 즉시이동의 가능성을 확인시켜 주는 성과이다.

이러한 성과는 영혼(순수의식)의 존재를 인정해야 이해할 수 있는 결과이다.

인간의 뇌 속에서는 생각이 물질을 창조하고 물질이 생각을 바꾸는 상호 전환 작용이 매일 일어나고 있다. 즉 기분(감정)에 따라 수십 종의 호르몬이 분비되고 이 호르몬은 행동을 유발시킨다.

호르몬은 수십 종이 있으나, 그 작용을 기준으로 분류하면 대체로 3가지 호르몬으로 대별할 수 있다. 여기에도 3이라는 비밀이 숨어져 있다(3의 비밀은 다음 장에서 살펴볼 것이다). 이 세 가지 호르몬의 역할은 쾌락 조절,

투쟁심 조절, 행복감 조절이다. 바로 우리 인간의 행동이 이 3가지로 대분류되어 나타나는 것이다.

쾌락조절 호르몬은 도파민(dopamine)이고 투쟁심조절 호르몬은 아드레날린(adrenalin)인데 이들은 대체적으로 나를 위한 이기적 동기(생각)가 분비를 촉진하여 이에 따라 행위를 유발하는 호르몬이다. 반면에 행복감조절 호르몬인 세로토닌(serotonin)이라는 전달물질은 공생적 동기(생각)가 분비를 촉진하여 이에 따라 행위를 유발하는 호르몬이다. 여기서 놀라운 사실은 도파민에 의해 유인된 쾌락은 단기적이며 일시적인 데 반해 세로토닌에 의해 유인된 행복감은 지속성이 있다는 데 있다. 이것은 무엇을 의미하는가? 생명은 바로 함께할 때 지속적인 행복감을 느낄 수 있다는 것을 증명하는 것으로 모든 생명은 이기적이라는 종래의 주장이 매우 잘못되었음을 말해주는 것이라 할 것이다. 이 세상의 사람들이 대부분 이기적인 행동을 일삼는 것으로 보이는 것은 자유의지의 발현의 2/3 정도가 도파민과 아드레날린이 분비되는 이기적 행동을 유발하는 반면 1/3 정도는 세로토닌이 분비되는 이타적 행동이 차지하고 있기 때문이 아닐까 하는 생각이 든다. 따라서 이타적 행동은 반드시 나를 인정하고 존중하는 바탕 아래에 서야 비로소 진정한 그 모습을 드러낼 수 있다고 생각된다. 인도의 성녀라고 불린 노벨평화상 수상자 테레사 수녀의 일기를 보면 자주 악몽에 시달렸음을 토로하는 글을 볼 수 있는데, 필자는 왜 자신은 전혀 돌보지 않고 이타행(利他行)에 온 마음과 몸을 바친 그녀에게 그런 악몽이 자주 나타났는지 의아해 했었다. 그러나 필자는 명상을 통해 이는 우주의 본질이 "나는 누구인가?"라는 질문에서 출발한 것처럼 이타행은 나를 인정한 바탕에 서만 비로소 지복이 될 수 있다는 답변을 얻었다.

이렇게 생각은 호르몬을 분비하여 기분을 조정하는 것이다(내부적 물질창조).

　또 기분은 행동을 초래하여 외부물질을 창조하는 유인이 된다(외부적 물질창조).

　우리의 육체는 70조 개의 세포의 하모니가 이루어낸 실체이며, 나를 존재시키기 위해 11개월에 70조 개의 세포를 모두 교체하여야 내가 유지된다. 바로 세포는 나라는 존재를 존속시키기 위해 내·외부 환경의 변화와 싸우다 지치면 자식세포에게 그 자리를 양보하고 아무런 불평 없이 사라져 가며, 세포 상호간의 하모니를 이루어 나를 존재하게 하는 것이다. 물론 이들의 하모니가 일시적으로 깨지면 질병이 찾아오고 심해지면 죽음이 찾아오는 것이다. 나를 이루는 세포는 결코 이기적이지 않고 함께(with)하고 있음이 명약관화하지 아니한가! 그러나 세포 하나하나가 내·외부의 도전에 이기적으로 대응하는 것이 바로 전체 세포에 이득이 된다는 사실이다. 바로 이기적 행동이 이타적 행동화하는 것이다.

　따라서 태어남이란 조물주가 우리에게 육체와 정신이라는 물질과 비물질적 요소를 모두 주어 양측면의 모든 것을 갈고닦아 보다 높은 깨달음에 이르게 하는 진화촉진의 절차이고, 죽음이란 물질인 육체에서 보다 높은 에너지를 가지고 있는 소프트웨어인 정신(영혼)이 빠져나와 그와 동일한 파장들이 있는 장소에서 머물며 보다 높은 진화단계에 오르기 위해 준비하는 삶을 사는 것이 아닐까 생각된다.

　왜냐하면 우리를 구성하는 최소인자인 미립자는 영생하는 존재이기 때문이다(이에 대해서는 뒤의 우주론에서 자세히 다루고 있다).

2. 삶의 진정한 의미는 무엇인가?

산다는 것이 무슨 의미인가에 대하여 유사(有史) 이래 무수한 논의가 있어 왔다. 그러나 그 정답을 얻은 사람은 아마 거의 없을 것이라고 필자는 생각한다. 왜냐하면 이 질문에 대한 모범답안은 없기 때문이다. 그런데도 이 책에서 이 물음을 던지는 것은 인간으로 태어나 짧다고 보면 찰나의 순간이고 길다고 보면 긴 것으로 보이는 우리의 인생을 살아가면서 한 번쯤은 짚고 넘어가야 할 문제이기 때문이다.

우주는 엔트로피(Entropy: 무질서, 파괴) 증대의 법칙이 지배한다. 그리고 중력의 법칙에 따라 물이 아래로 흐르듯이 만물은 중심부를 향해 위에서 아래로 내려가는 것이다.

그런데 생명현상은 위로 올라가는 성향을 가지고 있다. 새싹은 흙을 뚫고 위로 나오고 물고기는 물의 흐름을 거슬러 위로 올라가며, 높은 질서를 갖추고 있는 조직체일수록 그 에너지가 흘러넘친다.

사람은 생명을 유지하기 위하여 다른 생명이 가진 임의의 무기물질을 흡수하여, 매우 안정된 구조로 조직화시켜 그 질서를 오래 유지하려는 경향이 있다. 즉 생명은 모두 엔트로피를 감소시키는 방향으로 노력하는 것이다. 이 우주법칙인 엔트로피 증대의 법칙에 따르면 질서 있는 것은 무질서로 가고 살아 있는 것은 종국에는 죽음에 이른다는 것은 당연한데도 말이다. 자연의 질서에 대항하려니 얼마나 힘이 들까? 인생이 고(苦)로 비치는 것은 당연한 것이 아닐까?

진시황제가 불로초를 찾아 그리 헤맸어도 100세를 넘기지 못하였고, 이 세상에 태어난 그 누구도 불사한 사람은 없다. 인간뿐이랴. 모든 생명체는 종국에는 죽게 되어 있다. 그 시간이 얼마가 걸리든지 간에.

　결국 산다는 것은 죽음을 향하여 항해하고 있는 과정이라고도 볼 수 있다. 그 긴 우주의 수백억 겁년 동안에 100년도 되지 않는 짧은 삶의 항해 기간 동안 인간은 서로를 해하고 죽이고 미워하며 살아야 할까? 아니면 서로 사랑하고 배려하며 사이좋게 지내다 가야 할까? 누구나 당연히 후자를 원할 것이다. 그러나 삶의 여정 동안 태풍도 불고 파도도 치며 옆에 있던 배가 이유 없이 다가와 부딪치며 싸움을 걸어 오기도 한다. 이럴 때 우리는 화를 내기도 하고 체념하기도 하며 그냥 물결이 치는 대로 사는 것이 순리라고 자포자기하고 만다. 그러나 생각해 보라. 우리가 태어난 것이 우연이었던 조물주의 조화에 의한 것이었던 간에 우리는 90조 분의 1의 관문을 뚫고 이 세상에 태어난 것이 아닌가? 정자가 난자에 도달하여 수정이 되려면 이런 확률을 뚫어야 하는 것이다. 정말 불가능에 가까운 확률 속에서 살아남은 것이 우리가 아닌가? 이것은 평생 벼락을 수백 번 맞아 죽을 확률과 같다는 통계도 있는 것을 보면 삶의 시작인 태어남이란 엄청난 행운이 아닐까?

　그런데 태어남은 행운이라 치고 왜 사는 것이 이리도 힘들까? 남들도 다 그럴까. 나만 재수 없어서 그럴까.

　생각해 보자. 우주의 진리는 엔트로피라고 했다. 물은 높은 데서 낮은 곳으로 흐르고 살아 있는 것은 종국에는 죽는다.

　윤회가 되는지는 별개의 문제로 하고 살아 있는 생명체는 죽지 않으려고 서로를 해하기까지 하며 정글의 법칙을 만들어 내고, 살아 있는 식물은 지하에서 거꾸로 지상으로 머리를 내밀며, 물고기는 물을 거슬러 올라간다.

　이것은 우주의 진리에 역행하는 행위이다.

우리가 "자연의 순리대로 살아야지." 하고 이야기하는 어쩌면 어불성설일 수도 있다. 자연의 순리는 사는 게 아니고 죽는 것이니까.

자, 그러면 우리는 왜 부처님께서 삶을 고(苦)라고 하셨는지, 왜 삶이 고단한지 그 해답을 알 수 있지 않을까? 결국 우리 인간이 살아 있다는 것은 자연의 법칙에 반하는 것이고 그러므로 당연히 고통이 따라오는 것이 아닐까?

그러면 이렇게 고단해야만 하는 삶을 덜 고단하게 살고 갈 수는 없을까. 해답은 있다. 바로 삶이라는 짧은 기회를 얻은 것을 조물주께 무한히 감사하며 살자. 고통이 있으면 이는 당연한 것이고, 기쁨이 있으면 조물주께서 나에게 특별히 선물을 내리신 것이라고 감사하자. 고통을 기쁨의 터전으로 생각하며 항상 긍정적인 사고를 가지자. 이 세상에 나온 것은 무언가 배우고 가라는 조물주의 뜻으로 생각하고 항상 공부하는 자세를 갖자. 인간은 평생 동안 70% 이상의 고통스런 일과 부닥치는 반면, 기쁜 일과는 불과 20-30%만 조우한다는 통계가 있다. 또 인간은 고통스러운 일은 오래 기억에 남는 반면, 즐거운 일은 빠르게 기억에서 사라진다고 한다. 그래야 나중에 고통스런 일이 다가오면 피할 수 있기 때문에 우리 뇌는 이렇게 설계되어 있다고 한다. 이러한 통계를 보더라도 인생을 살아가는 데 고통은 피할 수 없을 것 같다. 억지로 피하려 하기보다는 오히려 반갑게 맞으며 기쁜 일의 전조로 봄이 마음 편할 것 같다.

현자는 말한다. 삶이란 우리가 해결해야 할 문제가 아니라 살아야 할 신비라고. 그리고 삶은 무한가능성에의 초대라고.

에리히 프롬은 이렇게 말한다. "우리에게 가장 슬픈 일은 우리가 완전히 태어나기도 전에 죽는다는 사실이다. 삶이 새로운 탄생을 위한 여행이 되지 못하게 가로막는 것은 지나간 과거와 불확실한 미래에 대한 집착 때문이다. 이러한 집착은 우리를 현재에 온전히 머물 수 없게 한다. 삶의 기술은 '내려놓음'의 기술이다. 내려놓고 현재에 온전히 몰두하라. 삶이라는 놀이판에서 최대한 즐겨라. 놀이판에 참석한 관객이나 배우는 모두 놀이판에 한껏 몰입하여 즐기고 그 판이 끝나면 미련 없이 훌훌 털고 일어나 각자 갈 길을 걸어간다. 이것이 삶이다."

맞는 말이다. 삶이란 우리의 영혼이 놀이터인 이 세상에 초대되어 펼쳐 논 커다란 놀이판이고 내가 주연배우이자 관객이요 연출자라고 생각한다면, 모든 일이 내가 창조하는 것이라는 사실이 한층 신비스러움 그 자체로 다가오지 않을까.

현대가 낳은 가장 위대한 영혼 중 하나로 불리는 디팩 초프라(Deepak Chopra: 1938-현재)는 《The Book of Secrets》에서 완전한 삶에 이르기 위한 비밀을 다음과 같이 이야기하고 있다.

디팩 초프라

「삶은 마법이다. 마법이란 운명이라는 것이 스스로 만든 것임을 깨닫는 것이다. 마법은 이를 확인하는 과정이다. 마법사는 온 우주가 내 안에 있다는 것을 안다. 내 생각이 나를 포함하는 우주의 모자이크 구성을 시시각각으로 변화시킨다. 마법사는 '기내'에 의해서가 아니라 그 자체를 순진하게 바라본다. 결과보다 과정을 중시하는 것이다. 그는 인과를 중요시하지 않음으로 과거의 사실에서 벗어나 순수한 마음으로 세상을 바라본다. 마법사는 '저 밖'과 '이 안'을 이음새 없는 하나의 흐름으로 받아들인다. 영혼은 하나이나 무수히 많다. 마법사는 자신이 맡은 모든 역할로부터 완전히 자유롭다. 그러므로 어떠한 결과도 기꺼이 수용한다.」

「우리는 시간은 뒤에서 앞으로 흐른다고 생각한다. 그러나 이것은 하나의 관점(aspect)이다. 흐르는 시간은 없다. 오히려 시간은 위와 아래로 펼쳐져 있다. 오직 우리가 변해 가는 공간이 있을 뿐이다. 시공연속체인 것이다. 과거, 현재, 미래는 우리의 관점일 뿐 오직 '지금'뿐임을 알자. 이를 이해하는 마법사는 시간을 거꾸로 살며 죽음을 초월한다. 왜냐하면 영혼은 영생의 존재이기 때문이다. 우리에게는 단지 일시적인 상승과 하강 같은 변화만 있을 뿐이다. 그러나 어느 누구도 영적인 상승의 목표물에서 벗어날 수는 없다. 다만 영적인 밝고 어두움에 따라 매우 밝고 빠른 길을 택하거나 어둡고 긴 터널을 우회하기에 시간이 매우 오래 걸리는(이것도 하나의 환상이다) '삼악도'라는 고통스러운 과정을 '선택'하는 사람이 많을 뿐이다. 마법사는 인과에 기초한 행동을 하지 않으므로 오로지 그는 스스로 창조한다. 마법사는 너와 내가 분리되어 있지 않은 하나임을 안다. 그래서 본인이 신성한 존재임을 알며 영성의 본질인 진정한 사랑에 기초하여 행동한다.」

「마법사는 이 세상이 상대계임을 안다. 그래서 악과 실패는 삶을 완전하게 하는 필요조건임을 이해한다. 보살은 중생이 있음으로 해서 깨달음을 얻는 것이다. 마법사는 삶에서 가장 창조적이고 마법적인 연금술이 무엇인지 안다. 그것은 바로 현재의식과 무의식을 일치시키는 것이다. 마음 비움의 의미를 간파하는 것이다. 이 세상은 분리가 만연해 있다. 분리가 진리라고 알고 있기 때문이다. 그러나 분리는 환상이고 합일은 진리다. 마법사는 우주가 하나가 전체고 전체가 하나라는 사실을 알고 있다. 삶은 신이 개념을 체험으로 바꾸는 도구이다. 바로 신을 재창조하는 과정이 삶이다. 따라서 자신이 누구고 누가 되기를 선택하는가가 대단히 중요하다.」

 정말 옳은 말이다. 우리가 삶을 이러한 태도로 바라본다면, 즉 관점(觀點, view point)을 바꾼다면 앞으로의 당신의 삶은 성공과 행복이 당신도 모르는 사이에 스스로 다가와 있고 종국에는 모두를 위한 헌신적이 삶에 정력을 바치는 당신을 보게 될 것이다. 얼마나 멋진 삶인가?

 한 가지 덧붙인다면 21세기로 접어들면서 인류는 4차 기술혁명을 도구로 이용하여 이 우주의 본질인 연결성에 한 걸음 다가서고 있다. 그러나 우리가 명심할 것은 연결성의 끝에는 통합이 있음에 유의하여야 한다. 만약 통합정보를 독점한 국가, 기업, 개인이 무지한 대중을 상대로 그들의 이익을 챙기려고 나선다면 전 인류는 물론 지구상의 모든 생명체의 종말도 초래할 수 있다는 사실을 인지하여 이들에 대한 경계를 게을리 하지 말아야 할 것이다.

 연결성이라는 절호의 기회에 동참하는 기회를 얻은 이 시대의 우리들은 정말로 행운아인 것은 분명하나 행운을 누리는 데는 그만한 대가가 있음을 명심해야 할 것이다.

3. 삶이란 목적이 있는 여행인가?

3.1. 삶은 무한성을 증명해 가는 과정이다

생명의 시작인 원자에서 시작해서 유전자를 하나만 가지고 있는 바이러스, 그리고 여러 개의 유전자를 가지고 있는 식물, 동물, 인간으로 진화해 나감에 따라 존재의 본질인 의식의 양과 질은 엄청나게 증가한다.

영성심리학계에서는 보이지 않는 비물질계가 존재한다고 주장하면서 아스트랄계, 멘탈계, 직관계, 영계 등으로 계층(Hierarchy)으로 나누어 설명하고 있는데, 뒤쪽 계로 나아감에 따라 존재의 본질인 의식의 양과 질은 엄청나게 증가할 것이라고 추정하고 있다. 만약 이 보이지 않는 단계가 존재한다면 우리가 알고 있는 세상은 매우 단편적인 세상일 것이다. 그러나 위의 단계들은 상대계이거나 상대계의 요소와 절대계의 요소가 섞여 있는 중간계(中間界)들로 모든 존재의 최종목표인 영원한 자유를 충족시켜 주지는 못한다. 영원한 자유란 절대계의 특징이기 때문이다. 우리가 머무는 곳은 상대계인 것이고 만약 보이지 않는 계층이 존재한다고 하더라도 이 모든 계는 완전한 자유를 의미하는 절대계보다는 낮은 중간단계이다. 결국 우리 생명체는 최종목표인 영원한 자유를 얻기 위해 다중우주계인 이 상대계나 중간계를 윤회하면서 자신을 진화시킬 수 있는 보다 높은 지식을 발견하는 과정을 반복하는 존재가 아닐까?

물리학의 에너지보존법칙은 에너지가 존재하는 한 우리는 삶과 죽음을 넘어 영원하리라는 것을 이야기하고 있다. 이런 관점에서 보면 삶이란 나라고 하는 존재가 물질(육체)과 경이롭고 비상한 존재인 비물질(마음)의 합일체를 마음대로 사용(생명이 신에게 종속된 수동적인 존재라면 내 마음대로 사용할 수는 없다. 그러나 우리의 육체와 마음은 누구의 통제도 받지 않고 내 마음대로 사용하는 것이 보장된 존재이다. 심지어 스스로 목숨을 끊기도 하지 않는가? 이는 바로 내가 신이 화현한 능동적인 존재라는 말이다)해서 무수한 실패와 성공과정을 경험해 가면서 자신의 능력이 무한함(즉, 이는 신의 본질이다)을 증명하고 창조해 나가는 과정이라고 봄이 옳을 것 같다.

이는 모든 생명에 적용되는 말이다. 무생물, 식물, 동물, 인간으로 태어남은 스스로 선택한 것이 아니다. 그러므로 삶은 태어난 다음의 범위 내에서 실패와 성공을 통하여 최상의 진화를 이루어 내는 과정이 삶의 전부라고 봄이 합리적이다.

목적이란 "이르고자 하는 어느 곳에 다다른다."라는 뜻이므로 어느 시점, 어느 공간이 전제되어야 가능한 것으로 삶과 죽음 모든 것이 변화의 한 과정이라는 점에서 볼 때 삶은 목적이 있는 것이 아니라 그저 살아가되 보다 나은 방향을 찾아가는 배움터라 봄이 합당하다.

따라서 삶은 죽음을 향해 가는 과정이다. 과정을 즐기지 못하고 목적만을 추구하게 되면 목표에 도달하지 못하여도 실망하고, 목표에 도달해도 이루었다는 뿌듯함도 잠시, 내가 이걸 이루려고 이렇게 인생을 허비했나하는 후회와 허탈감이 밀려온다.

인간의 욕망은 우주의 욕망(나는 누구인가라는 질문으로 잠재에너지가 활동에너지로 분출되는 현상을 이르는 것으로 이 활동에너지의 분출은 무한성을 토대로 하는 것이다)에 바탕을 두고 있어 무한대일 수밖에 없는 것이다. 그러므로 어느 하나를 이루면 보다 높은 것을 나시 원하는 것은 당연하지 않겠는가? 생명은 그 바탕이 우주의 본질인 순수의식이며, 이는 신의 본질이니 창조물은 그 본질의 성격을 따라가는 것이 당연하지 않겠는가?

앞에서 우리는 신의 본질은 무소부재이고 전지전능이니 이것은 백지상태라는 것을 살펴보았다. 백지상태이어야 어느 때 어느 곳에서라도 그리고 싶거나 쓰고 싶은 것을 그리거나 쓸 수 있으니까 말이다. 바로 무한대는 0 이요 백지상태인 것이다.

즉 삶의 본질을 목표점에 도달하는 것으로 보면 끝도 없는 목표를 도달점으로 하는 것이며, 결국 그 목표는 허망하다는 것을 절실히 깨닫게 될 것이다.

따라서 지나간 과거나 아직 불확실한 미래에도 연연하지 말고 선물인 현재(영어로 선물, 현재 모두 present이다)에 감사하며, 삶의 과정 하나하나를 소중히 여기고 즐길 때 비로소 삶의 기쁨과 소중함을 간절히 실감하게 될 것이다.

인도의 힌디어에는 과거, 미래 모두 '껄'이라 부르며 우리말에도 어제, 오늘은 있어도 내일은 없다. 내일(來日)은 한어(漢語)인 것이다. 이런 점을 보면 우리의 말은 중국의 영향보다 인도의 영향이 더 큰 듯하다.

인도의 언어에는 수천 년 된 힌두문화가 반영되어 미래는 내가 스스로 개척해 나가는 것(불확실하니 생각말자는 부정적인 의미에서가 아니라)이기 때문에 지나간 일은 반성하고 오늘에 충실하다면 내일은 현재의 반영이므로 당연히 아름다울 것이라는 믿음이 깔려 있기에 이것이 언어에 반영된 것으로 볼 수 있다.

3.2. 삶이란 이 세상과의 놀이이다

삶이란 도대체 무엇이란 말인가?
우리는 앞에서 순수의식(신)이 움직임 없이 끝없이 지속되는 잠(잠재에너지 상태)에서 깨어나 "나는 누구인가?"라는 질문을 던지면서 빅뱅이 일어나 이 우주가 창조되었다는 가설을 수용하였다. 그러면서 "나는 누구인가?"라는 질문을 던진 궁극적 동기는 지루함과 따분함, 나의 능력이 어디까지인지에 대한 호기심(curiosity)이라고 추정해 보았다.

그렇다면 우리의 삶의 밑바탕에는 '놀이'라는 요소가 있을 거라는 생각도 하게 된다.

생명이란 놀이가 일상인 현상계에의 초대라고 볼 수 있지 않을까? 바로 우리는 이 무한가능성이 펼쳐진 놀이판인 이 세상에 초대되어 온 손님이다.

삶이란 무한시간 선상에서 볼 때 점에 불과한 찰나적 현상이다.

그러면 삶에는 궁극적인 목적이 있을까? 목적이 없다면 삶이 너무 무가치하지 않을까?

조물주가 있다면 분명 무슨 목적에서인지 나를 초대한 이유가 있을 것이다. 그러면 그 목적을 간단하게 생각해 보자. 첫 번째는 틀림없이 나와 나의 가족의 생존과 생존을 넘어선 행복일 것이다. 이를 나와 가문의 고도화 유지 목적이라고 하자. 이 목적은 이기적 동기가 그 동인이 될 것이다. 이를 위해 남들이 부러워하는 성공을 거두어 충분한 부를 축적하고 건강하게 살다가 죽음을 맞는 것일 것이다. 이것이 바로 이기적 목적인 것이다. 그런데 이것만이 삶의 목표라면 인간 아닌 하등동물과 다름이 없는 것으로 보인다. 따라서 인간은 이 세상 모든 생명체에 대한 기여를 또 다른 목적으로 삼는다고 봄이 합리적이다. 이는 이타적 동기가 동인이 되는 것으로서 자비심, 배려, 봉사, 나눔에 해당하는 것이다. 이는 근원에의 복귀로서 우주심의 마음이다.

사람이 깨달음에 다가갈수록, 죽음이 가까워질수록 나와 다른 사람, 동물, 식물, 심지어 무생물까지도 나와 하나라는 의식이 깨어나게 된다. 왜 그럴까? 우리는 앞에서 우리의 감정을 지배하는 호르몬이 대별하여 3종이 있다는 것을 살펴보면서, 도파민과 아드레날린은 이기적 동기유발 호르몬이고 세로토닌은 이타적 동기유발 호르몬임을 알았다. 이것은 조물주가 종국에는 공생을 삶의 지향점으로 하라는 명령인 것으로 보인다. 정말 묘하게도 이들의 분자구조를 보면 도파민과 아드레날린은 육각형 하나를 기본구조로 하는 반면, 세로토닌은 두 개의 육각형이 마주한 구조를 기본구조로 하고 있다는 것을 보면 놀랍기만 하다.

결국 이생에서의 삶이란 잔치판에 초대된 초면의 사람들이 서로 인사를 나누고 공동 관심사를 만들어 대화하고 교류하며, 즐거움과 고통을 함께하면서 잔치판이 끝날 때까지 즐겁게 즐기다 잔치판이 끝나면 미련 없이 헤어져 근원으로 돌아가야 하는 배움터인 것이다. 이런 점에서 보면, 삶이란 신이 마당놀이판을 만들어 주고 우리에게 마음대로 놀아 보도록 허락한 하나의 '창조적 놀이과정'이라고 볼 수 있다.

그러므로 삶은 나의 목적을 이룰 수 있는 수단이자 놀라운 창조적 시도의 장이다.

우리가 이 놀이의 쓰임새를 진정으로 이해하고 그에 알맞게 사용한다면 높은 성취동기를 유지할 수 있고 원하는 모든 것을 이룰 수 있을 것이다.

여기서 우리가 '잔치판에 초대된 손님'이라는 말을 다시 한 번 음미해 보자.

우리는 나의 마음대로 움직여 주지 않는 이 세상이 때때로 따분하고 지루하게 느낀다. 왜 그럴까?

그 이유는 신이 이 우주를 창조한 동기는 바로 "나는 누구인가?"라는 질문으로 나를 알고자 하는 욕구이다. 이때 빅뱅을 일으키며 우주가 창조되었기에 신의 조각인 우리는 모두 '욕구충족'을 갈망하기 때문이다.

이를 지성과 감성의 측면에서 분석해 보자. 지성은 절대계의 본질인 순수의식이며 정보(bit)이다. 감성은 순수의식의 기저에 숨어 잠들어 있는 지성을 깨울 수 있는 또 다른 무엇인 격발자(firing mechanism)인 것으로 보인다.

그래서 지성이 격발자인 감성에 의해 움직이면서 "나는 누구인가?"라는 질문으로 깨어났고 비로소 접혀져 있던 잠재성이 이 세상에 펼쳐져 현현된 것이 아닐까라고 생각해 본다.

바로 신의 본질인 순수의식이 절대계의 무소부재 상태에 지루함을 느껴 이 세상을 창조했다는 힌두사상인 유희적 창조론과 일맥상통하는 것이다.

인간의 가장 원초적인 본능은 자기보존이나 번식욕구가 아니라 자신의 삶을 어떤 식으로든 스스로 통제하고 조종하고자 하는 욕구, 바로 놀이욕구이다. 그런데 현실세계는 통제와 조종이 거의 불가능하다. 그래서 따분한 것이다. 때문에 인간은 이를 해결하기 위해 놀이기구를 만들어 냈다.

놀이문화인 도박, 스포츠, 가상현실뿐만 아니라 우리의 모든 직업도 놀이에 기초한다. 생각해 보라. 직업에는 놀이요소가 없는지를.

이와 같이 인간의 활동 모든 부분에는 '놀이'라는 요소가 스며들어 있다. 바로 놀이를 만들어 중요성을 부여한 것이 직업인 것이다.

놀이를 할 때는 어른이든 아이든 모두 진지하다. 그러나 놀이를 하지 않을 때는 어영부영 빈둥거린다. 그러면 곧 따분해지고 지루해지는 것이다. 그 때문에 인간은 어떤 놀이는 만들어 내어 또 놀이에 빠져드는 것이나. 이것이 삶이요, 존재인 것이다.

놀이는 바로 '현실조종 모델'인 것이다.

음악, 책, 영화, TV, 스포츠 모두가 영혼과 의식을 위한 놀이기구이다.

최근 싸이의 노래와 춤이 전 세계 사람들의 각광을 받고 있는 것은 바로 인간의 놀이욕구를 제대로 자극한 데 따라 나타난 현상으로 볼 수 있다.

인도의 갠지스강변은 강의 신 강가여신에게 춤과 노래를 바치는 축제가 1년 365일 벌어지고 있으며, 매년 많은 세계 여러 나라의 사람들이 몰려들고 있다.

앞에서도 언급했듯이 자신이 좋아하는 일을 놀이처럼 몰입할 때 창조력이 발휘되며, 이에 부수되는 것이 행복감과 성공인 것이다.

갠지스강변에서 벌어지고 있는 강가여신에 대한 예배축제

3.3. 행복이란 삶의 목표가 아니라 과정이다

삶을 한바탕 놀이로 본다면 행복이란 이 놀이를 즐기는 과정에서 발생하는 것으로 볼 수 있다. 즉 우리가 즐기면 뇌에서는 도파민과 아드레날린이 분비되어 쾌감과 성취욕이 생기고 이러한 쾌감과 성취욕이 이웃과 함께하게 되면 세로토닌이 분비되어 행복감에 젖게 된다. 그리고 행복하면 지금 이 순간에 감사하게 되고, 감사하면 또 행복해지며 이러한 과정이 반복된 결과는 바로 우리가 소위 '성공'이라고 부르는 '보상'으로 내게 돌아오는 것이다.

그러므로 행복은 성공의 결과물이 아니라 인생을 살아가는 과정마다 행복하면 성공이 보상으로 오는 것이라고 할 수 있다.

그래서 성공을 목표로 삼으면 그 목표에 얽매여 모든 것에 불만족하게 되며, 감사할 줄 모르는 인간이 되기 쉽다. 만족을 모르게 되는 이기주의적 인간이 되는 것이다. 사람이 이기적이 되면 쾌락을 추구하게 되고 쾌락이 도에 넘치면 폭력성이 나타나 남을 해하거나 싸움을 초래하여 우주의 질서인 공생을 해치게 된다.

성경에 "매사에 감사하라."는 말은 이를 잘 대변해 주고 있다.

최근 일본에서 재미있는 조사결과를 발표한 적이 있는데 고학력자일수록 재취업 일자리를 구하기 어렵다는 것이다. 왜냐하면 이들은 첫째, 채용해 주고 급여를 줘도 회사에 감사할 줄 모른다. 둘째, 회사에 조금만 문제가 있어도 불평불만을 늘어놓는다. 셋째, 법에 어긋나는 작은 문제만 있으면 회사나 상사를 잘 고발한다는 것이다.

그와는 반대로 저학력자일수록 재취업 일자리를 쉽게 구할 수 있는데 그들은 첫째, 적은 급여에도 감사한다. 둘째, 조그만 문제는 덮어두고 넘어간다. 셋째, 회사의 작은 문제는 잘 참고 넘어간다는 것이다.

이것은 무엇을 의미하는가? 많이 배운 사람일수록 매사에 감사할 줄 모르는다는 것을 의미한다. 그들은 삶을 목표에 얽매여 살다 보니 이기주의자가 되면서, 모두가 함께할 때 방출되는 행복호르몬인 세로토닌의 분비가 없어 행복을 느낄 수 없었기 때문이 아닐까? 감사란 행복할 때 나오는 표현이기 때문이다.

이러한 경향은 위의 조사결과를 예로 들지 않아도 세계 곳곳을 여행하다보면 얼마든지 느낄 수 있다. 어느 나라든 외지고 가난하여 배우지 못한 사람들이 사는 곳을 찾아가 보면 그들은 어린아이처럼 천진난만하고 친절하다. 그들이 가진 범위 내에서 최대한 베풀려고 노력하고 대가를 바라지 않는 것을 알 수 있다. 그들은 자연과 어울리며 순응하고 과도한 욕심도 없이 그냥 삶 자체를 즐긴다. 우리 모두도 어린아이일 적에는 이러했다. 욕심도 없었고 그저 자연과 천진난만하게 놀면서 즐거워했다. 무슨 목적도 없었다. 그저 존재하는 것 자체를 즐겼다. 그런데 나이가 들어 학교에 들어가 교육을 받게 되면서 점차 우리가 사는 세상이 약육강식이 판치는 경쟁사회라는 것을 깨닫고 이기주의자가 되는 것이다.

이러한 현상을 분석해 보면 우리의 본질은 공생을 향하고 있는데 우리는 아직 이기주의에 머물고 있다는 것을 보여 주는 증거가 아닌가 하는 생각이 든다.

초기 인류는 오랜 세월 동안 자연에 순응하면서 살던 공유사회(씨족사회와 부족사회)였다. 그러나 인간의 인지능력 수준이 높아지면서 보다 많은 것을 누리고자 했던 소수자에 의해 침략전쟁은 일상이 되었고, 오늘날 국가라는 형태로 이 지구를 분할 통치하고 있는 것이다. 바로 이기주의가 공유를 지배하는 사회로 변모한 것이다. 특히 부족함이 일상이었던 오랜 세월을 거친 인류는 민주주의와 자본주의 그리고 사회주의라는 실험을 치치면서 여러 우여곡절 끝에 계급사회에서 벗어나 평등사회를 지향하게 되면서 사회에 만연했던 빈곤을 극적으로 퇴치하고 풍요로운 세상으로 나아가고 있다. 그러나 모든 것이 부족하다는 전제인 '한계비용'의 발생이라는 개념을 토대로 출발한 자본주의는 이기주의와 너무 단단히 결합하면서 부의 일부 계층에의 편중현상을 심화시켜 그 부작용이 여기 저기 나타나고 있다.

이러한 사실을 직시한 일부 영혼 있는 부유층과 지식인그룹은 '공유사회'를 지향하면서 기술혁신을 통한 한계비용 제로사회를 만들기 위해 헌신하고 있다. 그들은 이미 우리 인류가 가야 할 종착점은 함께하는 공유사회라는 사실을 깨달은 것이다. 바로 21세기에 접어들면서 화두가 된 4차 산업혁명이란 기하급수적 기술진보를 도구 삼아 공유사회로의 나아감을 의미하는 것이다.

독자 여러분이 성공을 인생의 목표로 정했다면 이는 잘못된 것이라는 것을 알아야 한다.

우리의 삶이란 '과정'이기에 현재 이 순간순간마다 감사하며 행복해해야 성공은 나에게 두 손을 벌리고 달려올 것이다. 만약 당신이 이 순간 행복을 느끼지 못한다면 당신을 괴롭히는 고통은 당신을 더욱 앞으로 나가게 유인하는 신의 섭리임을 깨달아라. 그리고 지금 당신이 살아 있다는 것 그 자체가 행운임을 자각하고 감사하는 삶을 살다 보면 당신을 휩싸고 있던 모든 불운은 모두 사라지고 밝은 햇볕이 당신을 다독거려 줄 것이다.

제2부

생명이란 무엇인가?

기술혁명이 주도하는 21세기는 종래의 생명관을 가지고는 설명할 수 없는 새로운 세상으로의 진입이다. 종래의 좁은 사고의 폭을 과감히 넓혀야 우리가 가는 길을 이해하고 이에 대처할 수 있다. 열린 마음으로 생명과 그것을 지배하는 법칙이 무엇인지를 이해하면 점점 더 빨라지는 변화의 물결에 올라탈 수 있는 혜안을 얻게 된다.
자, 우리 모두 성공적인 삶에 한 발짝 다가서 보자.

제1장

생명에 대한 통찰

생물학적인 생명관에서 벗어나 사고의 폭을 확장하자. 생명이란 무엇인지 전 우주적 측면에서 생각해 보면 우리는 커다란 통찰력을 얻을 수 있다.

1. 생물학적 생명관

생물학적으로 생명이란 스스로 자기 복제를 하는 시스템이라고 보는 것이 과거의 일반적인 견해였다.

원자가 모여 세포를 만들고 세포가 모여 생명체를 만듦으로 수많은 원자의 군집생활을 통하여 생명체를 이루게 된다. 고등생물로 갈수록 그 군집의 크기가 매우 크다. 그 이유는 생명현상도 물리의 법칙을 따라야 하므로 불규칙한 열운동인 브라운운동과 확산으로부터 벗어날 수 없고 이는 무질서를 촉신시키는 방향(즉 열역학평형상태) 즉 엔트로피를 가속화시키는 방향으로 나아가기 때문이다. 그래서 엔트로피를 감소시키고 질서를 유지하기 위해서는 군집을 형성해야 하는데, 그 군집의 최소 구성성분인 미립자나 원자의 수가 적으면 그 질서를 유지하기 어렵고 클수록 질서유지가 쉽기 때문에 군집이 크고 복잡할수록 고등생명체가 되는 것이다. 이는 입자 활동 중 평균에서 벗어나 예외적인 행위를 하는 입자의 개수는 총 입자의 제곱근이라는 원칙인 제곱근의 법칙에 따르기 때문이다.

그런데 살아 있는 생명은 끊임없이 죽음의 상태를 의미하는 최대 엔트로피라는 위험한 상태로 다가가는 경향이 있다.

따라서 생명은 생존을 지속시키기 위한 유일한 방법인 '부(負, −)의 엔트로피=질서'를 섭취하는 것이다. 생명은 부의 엔트로피를 지키기 위해 개체적으로는 음식물을 섭취하는 방법을 통하게 되며, 그 음식물은 씹거나 잘게 부수어서 소화시켜 생명을 유지한다. 이는 그 음식물에 함유된 정보는 섭취하는 입장에서는 노이즈가 될 우려가 있으므로 거기에 함유되어 있는 질서를 잘게 분해하여 함유된 정보를 아낌없이 버려야 개체에게 무해하기 때문이다.

엔트로피를 줄이는 또 다른 방법은 개체를 집단화, 복잡화하는 방법인데 이는 제곱근의 법칙에 적합하기 때문이다. 이러한 관점에서 보면 생명체는 우주의 일반법칙인 엔트로피 증대의 법칙에 배치되는 현상이므로 대단히 예외적인 현상이라 할 수 있다. 생명체는 생명과 질서유지를 위해 보다 복잡화, 집단화를 추구하는 경향이 있는 반면, 우주는 무질서와 단순화에 수렴한다. 따라서 생명은 극히 한정된 기간에만 지속되는 한시적인 현상인 것이다.

생명이란 스스로 자기 복제를 하는 시스템이라는 주장은 유전자(DNA)가 생명을 지배한다는 과학적 전제를 기반으로 하고 있다. 그러나 대부분의 생명체는 그 활동이 생명 유지를 목표로 세포분열에 의한 유전자

(DNA)에 머무는 반면, 인간은 이를 넘어 유전자에서는 스스로 발현되지 않는 부분, 예를 들면 사회적 관계에 의한 집단 지성체(영국의 생물학자인 리처드 도킨스는 이를 '문화적 밈'이라 명명한다)를 창조하여 이를 후손에 전승시키는 방법 등을 통해 그 군집을 한층 환경에 덜 민감하게 개선함으로써 생명력을 보다 증진시키고 있다는 점에서 위의 주장에는 한계가 있다고 보인다.

즉, 인간은 개체를 초월한 집단의 유지에도 주안점을 두고 있으며, 이것이 바로 인간을 만물의 영장으로 만든 인간의 사회성이다. 인간뿐만 아니라 고등동물들에서도 집단 내 개체 간의 '협력'이 종족을 보존하고 생명을 유지하는 매우 중요한 수단임이 발견된다. 이것은 유전자가 전적으로 생명현상을 지배한다는 종래의 생물학적 생명관에 큰 결함이 있음을 보여 주는 것이다.

따라서 위의 인체를 생화학적 기계로 보는 종래의 생명관과는 다른 유력한 생물학적 생명관이 최근 설득력을 얻어 가고 있다.

그 하나는 루돌프 쇤하이머(R. Schoenheimer)가 생명현상에 대하여 자신의 실험결과를 토대로 새로운 생명관인 '신체 구성성분의 동적인 상태'라 부르면서 "생명이란 대사의 계속적인 변화이며, 그 변화야말로 생명의 진정한 모습이다."라고 정의하는 것이다.

루돌프 쇤하이머

형성된 후 극히 일부의 예외를 제외하고는 평생 분열도 증식도 않는다고 알려진 뇌세포조차도 그를 구성하는 DNA의 원자는 오히려 증식하는 세포 DNA보다도 잦은 빈도로 항상 부분적인 분해와 회복을 반복한다는 것이 최근 발견되었다.

즉 우리 인체를 구성하여 생명의 단초를 제공하는 세포는 태어나서 죽을 때까지 '파도에 밀려 모래성이 계속 새로운 모래를 쌓아 놓듯이' 분해와 회복을 반복하는 것이다.

이는 "질서는 유지되기 위해 끊임없이 파괴되어야 한다."는 진리를 우리에게 알려주는 것이다.

실제로 최근의 연구결과를 보면 인간의 몸은 약 70조 개의 세포가 연합하여 발현되는 조화(harmony)이고, 몸을 구성하는 세포들은 11개월마다 전부 새로운 세포로 교체되어 11개월 후의 몸은 내가 알고 있는 내 몸이 아니라는 사실이 밝혀졌다. 몸은 모든 물질이 계속해서 통과(대사)하는 일종의 관(官, pipe)과 같다는 것이다. 엔트로피 증대의 법칙에 항거할 수 있는 유일한 방법은 시스템의 내구성과 구조를 강화하는 것이 아니라, 오히려 그 시스템 자체를 흐름에 맡기는 것이라는 점이 밝혀진 것이다.

후쿠오카 신이치가 생명이란 "동적 평형 상태에 있는 흐름이다."라고 말한 것도 같은 류의 생각에 입각한 생명관이다.

그 두 번째는 스탠퍼드 대학의 교수였고 저명한 생물학자인 브루스 H 립턴이 주장하는 것이다.

립턴은 세포에 대하여 연구한 결과, 유전자(DNA)는 단지 세포, 조직, 기관을 형성하는 데 쓰이는 분자수준의 청사진일 뿐이어서 그 스스로는 발현되지 않으며 오로지 환경 속의 그 무엇인가가 유전자의 활동을 촉발해야만 발현된다는 사실을 밝혀냈다.

즉 생명의 메커니즘에 시동을 거는 것은 유전자가 아니라 개개 세포의 환경에 대한 인식, 즉 신호에 대한 반응이라는 것이다. 이러한 세포 하나하나의 인식은 서로 밀접하게 연결되어 외형상 하나의 개체인 생명체를 움직이고, 이것이 우리의 삶을 특징짓는다는 것이다.

브루스 H 립턴

이러한 주장은 사람의 유전자가 삶에서의 경험에 대응하여 끊임없이 변화한다는 사실을 밝힌 후성유전학의 영향을 받은 것으로 생각된다.

종래에는 세포의 유전자를 보유하고 있는 핵에 모든 생명의 원천이 있다고 생각해서 핵을 제거하면 생명도 죽는다는 것이 생물학자들에 있어서 일반적인 생각이었다. 그러나 일단의 생물학자들의 실험에 의하면 핵을 제거한 세포는 2개월 이상 아무 변화 없이 생명을 지속하는 반면 세포막을 제거한 세포는 즉시 사망하는 것이 관찰되었다. 그 사유를 추적한 결과, 핵은 생명의 원천이 아니라 생식기여서 생식활동은 일정 기간 정지해도 생명에 지장을 초래하지 않지만 세포막은 외부 환경의 정보를 받아들이는 수용기로서 외부환경의 변화에 따라 유전자를 변화시켜 세포의 생명활동을 지속하도록 하는 역할을 맡고 있음을 밝혀냈다. 세포막이야말로 우리의 뇌와 같은 역할을 수행하는 기관이었고, 이를 통해 외부환경의 변화를 즉시 감시하여 이에 적응할 수 있도록 세포를 변화시킴으로써 생존을 지속하는 원동력이었다. 바로 '관계맺음'이 생명의 본질임이 밝혀진 것이다.

특히, 립턴은 한 걸음 더 나아가 유전자의 발현을 지배하는 주변 환경 중에서 '마음'이 생명현상을 지배하는 결정적 요소임을 주장한다. 그는 거대한 뇌를 필두로 잘 발달한 인간의 신경계는 인간의 정신이 단일한 세포의 인식보다 훨씬 복잡하다는 점, 인간은 반사작용에 기초해서 주변을 인식하는 단세포와는 달리 마음을 통해 주변 환경을 여러 가지 다른 방법으로 선택적으로 인식할 수 있다는 사실에 주목하면서 "인간의 몸과 마음을 지배하는 것은 유전자가 지배하는 호르몬과 신경전달물질이 아니다. 인간의 믿음이 몸과 마음, 따라서 생활을 지배하는 것이다."라고 주장함으로써 과학자들이 터부시하는 마음을 과학의 범주 내로 끌어들였다는 데 매우 큰 의의가 있다고 생각된다.

오늘날 '시스템 생물학'이라고 부르는 분야에서는 어떤 종의 개체에서뿐만 아니라 서로 다른 종의 개체 사이에도 유전자 공유가 일어나 유전자 전이를 통하여 유전정보를 교환한다는 사실을 밝혀내고 있다. 즉 유전자 사이에는 서로 간의 '협력'을 통하여 다른 개체가 '학습'한 경험을 습득하여 진화의 속도를 높이는 것이다.

같은 종의 배란을 통해서만이 유전자가 유전된다는 일반상식은 이제 지나간 옛날이야기가 되고 있다. 얼마나 놀라운 사실인가? 바로 생물종 사이의 벽이 존재하지 않는다는 이야기이다!

이러한 새로운 사실은 '개체'를 강조하는 다윈의 이론에 기반을 둔 유전공학에 의한 유전자변이가 엄청난 역작용을 가져올 수 있다는 것을 경고하는 것으로서, 인간이 지구에서 평화롭게 다른 종들과 지내려면 '공동체 간의 협력'을 강조하는 방향으로 나아가야 함을 의미하는 것이다. 이는 지구와 그 속의 모든 생물 종들이 살아서 상호작용하는 하나의 거대한 유기체를 형성한다는 제임스 러블록(James Lovelock)의 가이아가설과도 일맥상통한다.

이제 필자는 독자들의 이해를 돕기 위해 나의 몸을 가지고 설명을 해 보고자 한다.

생물학자들은 인체를 분석한 결과 보통 65kg의 몸무게를 가진 사람의 세포 수가 70조 개라고 한다. 그리고 이 세포를 구성하는 원자와 분자 수 또한 수조 개가 모여 세포 하나를 구성하는 것이다. 세포가 생명의 시작이라면 나 하나의 몸은 70조 개의 작은 생명이 모여 만들어 낸 조화(harmony)의 결집체인 것이다. 이들이 화합하여 나의 뇌, 내장기관, 근육과 뼈, 척추 등을 구성하는 한편 주변 환경과 감정에 따라 신경전달물질인 호르몬과 혈액 등 다양한 물질을 분비하여 외부의 세균이나 침입자를 방어하고 나를 유지시키고 있는 것이다. 나의 몸은 우리 은하계의 별의 개수보다 무려 140배나 많은 세포의 화합과 협조가 이루어 내는 놀라운 조화 그 자체인 것이다.

어디 그뿐인가? 내 몸의 내장기관에는 각종의 미생물이 기생하면서 소화를 돕고 외부환경에 대한 면역력을 높여 주고 있다. 이러한 조화가 얼마나 어려운지를 우리는 세포의 수명을 통해 간접적으로나마 추정할 수 있다. 세포 70조 개는 매 11개월마다 죽고 그 자리를 자식 세포에게 내어주면서 아무런 불평 없이 사라져 간다. 하나의 조직인 나를 위해 나의 조직을 구성하는 세포는 그 희생을 감내하는 것이다. 개인은 흐름이기에 정보를 저장할 수 없고 오직 공동체를 통해서만 가능한 것이다. 개인은 오직 행동을 취할 수 있을 뿐이다. 우리는 여기에서 진화란 개체의 진화가 아니라 조직의 진화라는 것을 직관적으로 이해할 수 있다.

즉 아무리 작은 조직도 수많은 개체에 의해 이루어지며, 조직이 진화하기 위해서는 개체의 희생은 필연적이라는 것이다.

　이러한 사실은 우리 인류의 역사를 통해서도 알 수 있는 진리이다. 오직 공동체만이 시간 속에서 모든 것을 흡수할 수 있는 것이다. 인간은 죽지만 문화는 그 후손을 통해 면면히 전해지는 것도 이러한 원리이다.

　이 원리를 적용하면 소위 문화적 밈이 무엇인지 설명할 수 있다. 문화적 밈이란 개인의 희생에 기초한 집단의 결과물이며 집단무의식의 일종이라 할 수 있다.

2. 우주론적 생명관

이 생명관은 생물뿐만 아니라 무생물도 생명에 포함한 광의의 생명관이라 할 수 있다.

이 우주에 존재하는 모든 물질은 원자로 구성되어 있으며, 원자는 원자핵을 중심으로 주위를 전자가 계속 회전(최근 전자는 안개처럼 핵 주위에 퍼져 있는 것으로 밝혀졌다)하고 있고 이 전자는 '자유의지'를 가지고 있음이 최근 물리학에서 밝혀진 바 있다. 이런 점에서 볼 때 움직이는 것은 모두 순수의식(별칭 '생의(生意)'라 할 수도 있을 것이다)을 가지고 있으며, 생명도 가지고 있다고 말할 수 있다. 즉 의식 있는 물질은 모두 생명체라고 할 수 있는 것이다. 이러한 생각은 이미 불교에서는 수천 년 전부터 가르침으로 이어왔다고 볼 수 있는데, 최근 물리학과 천문학분야에서 불교의 가르침을 뒷받침하는 새로운 발견들이 이어지면서 지지자를 계속 확대하고 있다.

한국의 천문학자 이시우는 그의 저서 《우주에서 붓다를 찾다》에서 생명에 대하여 다음과 같이 설명하고 있다.

「살아 있다는 것, 즉 생명이란 무엇인가? 우주에서는 정상적인 물질은 절대영도(섭씨 영하 273도) 이상에서는 항상 분자활동이 일어나고 있다. 우주의 평균온도는 절대 영도 이상이므로 우주 내 모든 물질은 활동을 하는 생의(生意, 생명력)를 지닌 생명체로 간주할 수 있다. 결국 분자에서 별에 이르기까지 이 우주의 만물은 생명력을 가진다고 보는 것이 생명의 광의적 정의로 볼 수 있다. 즉 외부와 에너지 수수교환을 일으키는 것은 모두 생의를 가진 생명체이다.」

이 정의를 따르면 자연 내의 생명체는 대충 6가지로 분류할 수 있다. 바로 인간, 동물, 식물, 단세포 생물, 별과 같은 거대 규모의 생명체, 아원자(亞原子) 세계와 같은 미세규모의 생명체로 나눌 수 있다. 그런데 놀랍게도 물질의 최소단위인 아원자(미립자)는 모든 활동이 정지된다고 알려진 절대영도에서도 활발하게 움직이고 있음이 관찰되었으며, 어떤 환경변화에도 불구하고(예를 들어, 이 우주가 멸망하더라도) 영생하는 것으로 최근 과학자들에 의해 증명된 바 있다.

광의에서 볼 때 생명현상의 특성은 무엇인가?

물리학자이면서 철학자인 영국의 화이트헤드(A. N. White-head, 1861-1947)는 "생명의 특성은 절대적인 자기향유와 창조적 활동 및 목적이다."라고 정의한다.

그러면서 그는 우주 생명에서는 정신과 물질이 하나로 되어 있으며, 그 형태와 실체는 이 우주의 근원적 에너지 즉 우주 생명의 표현이라고 했다. 우주의 근원적 생명은 항상 창조하려는 의지(생의)이며, 이러한 의지는 모든 물체, 천체에 내재되어 있고 유기적으로 작용하고 있다고 주장했다. 즉 생명이란 물질을 더욱 고도로 조직화하는 의지이며, 힘이며, 고도의 통합력이며, 질서 형성의 능력으로 보는 것이다.

화이트헤드

자, 그러면 광의의 생명관적 측면에서 이 우주를 구성하고 있는 만물의 본성은 무엇인지 살펴보자.

만물을 편의상 무기물, 식물, 동물, 인간으로 나누어 볼 때 무기물은 분자활동을 통한 외부반응에의 자연적 순응 및 적응을 그 본성으로 하며 이를 마음의 관점에서 보면 무위성(자연성), 평등성, 보편성, 이완성을 그 본성으로 한다. 이를 낮은 단계의 순수의식 또는 기초의식이라고 부를 수 있을 것이다. 식물은 빛과 물을 향한 지향성과 번식본능을 그 본성으로 하며 이를 마음의 관점에서 보면 '순수의식 + 본능적 지향성'이라 할 수 있다. 동물은 생물학적 본능과 활동성을 그 본성으로 하며 이를 마음의 관점에서 보면 '순수의식 + 본능적 지향성 + 단순한 집착과 분별'이라 할 수 있다. 인간은 생물학적 본능과 창조성과 파괴성을 그 본성으로 한다고 볼 수 있으며 이를 마음의 관점에서 보면 '순수의식 + 본능적 지향성 + 단순한 집착과 분별 + 복잡한 유의적 지혜놀이'라 볼 수 있다. 여기서 모든 만물은 순수의식인 무위성(無爲性), 평등성, 보편성, 이완성(弛緩性)을 가지고 있으며, 이는 우주만물의 근본 속성에 해당하므로 이를 순수의식 또는 우주심(宇宙心)이라 부를 수 있을 것이다.

우리는 여기서 우리가 통상 무생물이라고 일컫는 무기물(잠재에너지를 함유하고 있다)을 제외하고는 하나의 동적 움직임(잠재에너지가 활동에너지로 바뀌는 단초이다)이라는 부분이 첨가되며, 이의 강도는 고등생물로 갈수록 커짐을 알 수 있다. 그리고 움직임이란 필연적으로 불확실성을 낳게 되어 움직임이 커질수록, 즉 동적 활동의 빈도와 강도가 커질수록 불확실성은 늘어나게 마련이다.

따라서 인간이 살아간다는 것은 불확실성을 계속 높여 가는 활동이기 때문에 불확실한 미래에 대한 두려움이 생기고 이는 고통으로 나타나게 되어 있다. 또한 생명현상이란 자연법칙의 하나인 엔트로피증대의 법칙에의 반동이므로 이를 유지하기 위해서는 커다란 에너지의 소모가 요구된다는 점에서 볼 때에도 고통은 행동의 당연한 대가라 할 것이다.

인간이 살아가는 목적은 절대적인 자기향유(이기적 유전자)라는 주장을 따른다면 인간은 당연히 생존경쟁에 몰입하게 되고, 여기서 연기법(緣起法)에 의하여 고(苦)는 확대 재생산되는 것이다. 그러나 바꾸어 생각하면 고통이 없다면 어찌 즐거움(快樂)이 있겠는가? 비교대상이 없는 절대계는 고통도 없고 즐거움도 없는 세상이다. 어찌 보면 이 계가 무간지옥(無間地獄)인지도 모른다.

여기서 불교에서 이야기하는 화엄세상과 유심론에 대하여 잠시 생각해 보자.

부처님께서는 화엄세계(華嚴世界)는 모든 차별이 없는 세상이라고 말씀하셨다. 화엄세계는 만물의 상호 의존적 연기(緣起)의 세계이며, 원융무애(圓融无涯)한 상즉상입(相卽相入)의 이완된 세계이기 때문에 '나'라고 하는 존재는 사라지고 내가 너요, 네가 나라는 서로간의 '관계'만이 남는 세상이다. 이곳에는 고(苦)가 있을 수 없는 것이다. 바로 화엄세계는 내세적(來世的)이나 관념적이 아닌 현실적이고 역동적인 우주 그 자체라고 볼 수도 있다. 화엄세계는 의식을 지닌 거대한 우주적 초유기체로서 만유는 원초적인 순수의식(우주심)을 가지는 것이다.

화엄세계에서의 삶과 죽음은 에너지의 단순한 취산현상에 불과한 것이다.

3. 양자론적 생명관

우선 현상계 중 가장 작은 현상계인 양자의 세계를 들여다보자. 양자론에 따르면 물질의 최소 구성단위라고 알려진 쿼크를 입자가속기를 통해 가속하면 그 흔적을 통해 기본입자의 존재를 확인할 수 있는데, 재미있는 것은 양자장에서 우리가 이 입자들을 볼 때마다 그들의 존재는 깜박거리다 우리가 관심을 멀리하면 이들은 허공 속으로 사라진다는 것이다.

이들은 어두운 방 안의 작은 불빛처럼 나타났다 사라진다. 어두운 방을 우주로 상상한다면 입자는 장(場, field)에 대한 관심을 기울이는 단순한 행동에 의해서 존재하게 된다. 우리가 이 장에 대해 관심을 기울이지 않으면, 이들은 모든 가능성의 장에 놓인 확률 속의 일부분에 지나지 않게 된다.

양자이론학자들은 모든 물질은 근본적으로 입자성과 파동성을 동시에 지니고 있다는 사실을 밝혀냈다. 양자역학적 실험상황에서 반복적으로 확인되는 것처럼, 놀랍게도 모든 물질의 존재모습은 그 자체로 고유하게 확정되어 있는 게 아니라 그것을 둘러싼 환경, 즉 그 존재를 관찰하기 위한 실험상황 또는 인식행위에 따라서 입자로서의 모습을 보이기도 하고 파동으로서의 특성으로 나타나기도 한다는 것이다.

즉, 우리가 입자의 성질을 보기 위한 실험을 행하면 입자의 얼굴을 보여주고, 파동을 보려는 실험 상황에서는 파동의 얼굴로 나타난다. 이것은 오랜 기간 동안 서양철학의 기본이 된 관찰자와 분리되어 존재하는 객관적 실재가 따로 있다는 전제(데카르트는 "나는 생각한다. 고로 나는 존재한다."고 하여 인식하는 나를 주관으로, 내가 인식하는 세계를 객관으로 설정하였다)가 무너졌음을 의미한다. 이것은 관찰자가 관찰대상물질의 속성을 함께 지어낸다는 뜻이 되며, 궁극적으로 물질 현상은 고정된 실체가 아닌 끊임없이 출렁거리는 상호작용과 관계만이 존재하며 인간의 인식행위도 필연적으로 그 관계 속에 개입된다는 것이다.

고전물리학에 기반을 둔 우리의 고정관념을 한방에 날려버리는 너무나 놀라운 발견을 양자역학은 이루어 내었고, 이에 의해 과학은 새로운 세상으로 도약하고 있다.

종래의 시각인 "신은 관찰자요 주관자이고 인간은 신이 만든 피조물(연기자, 演技者)이다."라는 생각을 버리고, 인간이 관찰자이자 연기자, 즉 "신은 인간 안에 내재한다."는 시각으로 우리의 생각이 바뀌어야 함을 양자이론은 이야기하고 있는 것이다.

일찍이 양자물리학자들은 입자를 쪼갤 수 있는 데까지 쪼갤 경우 입자는 사라지고 파동만이 남는 것을 발견했다. 이것은 파동이 공간이나 시간 속의 한 위치에 한정되지 않기 때문에 관찰의 순간에 어떤 장소에서 입자를 발견할 통계적 가능성만이 존재함을 의미한다. 따라서 입자의 기본구성은 확률장(確率場) 또는 정보장(情報場, 무한한 가능성의 장)이라 할 수 있어 입자의 측정을 위해서는 관찰자의 관심의 질(質)이 필수요소가 될 수밖에 없다.

즉, 관심(關心(관찰자(觀察者)의 입장에서 바라봄))이라는 단순한 행위가 파동이라는 수학적 가능성을 물질적인 존재로 바꾸는 것이다.

물론 물리학에 의식의 도입을 지극히 꺼려하는 일부 물리학자들은 '결맞음과 결 어긋남'이라는 현상을 도입하여 양자의 입자, 파동의 이중성을 설명하며, 이 이론에 따라 주변 환경과의 격리상태에서 전자나 원자를 순간

이동시키는 성과를 얻은 바 있다(이에 대한 자세한 설명은 뒤의 장 참조). 그런데 이 견해의 주변 환경이라는 변수에는 관찰자 효과를 포함할 수 있다고 생각되기 때문에 코펜하겐학파의 주장을 포함한 보다 그 수용의 폭을 넓힌 견해로도 볼 수 있다.

우리의 감각기관은 물체를 활동(1)과 정지(0)의 모스 부호로 우리에게 번역해 준다. 이 활동과 정지로 된 언어는 시계추나 진동자의 운동에 비교할 수 있다. 진동자가 좌우로 흔들리면서 방향을 전환하기 직전 정지점에 도달한다. 고전역학에 의하면 정지점에서 물체의 가속도가 최대이고, 위치에너지도 최대며, 속도는 0이고, 추의 속도를 바꾸는 데 걸리는 시간도 0이다. 그러나 양자역학의 관점에서 정지점에서 일어나는 사건을 분석해 보면 전혀 다른 양상이 나타난다. 양자역학에 따르면 움직인 거리가 플랭크(Plank) 거리, 즉 10-33㎝ 이하이면 사건들 사이의 인과관계가 깨어지고 시간과 공간은 '낱알처럼' 혹은 '덩어리처럼' 되어 버려 물질의 입자는 반드시 시간의 도움을 받지 않고서도 어느 방향으로나 이동할 수 있다. 따라서 어떤 짧은 거리를 0이라는 시간으로 나눈다면 그 사건은 무한 속도로 일어난 셈이 되는 것이고 정지점에서의 속도는 무한대라 할 수 있다.

이를 하이젠베르그(Heisenberg)의 불확정성원리로 설명해 보자. 이 원리에 따르면 어떤 입자의 운동량과 위치라는 두 가지 변수를 측정하려고 할 때 운동량을 더 정확히 측정할수록 위치에 대해서는 더 알 수가 없게 되며 반대도 마찬가지라는 것이다. 즉 추가 정지점에 도달해 방향을 바꾸기 직전에는 추의 속도는 0이다. 그리고 운동량은 질량 곱하기 속노이브로 운동량도 0이다. 그런데 위 원리에 따르면 운동량이 정확이 0이라는 것을 알았으므로 위치는 알 수 없다는 결론에 도달하게 된다. 결국 추는 어느 위치에나 있을 수 있다는 것을 의미하며 0의 시간에 우주의 끝에 갔다가 다시 제자리로 돌아올 수 있다는 말이 된다! 이는 한마디로 신이 무소부재(無所不在)하다는 표현과 일맥상통하는 것이다. 이것은 우리에게 아주 중요한 시사점을 던져준다. 우리가 살아 움직이는 것은 진동상태라는 것이고 이때는 모든 물질이나 비물질이 이원성(Dualism)에 의하여 지배당하는 상대계의 상태이며, 움직이지 않는 것(죽음 또는 극도의 깊은 명상상태)은 모든 것이 하나가 되는 절대계의 상태라는 점이다. 즉 상대계인 이 우주는 변화나 운동이 없이는 객관적 실체도 주관적 실체도 존재하지 않는 것이다. 만약 변화가 없다면 우리는 영원한 정지 상태만 계속하게 될 것이고, 영원한 정지상태란 지각할 수 있는 실체가 아니라는 뜻이다.

실제로 우주를 조사해 본 결과 모든 천체는 우리가 상상할 수 없을 정도의 엄청난 속도로 자전과 공전을 지속하고 있음이 관찰되었다.

그 속도는 거시우주에서는 그 크기가 클수록 그 회전속도가 기하급수적으로 커지는 반면 미시세계에서는 그 크기가 적어질수록 그 회전속도가 기하급수적으로 증가함을 보여 주고 있는 것이다.

원자를 들여다보면 우리는 놀라운 사실을 확인할 수 있다. 원자는 모든 가능한 상태의 정보와 에너지로 가득한 진공 속에 있는 정보와 에너지 상태의 체계라는 사실이다. 금과 납을 구성하는 원자를 더 작은 입자로 나눌 경우 정확하게 똑같다고 한다. 우리가 입자라고 불러서 그렇지 이것들은 물질이 아니고 '에너지와 정보의 충동(衝動)'인 것이다. 금과 납이 다른 것은 바로 이 에너지와 정보의 충동이 만드는 배열과 양 때문이라는 것이다. 보다 낮은 단계로 내려가면 물질의 종류가 구분되는 것이 입자의 종류가 아니라 에너지와 정보의 충동 때문인 것이다! 얼마나 놀라운 사실인가? 이런 에너지와 정보의 충동이 우리가 물질이라고 간주하는 만물을 구성하는 근본인 '비물질인 무엇'인 것이다.

　최근 나타난 소수 학자들의 주장이지만 상당히 의미 있는 생명에 대한 주장 하나를 소개한다. 그것은 생명이란 '정보를 주고받는 것'이라는 주장이다. 이 주장은 고전물리학에 기초할 때 생명이 없는 만물도 정보를 생산하고 소비한다면 생명체로 간주하는 획기적인 사고로, 문화적 밈, 기업문화, 단체, 조직, 작동 중인 컴퓨터 등도 생명체가 된다는 의미이다. 이는 생명현상에 대한 최광의의 해석으로 볼 수 있으며 이에 따르면 우주에는 생명현상이 아닌 것이 없게 된다.

　보다 좁은 의미에서 볼 때 생명이란 화학적 과정이다. 전자와 쿼크는 원자와 원자핵을 이루고 원자의 최외각 전자인 '원자가 전자'들이 원자 사이를 오가거나 여러 원자들 사이에 공유됨으로써 원자들이 서로 결합해 다양한 분자들을 만들도록 해 준다. 그런데 원자핵을 중심으로 하는 궤도를 따라 최외각 전자들을 돌게 하는 것은 무엇일까? 원자는 소형의 태양계와 같다고 볼 수 있는데, 양성자와 최외각 전자 사이의 거리는 태양과 태양계 최외각 위성인 해왕성의 거리와 비슷하다고 한다. 상당히 원거리로 양성자와 최외각 전자 사이는 그야말로 진공상태로서 사실 원자는 허공이나 진배없다는 사실을 알 수 있다. 그런데도 멀리에서 물체를 끌어들이는 원거리 힘이 작용하는데 이것을 전기적 인력, 즉 전기력이라 부른다. 전하를 띤 입자들 사이의 전기력은 전하 사이에 교환되는 광자들이 그 근원인데 질량이 0이어서 엄청나게 가벼운 광자들은 원거리를 점프해서 멀리 있는 최외각 전자들을 원자핵에 묶어 놓는 원거리 힘을 만든다. 따라서 빛(광자)이

기본입자 목록에서 사라지면 원자를 묶어 주는 힘도 사라진다. 뿐만 아니라 광자가 전자에 비해 아주 작은 질량이라도 가지고 있다면 원거리 힘이 아니라 근거리 힘밖에 없는 '끈끈이'처럼 되어 멀리 있는 최외각 전자들을 더 이상 잡아둘 수 없게 된다. 이는 원자, 분자, 그리고 생명의 존재가 광자가 질량이 없다는 묘한 사실에 전적으로 달려 있음을 의미한다.

하필이면 질량이 0인 빛이야말로 생명에는 없어서는 안 될 원천인 것이다!

양성자와 중성자는 쿼크들로 이루어져 있는데 이 쿼크들이 핵자들 사이를 이리저리 뛰어다니며 발생시키는 힘이 이들을 서로 아교처럼 붙들어 주는 핵력을 발생시킨다. 그 화학작용을 하는 쿼크는 업쿼크(질량 8)와 다운쿼크(질량 16)인데 이들의 질량은 다른 쿼크(톱 쿼크 질량 34,4000)보다 훨씬 작다. 질량이 작아 쉽게 이동할 수 있어 핵력을 만드는 것이다. 만약 톱 쿼크가 화학작용을 하는 쿼크였다면 핵력은 발생하지 않았을 것이고 생명 또한 발생하지 않았을 것이다. 이러한 행운이 여러 곳에서 발견되는데다가, 물리법칙은 어떤 메커니즘을 통해 부서지지도, 흩어지지도 않는 DNA와 같은 놀랍도록 복잡한 구조물을 허용했다.

물리화학법칙으로 볼 때, 그것은 그저 엄청난 행운이었다고 볼 수밖에 없는 것이다.

따라서 여기서 인간원리(이는 물리학에서 '미세조정상수'라고 일컬어진다)가 작용했을 거라는 강한 심증을 갖고 있는 물리학자들이 상당수 있다는 것을 참고로 알아두자.

4. 마음(의식)의 측면에서 바라본 생명관

인간의 마음은 다중성(多重性)이 있다.

그 하나는 마음의 가장 심층부에 위치하는 마음성분으로서 우주 본질의 속성인 순수의식을 바탕으로 하는 개별화된 순수의식이다. 이 의식은 바로 무위성, 보편성, 평등성, 이완성을 속성으로 하는 우주(진공)의 속성을 그대로 반영하고 있으며 이는 보통 영혼 또는 무의식(개별화된 순수의식)으로 부르고 있다. 이 마음은 불교 유심론의 아뢰야식(제8식)에 해당한다.

또 다른 하나는 한 사람의 인간이 태어나기 전 기억에 해당하는 것으로서 인간이 이 지구상에 나타난 600만 년 전부터 쌓아온 모든 경험의 유전인자 기록을 포함해서 태어난 후 살아가면서 흡수한 습관화된 체험 또는 어떤 계기로 인해 현재의식 심층부로 침전된 의식이다. 이는 보통 잠재의식으로 부르고 있으나 때로는 개별화된 무의식에 포함하기도 한다.

세 번째는 현재의식의 조정을 받지 않으면서 스스로 작동하는 마음성분으로 자율신경이나 장기 등 생명의 기초가 되는 몸의 구성부분을 움직이고 있는 부분이다. 이 마음은 우리 스스로 생각에 의해 조절할 수 없는 마음으로 자율신경심 또는 기초의식으로 부를 수 있을 것이다.

그리고 마지막 네 번째는 우리가 통상 마음이라 부르는 마음성분으로서 외적 변화에 따라 즉각 반응하고 그 해결책을 생각해 내는 마음이다. 이는 현재의식이라 부를 수 있는 마음 부분이다. 이 마음은 불교에서 말하는 전5식(색, 성, 향, 미, 촉)과 전6식(익식)과 전7식(말나식으로 자아의식)에 해당한다.

이렇게 마음은 매우 복잡한 다층구조를 가지고 있는 매우 미묘한 의식체이다.

자, 그러면 마음의 측면에서 생명현상을 생각해 보자.

마음은 이렇게 여러 성분으로 이루어져 있으나 그 본질은 진공이다. 진공은 절대계의 성분을 가지고 있어 매우 높은 밀도로 응축되어 있기에 너와 내가 없는 오직 하나(엄밀히 말하면 하나가 아니라 0 또는 무한대이다)의 세상이다. 따라서 자신을 펼쳐 놓아 주변 환경과의 체험, 즉 관계 맺음을 통하지 않고서는 그 자신이 누구인지, 그리고 어떠한 능력을 가지고 있는지 알 수가 없다. 그러므로 접혀진 절대계는 빅뱅에 의해 확장되어 펼쳐진 상대계가 된 것이다. 이 펼쳐진 세계가 바로 우리가 사는 현상계이고 물질계이다. 접혀진 절대계가 펼쳐진 상대계로 전환되면서 '체험(Experience)'이라는 경험을 통해 비로소 스스로를 알아가는 구조가 된 것이 바로 우리가 사는 세상이다.

응축된 진공이 최초로 펼쳐진 형태는 생명의 기초단위로 볼 수 있는 전자 등 미립자이다. 진공에서는 무한히 반복되는 가상입자의 생성과 소멸과정이 반복되면서 어떤 이유인지 소멸하는 가상입자와 반대전하를 띠는 입자가 살아남아 실재입자인 미립자가 되는 것이다. 과학자들의 실험에 의하면 진공이 최초로 펼쳐진 형태인 미립자는 아무것도 살 수 없다고 과학자들이 생각했던 절대영도(섭씨 −273도)의 진공상태에서도 죽지 않고 살아서 활발히 움직이고 있음이 관찰되었다. 바로 생명의 가장 기초단위인 미립자는 영생의 존재라는 것이 확인된 것이다. 앞에서 우리가 살펴본 바와 같이, 마음이 진공에 그 바탕을 두고 있다면 우리의 마음도 당연히 영생의 존재로 보아야 한다. 그러나 위에서 살펴보았듯이 마음에는 다양한 층위가 있고 그 층위마다 본질요소의 함유 정도가 다르기 때문에 그 존재의 형태 또한 다를 것이라는 생각이 든다.

죽음이라는 생리현상을 생각해 보자. 인간이 죽으면 물질인 육체는 죽음과 함께 분자, 원자, 미립자 등으로 해체되어 본원으로 돌아갈 것이 명백하다. 그러나 우리의 마음은 다양한 층위가 있어 다소 복잡한 과정을 거칠 것이다. 우선 육체를 움직이는 마음성분인 기초의식과 현재의 외부 환경 변화에 즉각 반응하는 현재의식은 몸이 분해되는 것과 유사한 과정을 거쳐 분해되어 본원으로 회귀한다고 봄이 옳을 것 같다. 그러나 본질의 구성 성분을 보다 많이 함유하고 있는 잠재의식과 무의식은 이와는 다른 과정을 거쳐 본원으로 회귀하는 것으로 보인다. 이는 전생체험 등을 통해 그 실체의 단면을 보여 주고 있는데 이에 따르면 이 개별화된 무의식은 개별화라는 옷을 입고 있어 죽음과 동시에 본원으로 회귀하지는 못하고 영혼이라는 형태로 전생을 간직한 채 그 무게에 해당하는 계를 순환하면서 보다 많은 체험을 거쳐 점차 자신이 본원임을 자각함으로써 자기완성 단계가 끝나면 비로소 본원으로 완전히 돌아가게 되는 것으로 생각된다.

그러므로 마음의 측면에서 생명현상을 보면 생명이란 현상계라는 체험의 장에 초대된 개체가 체험을 통해 자신이 본질임을 스스로 알아가는 과정이라 할 수 있으며, 죽음은 생명의 끝이 아니라 마음이 또 다른 순환과정으로 들어가는 문이라 볼 수 있는 것이다.

이렇게 볼 수 있는 까닭은 마음(영혼)은 영생의 존재이기 때문에 결코 죽지 않으며, 오직 변화를 통해 그 모습을 바꾸며 영원한 삶을 반복 순환하기 때문이다.

성경의 창세기를 보면 영생인 마음(의식)의 존재를 암시하는 대목이 있다.

천지창조 장에 "태초에 말씀이 계셨다."라고 되어 있는데 이것은 시작도 없고 끝도 없는 영생의 존재인 하나님이 빅뱅이라는 변화를 통해 정적을 깨뜨리고 요동치기 시작했다는 것을 말하는 것이다. 이는 소리의 파동이 요동쳐 온 세상으로 퍼져 나갔음을 의미한다. 이는 창조주의 의식이 움직이기(생각하기) 시작했다는 것의 다른 표현인 것이다. 의식이 활동을 시작함으로써 고요함(靜)에서 움직임(動)으로 조물주의 행동이 변했다는 것을 의미하며, 이 움직임을 통해 그동안 잠재해 있던 엄청난 에너지가 활성화 에너지로 변하면서 활동을 시작한 것이다.

소리는 파동이라는 것을 독자 여러분 모두 알고 있을 것이다. 그런데 파동은 주변 환경에 따라 변화하는 '무한대의 가능성의 장'을 만들어 내는 본체이다. 그리고 무한가능성의 장이야말로 바로 마음의 특징인 것이다.

우리가 물질을 이동시키거나 무엇을 만들기 전에는 반드시 마음에 생각을 떠올리고 이를 바로 행하거나 그 생각을 설계도나 다른 방법으로 변환시킨 후 물질작용을 일으키게 된다. 이는 물질 이전에 마음이 있고 마음이 물질을 창조함을 의미하는 것이다.

즉 마음이 움직인 후에 물질이 나타난 것이다.

조물주는 지금 이 순간에도 작은 생명의 불꽃에 마음을 불어넣어 이것의 변화과정을 관찰하면서 조물주 스스로도 몰랐던 자신의 놀라운 능력(마음이 화학반응을 통해 물질을 창조하고 또다시 마음과 물질이 결합하여 환경에 적응하면서 진화하고 변화하는 능력)에 스스로도 놀라워 감탄과 탄성을 지르고 있는지도 모를 일이다.

"도대체 어디까지가 내 능력이야?"라고 자문하면서.

결국 마음의 측면에서 생명을 정의한다면, 이 세상에 보이는 항성, 행성, 행성위의 생명체 등은 물론 보이지 않는 세계 모두가 생명인 것이다. 이를 풀어 설명하자면 빅뱅 이전의 순수의식의 기반인 절대계, 빅뱅 이후의 펼쳐진 거시세계인 현상계(4차원계)와 접혀져 보이지 않는 미시세계(5-7차원계)를 구성하는 모든 것들이 생명인 것이다.

5. 요약과 통찰

이 우주에 실재하는 모든 것들, 그것이 눈에 보이든 아니든 여부와 상관없이 그 본질은 파동임을 우리는 알았다. 파동은 리듬편승의 법칙이 적용되며, 이는 동기감응으로도 설명될 수 있다. 파동이 맞는 것끼리는 공명하고 맞지 않는 것끼리는 간섭을 하면서 이 현상계인 연기(緣起)의 세상을 이루는 것이다.

마음은 모든 물질의 본질요소이고 마음은 물질을 창조한다. 그러므로 우리가 우선적으로 관심을 기우려야 할 것은 물질인 몸이 아니라 마음이다.

그러나 이러한 정보는 불과 100여 년 전까지만 해도 왕, 독재자, 교황, 주교 등 극히 일부 소수의 지배자그룹에 의해 독점되어 왔으며 그들은 이를 철저히 비밀에 부쳐 왔다. 이들은 무력이나 신을 내세워 민중에게 주종관계를 끊임없이 강요하면서 힘없는 민중들은 무력이나 신에 복종해야 하는 힘없는 존재임을 각인시켜 온 것이다. 바로 이들 소수가 민중의 지배와 착취를 통해 온갖 권력과 부를 독점해 온 것이 인간의 역사의 대부분이었다.

프랑스의 시민혁명 당시의 민중의 삶을 다룬 빅토르 위고의 소설 《레 미제라블(Les Miserables)》은 18세기 말까지도 민중의 삶이 어떠했는지를 웅변적으로 이야기해 주고 있다. 불쌍한 그들, 비참한 세상을 뜻하는 '레 미제라블'이라는 소설의 제목이 나타내듯이 민중은 무력과 신이라는 이름으로 온갖 착취를 당하고 그 이유도 모른 채 파리처럼 죽어가야 하는 그야말로 비참하고 불쌍한 사람들이었다. 최근 뮤지컬 영화로 제작된 톰 후퍼 감독의 〈레 미제라블〉은 세계의 많은 관객을 동원하여 성공한 영화로 꼽히고 있다. 소설이 영화화되어 성공한 경우가 매우 드물다는 사실을 고려할 때, 아마 관객들은 불과 100여 년 전의 프랑스 민중의 비참한 삶에 놀라면서 힘없는 민중이 힘을 합쳐 악에 대항하는 역동성에 감동받아서 그랬으리라. 지금은 선진국으로 꼽히는 프랑스조차도 불과 100여 년 전의 현실이 이러했던 것이다.

그러면 오늘날의 민중의 현실은 어떠할까?

물론 오늘날에는 18세기 이전과는 달리 눈에 보이는 권력과 신에 의한 착취는 많이 사라졌다. 그러나 오늘날도 세계 곳곳에서 독재나 종교를 빙자한 민중착취와 핍박이 계속되고 있고 사이비종교 등에 자신의 재산과 목숨을 내어놓는 일이 심심찮게 벌어지고 있다. 이러한 사실은 아직도 많은 사람들이 자신의 존재의 실체를 이해하지 못하고 있음을 의미하는 것이어서 너무나 가슴 아픈 현실이 아닐 수 없다. 인본주의와 과학주의가 지배하는 세상이라는 현대에 있어서도 신을 내세우면 인간의 가치는 주체가 아니라 객체로 전락하여 '종'이 되는 것이다. 나란 존재는 사라지는 것이다. 주변 환경의 변화 속에 신을 포함하면 우리는 주변 환경에 흔들리는 갈대에 불과하게 되는 것이다.

심지어 일부 저명한 과학자들조차도 그들의 종교의 교리에 반하는 과학적 발견에 접하면 당혹감을 감추지 못하면서 어떻게 하든지 종교적 교리에 과학을 꿰매어 넣으려고 하는 태도를 보이기도 한다. 또 자신이 과학적 사고를 한다고 자부하는 사람들조차도 과학이라고 하면 물질의 규명에만 중점을 두는 태도에서 벗어나지 못하고 있다. 일례로 의학 분야를 보면 인간의 선상과 질병을 나누는 태도는 육체적 접근이 아직도 굳건히 대세로 자리 잡고 있다. 물론 일부 의학자들은 마음의 작용에 관심을 갖기 시작하고 있으나 아직 초보단계에 머물고 있다.

그러나 지금 우리가 경험하고 있는 지식정보사회인 21세기는 마음의 중요성을 재인식하여 마음을 한껏 활용하여 무에서 유를 창조하는 풍요의 시대로 나아가고 있는 엄청난 변혁의 시대이다. 마음의 본질을 이해하게 되면 신과 인간이라는 이분법적 사고에서 벗어나 신과 인간을 하나로 보는 일원론적 사고가 지배하는 세상이 눈에 들어오게 된다. 이것이야말로 나를 제한하는 물질계의 작용원칙인 인과율에서 벗어나 우주의 본질인 제한 없는 풍요로 나아가는 길을 발견하게 되는 놀라운 터닝 포인트(turning point)이다.

이때 우리 모두는 궁핍이 우주의 본질이라고 믿었던 고정관념에서 벗어나 풍요 속에 행복한 인생을 즐기게 될 것이다. 그리고 우리는 각자가 아니라 하나라는 것을 자각하면서.

관계맺음이 모든 존재의 원천이기에.

제2장

생명을 지배하는 우주의 법칙

과학자들은 우리가 사는 현상계를 지배하는 여러 법칙들을 발견하였는데 이를 요약하면 아래와 같은 법칙들이 있다. 이 법칙들은 모든 만물에 적용되는 법칙들이다. 이 법칙들을 우리가 숙지하자. 그러면 우리는 성공적인 삶을 살아가는 데 많은 도움을 받을 수 있을 것이다.

1. 우주창조의 비밀을 간직한 대칭성(Symmetry)

이 세상에는 어떤 식으로든 변환을 가하면 대부분의 양(量)들이 일제히 변하게 되는데, 그 와중에도 변하지 않고 원래의 값을 유지하는 량이 존재하는 경우가 있으며 이렇게 물체의 외형이 변하지 않는 속성을 '대칭성(symmetry)'이라고 한다. 예를 들어 회전시키거나, 거울에 비춰 보거나, 한 부분을 다른 부분으로 바꿔치기해도 처음과 같은 보양을 갖는 것을 말한다.

과학자들은 연구결과 태초에는 시간과 공간, 0과 무한, 에너지와 정보가 대칭관계에 있었음을 발견하고 이를 태초의 징표라고 명명하면서, 이 들은 무한교대수열의 합이 이루는 자취(trace)로 나타난다는 것을 증명한 바 있다. 여기서도 3가지 대칭성이 제시됨으로서 숫자 '3'이 존재한다. 그것은 내부대칭성, 국소적 대칭성, 게이지대칭성이다. 그러나 이들 대칭성은 빅뱅과 함께 깨지게 되고 그 결과로 우리 우주가 탄생한다.

우주의 역사를 한마디로 줄인다면 대칭성 파괴의 역사라 할 수 있다. 우주의 변천과정에서 가장 중요한 순간들은 긴 세월동안 유지되어 왔던 균형과 질서가 갑작스럽게 깨지는 순간이다. 이때 대칭성의 붕괴가 수반된다.

자연은 누구도 그 이유는 모르지만 항상 가장 단순한 길을 선택한다고 한다. 그래서 태초 초대칭성을 유지하고 있었던 우리 우주는 극적인 변화를 수차례 겪으며 대칭성이 붕괴되었고, 오늘날의 우주는 그 옛날에 붕괴된 대칭성의 잔재인 것이다.

대칭성은 우리 주변의 어디서나 쉽게 찾을 수 있다. 구는 그 중심을 지나는 임의의 축을 중심으로 아무렇게나 돌려도 모양이 변하지 않는 가장 대칭성이 큰 물건이고, 정육면체는 각 면의 중심을 지나는 축에 대하여 $90°$만큼 돌려야 외형이 변하지 않으므로 구보다 낮은 대칭성을 가지고 있다.

대칭성의 잔재는 거시세계분만 아니라 미시세계에서도 관찰되는데, 예로서 나뭇잎의 줄기구조를 가만히 들여다보면 대칭으로 벋어나간 것을 볼 수 있으며, 강줄기의 갈라짐도 대칭을 이루고 있다는 것을 관찰할 수 있다. 그리고 눈송이를 보면 육각구조를 기본으로 가지가 달린 형태를 이루고 있고, 우리의 기분을 좌우하는 도파민, 아드레날린, 세로토닌의 화학구조도 육각형을 기본으로 하고 있는 것이 관찰된다. 이러한 대칭성은 자연의 법칙 중 프랙털의 법칙을 탄생시킨다. 그 이유는 가장 적은 공간(장소)에 가장 많은 시간(때)을 간직할 수 있는 것이 프랙털 구조이기 때문이다.

이 얼마나 놀라운 신의 조화인가? 동식물의 분자구조를 보면 소규모일 때는 오각이나 육각구조이나 그 규모가 커질수록 원의 형태를 띠고 있는 것도 같은 이유이다.

종교적 상징인 문양(기독교의 십자가, 불교의 법륜, 유대교의 메노라, 힌두교의 만다라)도 대칭성을 채택하고 있는데 이는 근원으로의 회귀를 상징하는 것으로 보인다. 물리법칙의 저변에도 대칭의 원칙이 깔려 있는데 뉴턴의 중력의 법칙, 맥스웰의 전자기법칙, 아인슈타인의 상대성이론 등도 모두 우주 어느 장소에도 적용되는 병진대칭성(translational symmetry)을 갖고 있다.

이 대칭성의 개념은 자연의 법칙을 깔끔하게 정리하는 데 매우 유용하다. 특히 모든 물리법칙이 과거와 미래에 대하여 대칭성을 용인한다. 그런데 오직 시간(실수시간)은 대칭성이 부정된다. 시간은 미래로만 일방적으로 흘러가지 과거로는 흘러가지 않는다. 그 이유를 설명하는 데에는 이 대칭성의 개념을 유용하게 쓸 수 있다. 즉, 시간이 과거와 미래에 대하여 대칭적이라면 이것은 시간은 흐르지 않는다는 것을 의미하기 때문에 시간 개념 자체가 불필요하다는 뜻이 된다. 시간의 개념이 불필요한 시기는 빅뱅이전이요 신 그 자체이다. 그러므로 시간의 개념을 인정하려면 비대칭싱을 전제로 하여야 하는 것이다.

"원은 대칭성을 보여주는 가장 완벽한 형태이다"

제2부 **101**

2. 마법의 숫자 "3"의 비밀

숭고한 영역에는 언제나 '3'이 존재한다. 3은 생명 그 자체이다. 음과 양이 만나 제3의 실체, 즉 생명을 탄생시키는 것이다. 주역을 보면 하늘(天, +)과 땅(地, -)이 만나 그 사이에 생명(사람, 人)이 탄생함을 이야기한다.

우리가 사는 공간은 3차원 공간이고, 물질은 3가지의 상(相, phase)을 갖는다. 즉, 모든 물질은 온도에 따라 고체, 액체, 기체로 그 상이 변한다. 빛은 3가지 색(적색, 녹색, 청색)을 기본으로 색을 나타내고 있어 이를 빛의 3원색이라 하고, 시간은 과거(전), 현재(지금), 미래(후)로 나뉘며 공간은 여기와 저기, 가운데, 사이가 있다. 인간은 마음(좁은 의미의 마음인 현재의식)과 영혼(잠재의식과 무의식), 몸으로 이루어진 삼중의 존재이다. 이 셋은 서로 협력하여 우주의 본원의 능력을 펼치고 체험한다. 바로 영혼은 고안(Conceive)하고, 마음은 창조(Creative)하고, 몸은 체험(Experience)하는 것이다. 우리의 몸은 개개의 세포가 모여 장기 등 각 기관을 만들고 이들 기관이 총합하여 몸을 이루며, 기관을 보면 대체로 3개의 기관으로 분류할 수 있는데 바로 신경계, 내분비계, 내장기계(系)로 이루어져 있다. 천주교에서는 기도할 때 성부, 성자, 성령(성신)으로 성호를 긋는다. 불교에서는 법신(본성), 보신(마음), 화신(몸)을 부처님이 이 세상에 현현(顯現)하는(나투시는) 3가지 방식으로 본다. 중국의 주역이 기반하고 있는 천지인(天地人) 삼재사상(三才思想)이나 우리나라의 삼신(三神)할머니, 삼짇날, 삼족오(三足烏) 등도 모두 3을 기반으로 하고 있다.

이러한 3가지 유형들은 모두 우주와 관련이 있는 것일까?

우주의 구성을 보면 물리학에서 보통 E=MC²으로 표현되듯이 에너지와 물질로 구성되었고 이것은 빛을 매개하여 상호 변환이 가능함을 이야기하고 있다. 즉 이 세상은 물질과 에너지로 구성되었다는 것이다. 그러나 이를 자세히 들여다보면 하나의 인자가 없는 것을 알 수 있다 그것은 바로 '정보(bit, 순수의식으로 지성과 그 밑바탕에 내재한 감성을 가진다)'다. 우리가 물질의 구성성분을 찾고자 분해해 나가다 보면 종국에는 미립자에 이르고 이것을 보다 분석하면 파동만 남는 것으로 나타난다. 그런데 파동의 성질은 힘을 낼 수 있는 에너지이자 그 자체에 정보를 가지고 있는 정보장이다. 파동의 형태가 바로 정보인 것이다. 이렇게 볼 때 이 우주도 3가지 요소로 이루어져 있음을 알 수 있는 것이다. 물리학에서 기본원리나 분석의 틀에서 정보장(情報場)에 대한 분석이 없는 것은 우리가 지금까지 알고 있던 우주란 전체우주의 불과 4%를 차지하고 있는 별, 성운, 가스, 행성 등 일반물질을 구성하는 부분만을 분석한 결과에 기초하고 있기 때문이다.

과학자들은 그동안 우리가 모르고 있던 우주의 96%가 따로 있다는 것을 최근이라 할 수 있는 1998년 이후에야 알게 되었다. 이것이 소위 암흑물질과 암흑에너지라고 불리는 부분이다. 이 명칭에서 알 수 있듯이 현재까지도 이들의 정체는 모든 것이 암흑이다. 그 구성물질도 작용도 말이다. 다만, 빛을 내지도 통과시키지도 않아 암흑과 같이 어두운 데도 무언가 놀라운 움직임이 포착되고 있어 이의 비밀을 풀기 위해 많은 과학자들이 뛰어들고 있다.

그러나 아직 그 비밀을 밝히는데 걸음마 단계에 불과한 실정이다. 최근 중성미자에 대한 관찰, 힉스입자를 찾아내기 위한 노력 등이 진행되고 있으나 정보장에 대한 발견을 위한 연구는 거의 없는 실정이다. 한 가지 위안이라면 한국 연구진에서 암흑에너지가 태초에 정보의 상실과 관련됐을 것이라는 추정을 내놓아 앞으로의 연구결과가 매우 기대된다는 사실이다. 어쨌든 아직도 우리는 우주의 96%에 대한 비밀을 모르고 있다. 우주의 본질은 물질과 에너지가 아니라 96%를 차지하는 정보장이고 이 정보장이 암흑물질과 암흑에너지라는 생각이 드는 것은 너무 앞서 나가는 것일까? 이들이 우리의 마음과 너무나 유사하지 아니한가? 보이는 것은 보이지 않는 것의 지배를 받고 그 지배력은 96% 정도가 아닐까 하는 생각조차 든다. 너무 무리한 생각이지만 말이다.

그런데 우주는 정보를 기반으로 하여 물질과 에너지로 이루어졌음이 명백하다. 정보장은 절대계의 본질이고 물질과 에너지장은 상대계의 본질이라고 볼 수 있다. 정보는 에너지와 비슷한 개념이나 허수시간에 그 바탕을 두고 있고 에너지란 실수시간에 그 바탕을 두고 있는 점이 다르다. 즉 정보란 잠재에너지를 의미하는 것이고, 보통 '에너지'라고 부르는 것은 활성에너지를 의미하는 것이다. 바로 정보는 절대계의 본질이요, 에너지는 상대계의 본질이라 할 수 있는 것이다.

이를 종합해 보면, 이 세상은 절대계의 성분을 많이 함유하고 있는 보이지 않는(접혀진) 추상적 세상인 비물질계(4-10차원의 미시세계)와 물질적 성분을 많이 함유하고 있는 보이는(펼쳐진) 구체적 세상인 물질계(3차원인 거시세계)의 성분이 조화롭게 작용하여 만들어 내는 융합의 세상이라는 결론이 도출된다.

자, 그러면 보다 세부적으로 '3'이란 수(數)에 대해 살펴보자.

물질의 기초를 이루며 생명의 시작을 알리는 원자는 크게 양성자, 중성자, 전자인 3자로 이루어져 있고 양성자와 중성자를 이루는 쿼크는 3개의 대응 짝을 가지고 있으며, 그 특질은 3색으로 나타난다. 뿐만 아니라 경입자도 3개의 짝을 가지고 있음이 밝혀졌다. 이것은 물질의 구성입자가 모두 유사한 작용을 하는 3개의 짝으로 이루어 졌음을 뜻한다. 참고로 오컬트화학에 따르면 그들은 궁극의 물질은 원자나 쿼크가 아니라 보다 미세한 '아누'라는 회전체라고 주장한다. 아누는 사과 모양의 블랙홀 형태를 하고 있으며, 이를 보다 깊이 들여다보면 세 개의 진한 파동과 일곱 개의 연한 파동이 서로 용수철처럼 회전하는 모양으로 결합되어 있는 형태라고 설명하고 있다. 이 형태를 보면 우리가 사는 발현된 거시세계(3차원 공간-진한 3개의 파동)와 발현되지 않고 숨겨진 미시세계(4-10차원 공간-연한 7개의 파동)를 모두 포함하는 미니블랙홀이 아닐까 하는 생각이 든다(필자는 전작에서 허공은 미니블랙홀의 집합일지도 모른다는 생각을 피력한 바 있다).

또 에너지(힘)의 구성을 보자. 과학자들에 의하면 중력이 태초에 처음 형성되었고 이 힘에서 강한 핵력, 약한 핵력, 전기력, 자기력이 파생되었다고 한다. 그런데 강한 핵력과 약한 핵력은 같은 핵력이라는 점에서 하나의 힘으로 통합되었고 전기력과 자기력도 전자기력으로 통합되었다. 이제 우주를 지배하는 힘은 중력, 핵력, 전자기력 3종류만 남은 것이다.

수의 세계를 한번 살펴보자. 3x2=6, 3x11=33, 3x26=78이다. 3을 곱해 산출된 숫자와 산출된 앞뒤 숫자를 더한 숫자는 모두 3의 배수이다. 다른 모든 숫자도 '3'의 승수가 되면 똑같다. 우리는 3을 이 세상에서 가장 안정된 수라고 말한다. 그래서 피라미드도 만들어 졌고, 3국 시대를 가장 안정적인 시대라고 말하기도 한다. '3'이 가장 균형이 잡힌 수라는 것이다.

불교에서는 '3'의 의미가 어떻게 쓰이고 있을까?

법신불인 비로자나불을 교주로 하는 불교의 밀교수행에서는 우주의 모든 진리를 품고 있는 진언 중 그 으뜸으로 치는 육자진언 즉 '옴마니반메훔'을 독송함으로써 해탈에 이를 수 있다고 가르친다. 그런데 이 밀교수행에서는 부처님이 중생에게 세 번의 해탈기회를 준다고 한다. 그 첫 번째는 부처님이 직접 자성륜신(自性輪身)으로 나타나 수행자를 감화시키는 단계로 수행이 아주 깊은 수행자는 바로 마음의 문을 열어 참회하고 환희와 보리에 이르게 된다고 한다. 바로 돈오돈수(頓悟頓修)이다. 그러나 상당한 수행의 수준에 이르렀으나 아직 수행이 정상에 이르지 못한 수행자는 부처님이 직접 나투시어 하시는 말씀을 완전히 이해할 수가 없다. 이때 부처님은 다시 보살의 몸으로 수행자를 찾아오는데 이를 정법륜신(正法輪身)이라 한다. 정법륜신은 수행자의 잘잘못을 하나하나 설명함으로써 수행자가 직접 자신의 과오를 볼 수 있게 함으로서 혜안이 열리도록 도와준다. 돈오점수(頓悟漸修)의 경지인 것이다. 그러나 근기가 낮은 수행자는 이러한 가르침도 깨닫지 못하는데 이때 부처님은 마지막으로 사천왕이나 분노신의 형상인 교령륜신(敎令輪身)의 모습으로 나타나 수행자를 직접 법을 보이며 내칠 것은 내치고 어루만질 것은 어루만져 업을 소멸시키는 데 도움을 준다고 한다. 이렇게 세 번에 걸쳐 업을 소멸하고 진리를 깨닫게 하는 기회가 중생에 주어짐에도 대부분의 중생은 이를 깨닫지 못하고 업을 그대로 간직한 채 수만 겁의 세월을 계속 윤회한다는 것이다. 그런데 밀교에서는 육자진언을 진심으로 독송하는 수행자는 아무리 근기가 낮더라도 삼륜신의 가르침을 깨달아 육도윤회로부터 해탈할 수 있다고 가르친다.

　기독교에서도 '3'은 매우 의미 있는 숫자이다.

　삼위일체라 불리는 성부, 성자, 성신이 바로 이것이다. 성부는 모든 것을 생기게 하는 원천이다. 모든 이해의 부모이자 모든 체험의 원천인 '앎'을 의미한다. 바로 최초의 생각(바로 생각이 창조의 시작이다)이 성부다. 성자는 성부에 의해서 생긴 것이다. 성부가 자신에 관해 알고 있는 모든 것을 체현(또는 육화(肉化, embodiment))한 '체험'을 말한다. 성신은 '존재 바로 그 자체(영감이나 고안이라 할 수 있다)'를 이름이다. 성자가 그 자신에 관해 체험한 모든 것을 탈-육화(disembodiment)한 존재 그 자체이다. 그것은 오직 알고 체험한 것에 대한 기억을 가질 때만 가능한 소박하면서도 절묘한 '있음(is-ness)'이다. 이 소박한 있음은 더 없는 기쁨이자 사랑이다. 그것은 알고 체험한 뒤에 오는 것이 신의 상태이며, 신이 태초에 갈망했던 상태이기도 하다.

도교의 출발점이 된 주역을 살펴보자.

주역은 시간을 양(+), 공간을 음(-)으로 간주한 음양이론(陰陽理論)을 그 출발점으로 한다.

바로 상대계의 특징인 이원성을 그 기반으로 하는 것이다.

생명은 양성자와 음전자가 만나 원자를 이루고 이 원자가 결합하여 분자, 세포, 생명체로 진화하는데, 주역은 이를 음양이 결합하여 사상(四象)을 만들어 내고 이들은 또 둘로 분화되면서 각각 음이나 양을 더하여 3합을 이루면서 그 안에 생명의 체용(體用)을 나타내는 팔괘(八卦)를 형성하는 것으로 생명의 탄생을 나타내고 있다.

3합은 천(天)과 지(地) 두 존재와 인(人, 만남)을 의미하는 것으로 3차원 공간을 그 바탕으로 하는 우주의 완결조건을 말하는 것이다. 그리고 팔괘를 통해 3차원 공간에 시간을 합쳐 4차원 공간을 기반으로 한 우주의 원리를 밝히고 있다.

바로 만물은 허공에서 나와 생명이 창조되었고, 허공의 특성인 '추상(抽

象)'에서 물질의 특성인 '구체(具體)'로 그 성질이 이행된 것이라 할 수 있다. 즉, 본질은 추상이기에 구체화된 나를 정의하기 위해서는 범주(範疇, 틀, category)라는 도구를 사용하여 이 세상을 정의하는 것이 합리적이다. 따라서 주역은 추상인 본질에서 범주(category)를 완성하여 현상계의 변화의 징조 및 단서를 포착하자는 것이다.

이러한 주역의 사상은 많은 과학자들에게 영감을 주었는데, 특히 닐스보어는 노벨상을 팔괘도의 복장을 입고 수상하여 주역에 대한 각별한 애정을 표현하였고, 알베르트 아인슈타인은 주역을 통해 원자핵이 음(-)이고 전자가 양(+)인 반원자가 가능함을 인지한 바 있고, 고트프리트 라이프니츠는 주역의 음양론을 기반으로 2진법을 발견하여 오늘날 디지털 혁명의 단서를 제공하였으며, 오늘날 미시세계의 지배법칙을 설명하고 있는 양자이론은 주역의 많은 영향을 받은 것으로 알려지고 있다.

기원 전 6세기경 그리스의 수학자이자 철학자였던 피타고라스가 "만물의 근원은 수(數)다."라고 주장한 이래 많은 수학자들이 이를 증명하기 위하여 노력해 왔다. 18세기 물리학, 천문학, 의학, 화학, 식물학 등 제반 학문분야에도 통달했던 스위스의 위대한 천재수학자 레온하르트 오일러(Leonhard Euler)는 치열한 학문정진으로 인한 건강악화와 두 눈 실명이라는 치명타에도 불구하고 하나의 간단한 수학 공식을 발표하면서 "이것은 창조주의 언어다."라고 깊은 충격에 휩싸인 채 중얼거렸다고 하는데 그 공식은 다음과 같다.

$$E^{i\pi} + 1 = 0$$

이를 후에 '오일러의 항등식'으로 부르며 후대 수학자들은 '가장 아름다운 항등식'으로 선정하였다. 이 공식은 수의 시작인 0과 1, 그리고 복소수(허수) i와 무한수 π를 자연상수 e(무리수로 2.718253968…) 로 불리는 오일러상수 E와 결합시켜 가장 간단하면서도 가장 깊은 의미를 지니는 아름다운 공식을 창안해 낸 것이다. 이 항등식은 유한 속에 무한이 숨어 있고 무한이 유한을 만든다는 놀라운 진리를 천명하고 있다.

필자는 이 공식을 가지고 깊게 명상하면서 이 공식이 품고 있는 놀라운 사실을 발견하고 오일러의 혜안에 감탄을 금치 못하였다. 본서 여러 곳에서 언급하고 있듯이 현상계인 상대계는 1에서 시작되었으며, 상대계인 우리 현상계는 본질계인 절대계, 즉 0인 공(空)에서 빅뱅으로 탄생하였음을 설명하였다. 그러면서 빅뱅 시 상반된 힘인 원심력과 구심력의 작용으로 인하여 펼쳐져 보이는 거시세계인 우리 현상계(1–3차원계, 시간을 포함하면 4차원계)와 접혀져 보이지 않는 미시세계(4–10차원계, 시간을 포함하면 11차원계)로 나뉘면서 이들의 상호작용을 통해 이 우주가 운행되고 있다는 점을 설명한 바 있다. 그런데 이 공식을 보면 E의 $i\pi$승은 모두 무리수와 허수로 미시세계의 특성을 표현(다만, 자연상수라 불리는 e는 유한수 내에 무한수를 품고 있는 자연계의 본질을 의미하는 것으로 프랙털현상을 의미한다고 볼 수 있을 것이다)하고 있으며 1은 보이는 현상계를, 0은 이 세상을 창조한 본질계인 절대계를 상징하는 수이다. 즉, 본질계인 절대계가 빅뱅으로 인하여 미시세계인 중간계와 거시세계인 현상계로 나뉘어졌다는 의미이면서, 한편으로는 현상계는 미시계인 중간계와 상호 작용을 주고받아야 비로소 본질로 돌아갈 수 있다는 우주의 창조원리를 나타내주는 공식이라는 깨달음이 다가왔던 것이다. 오일러의 혜안이 얼마나 놀라운가?

이 공식에도 3이라는 수, 즉 절대계, 중간계(미시계), 상대계가 도사리고 있다는 것을 우리는 알 수 있다.

또 오일러는 수학에 sin, cos, tangent라는 파동방정식을 도입하였는데 이를 분석해 보면 sin과 cos 파동은 일정진폭을 수평으로 진동하는 파동으로 실수시간이 존재하는 우리가 사는 3차원 세상을 나타내주는 파동이고 tangent파는 무한 수축과 무한 팽창을 반복하는 파동으로 허수시간이 존재하는 중간계나 절대계의 파동을 의미한다는 점에서도 오일러의 깊은 우주에 대한 이해를 엿볼 수 있는 것이다.

21세기인 최근 회자되는 4차 산업혁명이란 기술의 발전에 기반을 둔 산업의 급격한 변화를 의미하는데 이것의 진정한 의미는 무엇일까? 전문가들은 인류가 지구에 발을 디딘 이후 20세기까지의 변화는 더하기와 빼기, 곱하기, 나누기가 지배하는 세상(이는 sin과 cos 파동이 지배하는 세상이다)이었는 데 반하여, 21세기 이후의 4차 산업혁명 시대의 변화는 승수(제곱)의 속도의 엄청난 변화의 시대가 될 것이라고 예상하고 있다.

이러한 여러 견해를 종합해보면, 이제 우리가 맞이할 시대는 분리의 끝자락(디지털의 최정점)이 연결과 만나는 전환의 시작점(양자컴퓨터 시대)에 막 들어서고 있는 시대이다. 바로 우리는 철저히 분리를 통하여 나를 알아내면서 본질(연결성, 통합)과 합일하는 지점으로 전속력으로 나아가고 있는 것이다. 인류는 이제 비로소 몸을 벗어버리고 본체(마음)의 무한 도약의 전환점에 막 도달하고 있는 것이다. 지금까지의 시대가 물질적 풍요를 기반으로 하는 량량의 확장기였다면 막 들어선 21세기 이후는 정신적 풍요를 기반으로 하는 질(質)의 시대로의 도약을 의미하는 것이다.

숭고한 상태에는 언제든지 '3'이 숨겨져 있다. 이 얼마나 오묘하고 놀라운 우주의 조화인가?

　우주는 미리 모든 것들을 알고 세상을 창조한 것이 아닐까?

　너무나 놀랍지 아니한가? 앞으로 우리들이 미지의 현상에 부딪칠 때 '3'이라는 숫자를 염두에 두면 보다 많은 영감을 얻을 수 있을 것이다.

　우리 인간사도 둘이 결혼해서 살아가지만 자식이 하나라도 더 있어야 보다 행복할 수 있듯이 이 세상을 서로 도우며 살아가되, 둘보다는 셋이, 셋보다는 보다 여럿이 살아가라는 신의 의도가 아닐까? 그 성질(전하)이 반대인 둘이 만나야 비로소 생명이 탄생하여 '3'의 조화가 이루어지는 것이다. 생명은 모두 3에서 시작되는 것이다. 생명의 부모인 대응 짝은 결합함으로서 생명을 탄생시키는 것이다. 생명의 가장 초보단계인 원자에서 시작해서 분자로, 분자에서 세포로, 세포에서 물질로 가는 보다 높은 복잡화 과정이 삶이라고 볼 때, 이 세상이 '관계(with)'를 본질로 하여 성립되었음을 이해할 수 있을 것이다. 특별히 한마디 덧붙인다면 두 짝은 반드시 반대전하를 가진 '적(敵)'이 만나 화합해야 생명이 단생한다는 것이다. 이는 예수님의 "상대방이 나

"미국 달러화에 새겨진 3의 상징인 피라미드"

의 한 뺨을 때리면 다른 뺨을 내 놓아라. 적을 사랑하라."는 의미에 담겨진 진정한 뜻이 무엇인지 새삼 나를 돌아보게 한다. 심지어 우리가 나 하나라고 생각하는 우리의 육체는 70조 개의 세포가 합동하여 연주하는 오케스트라라는 점에서 보면 이 얼마나 놀라운 신의 조화인가.

● **불교의 삼신사상(三身思想)**

완전한 깨달음을 얻은 존재들은 세 가지 몸을 갖는다는 사상으로써 이는 대승불교가 흥기한 이래 인간 누구에게나 존재하는 불성(佛性)을 드러내기 위한 방편으로 발달한 것이다. 한국에서는 일찍이 원효(元曉)가 〈대승기신론소(大乘起信論疏)〉에서 법신(法身)을 여래장(如來藏)이라 하여 그 자체에 지복(至福)한 덕성이 두루 갖추어져 있다고 천명했다. 이하 삼신이 갖고 있는 의미를 요약하니 관심 있는 독자는 일독을 권한다.

1) 법신불(法身佛, 다르마카야)

진리의 몸으로 근원적 지혜, 무한한 대양, 세상만물에 편재하는 공(空)을 뜻한다. 응신·보신불을 나타날 수 있게 하는 모체(母體)이다. 법신불은 영원한 과거에 성불(成佛)하고 끝없는 세월에 걸쳐 가르침을 베풀어 온 구원실성(久遠實性)의 부처이다. 법신불은 또한 비로자나불(毘盧遮那佛)로 형상화되며, 〈화엄경(華嚴經)〉의 교주(敎主)이다. 시방삼세(十方三世)에 걸쳐 보편적으로 존재하는 완전하고 원만하여 영원성이 구체화된 부처(본성)로서 모든 것의 근원이다.

2) 보신불(報身佛, 삼보가카야)

장식을 갖춘 지혜와 완전한 능력의 몸(지복의 몸, 꾸며진 몸, 보상받은 몸으로 대양에서 생겨나는 안개구름과 무지개―물안개)으로 오선정불(五禪定佛)로 상징된다. 부처가 전생에 보살로 있을 때 세운 서원(誓願)과 수행의 과보(果報)로서 받은 몸을 말한다. 대표적인 보신불에는 아미타불(阿彌陀佛)과 약사여래(藥師如來) 등이 있다. 보신은 법신과 화신의 영원성과 유한성을 매개하는 불신이라고 할 수 있다. 모든 부처가 법신·보신·화신을 동시에 갖추고 있지만 아미타불은 48가지 서원을 세우고 수행하여 성불한 보신불로서 서방의 극락정토(極樂淨土)를 건립하여 중생을 교화하며, 약사여래는 12가지 서원을 세우고 수행하여 성불한 후 동방의 유리세계(瑠璃世界)에서 중생을 교화하고 있다고 한다.

3) 화신불(化身佛, 니르마카카야, 아바타)

인간으로 화한 몸으로 실질적이고 구체적인 지혜(대양이 증발하여 내리는 비, 물방울)를 의미한다. 응신불(應身佛)·변화신(變化身)이라고도 한다. 특정한 시대와 장소에 따라 특정한 대상을 구제하기 위해 출현하는 역사성을 지닌 부처로 시대정신을 반영한 유한성을 가진 존재이다. 석가모니 부처는 BC 5세기경 인도에 출현한 화신이며, 과거의 6부처를 비롯한 많은 부처들과 미래에 출현할 미륵부처도 화신에 속한다.

즉 구체적인 부처는 모두 화신이라고 할 수 있다.

〈참고〉 또 다른 3신불이 있는데 이는 과거불인 석가모니불, 현세불인 비로자나불, 미래불인 미륵불을 이르기도 한다.

3. 영속변화의 법칙

이 세상의 유일한 진리는 모든 것은 변화한다는 것이다. 에너지를 가진 모든 물질과 비물질은 모두 변한다. 변화하지 않는 것은 정지 상태를 의미하고 이것은 공(空) 또는 절대계의 특성이다. 따라서 상대계인 현상계는 항상 변화의 과정에 있는 것이며, 이것이 에너지(활성화 에너지)를 창조하고 이는 곧 물질로 변형된다.

우리가 알고 있는 우리 몸도 11개월에 한 번씩 모든 세포를 교체한다고 한다. 몸이 '나'라는 생각은 버려야 한다. 우리 몸은 주로 우주의 대기를 순환시키면서 마음과의 합일을 이루어 이 세상을 창조하는 파이프(pipe)의 역할이 주 임무이다. 우리의 주체는 마음임을 명심하자.

그러나 마음(순수의식)이 본체이며 변화하지 않는 것은 오직 마음뿐이고 몸이란 환영에 불과하다는 경도된 사상에 집착하게 되면, 몸의 중요성을 무시하고 과도한 고행에 탐착함으로써 진리에 대한 깨달음을 얻기도 전에 몸에 병이 들어 사망에 이르게 되는 우를 범할 수도 있다. 이러한 실상은 지금도 사이비 종교에서 종종 목격되고 있다.

현상계의 중심은 어디까지나 물질이다. 신이 물질계를 창조한 이유는 분명하다. 이 분리가 통상인 물질계가 아니고서는 신 자신의 창조능력을 증명할 방법이 없기 때문이다. 왜냐하면 신의 본질은 0이자 무한대이니 혼동 그 자체여서 분리도 없고 구분도 없는 세상이다. 거기서는 무소 부재한 능력이 어디까지인지를 도저히 증명할 방도가 없다. 오직 "나는 누구인가?"란 질문을 던졌을 때 잠재에너지는 잠에서 깨어나 활성화 에너지로 분출되는 것이다. 바로 이 세상인 물질계를 통해서만 비물질인 순수의식의 능력이 발현되어 창조력을 발휘하게 되는 것이다. 따라서 마음의 능력을 발현하는 매개체인 우리의 몸을 함부로 다루면 마음과 육체의 교감능력이 차단되어 창조력은 상실될 것이고, 그러면 우리가 바라는 지복과 성공은 멀리 달아나 버릴 것이다. 마음(순수의식)이 우리 우주의 시원을 이루는 본질인 것만은 분명하다. 그러나 현상계인 이 세상에서 물질인 몸도 마음 못지않게 중요한 역할을 수행하고 있는 존재임을 명심하라. 몸이 있어야 마음의 창조능력이 그 역할을 수행할 수 있기 때문이다.

몸을 떠난 영혼은 진화의 과정을 거치면서 자신의 파동을 보다 높은 차원으로 변화시킬 수는 있을 것이나 창조능력은 상실된다고 보아야 할 것이다. 왜냐하면 창조는 분리된 마음(비물질)과 육체(물질)의 상호작용에 의해서만 가능한 현상이기에 영혼이 몸을 떠나면 그 영혼은 통합이 본질인 의식의 일종이므로 상호작용할 짝을 잃어버리게 되기 때문이다. 다만, 육체를 떠난 영혼은 일정기간 물질적 요소를 일부 함유하고 있어 얼마 동안은 다소간의 창조력을 가지고 있을 수도 있다는 생각도 든다. 그러나 이들은 타 영혼에 영향을 주기보다는 스스로의 역량을 갈고닦아 본질과 동일시하고자 절대계와 상대계의 중간계에서 일정기간 머물면서 진화의 과정을 거친 후 본질로 돌아가게 될 것이라고 필자는 생각한다.

몸은 엄연히 나를 지배하는 현실적 존재이다. 몸은 70조 개의 세포가 조화를 이루며 나라는 존재를 유지해 주는 아주 신비롭고 소중한 선물이다. 그런데 우리가 몸을 함부로 다룬다면 매번 11개월마다 70조 개의 세포가 죽고 그 자손에게 역할을 물려주는 70조 개의 생명체인 세포의 노고를 무시하는 우매한 행동인 것이다. 부처님도 6년 동안의 고행 끝에 갈비뼈가 앙상하게 드러난 육체를 이끌고 얕은 강을 건너시던 중 약한 육체가 물살에 쓸려 떠내려가시다가 간신히 나뭇가지를 잡아 강에서 나오신 후 보리수 밑에 기대어 혼수상태로 계시는 것을 발견한 마을의 처녀가 건넨 '유미죽'을 드시고 정신을 차리시면서 고행의 부질없음을 깨달으셨다고 기록에 나와 있다. 이러한 경험에서 부처님은 마음과 몸 어느 쪽에도 치우치지 않는 깨달음(정정각(定正覺))이 가장 중요함을 강조한 '중도사상(中道思想)'을 창안하신 바 있는 것이다.

"우리가 사는 이 세상의 모든 것은 항상 변화한다는 것만이 진리이다." 라는 부처님의 말씀을 오해하면 쾌락주의나 염세주의에 빠질 수가 있다. 그러나 이 진리는 우리에게 부질없이 흘러간 과거나 오지도 않은 미래에 집착하지 말고 오로지 '찰나'인 현재라는 선물에 머물라는 교훈인 것이지 모든 것은 변하니 부질없는 것이라는 의미의 가르침이 아니다.

"우리 몸은 우주의 대기를 순환시키면서 마음과의 합일을 이루어
이 세상을 창조하는 파이프(pipe)이다."

4. 진동의 법칙

미시세계와 거시세계를 구성하는 모든 인자들은 엄청난 속도로 진동하고 있다. 따라서 나도 지구의 진동에 맞추어 진동을 계속하고 있는 것이다. 진동은 존재의 본질이요, 살아있음의 증거이다.

미시세계와 거시세계를 구성하는 모든 인자들은 엄청난 속도로 진동하고 있다는 것이 밝혀졌는데, 우리는 이것을 모르거나 무시하고 있는 것이 현실이다. 과연 이 세상은 얼마나 빠른 속도로 진동하며 운동하고 있을까? 우선 미시세계를 살펴보자. 미시세계를 구성하는 원자는 초당 10조 번($10^{15}HZ/sec$) 진동하며, 원자의 핵은 이보다 훨씬 빠른 초당 1해 번($10^{22}HZ/sec$)을 진동한다. 그리고 점차 그 크기가 커질수록 진동수는 감소하는데 분자는 초당 1억 번($10^{9}HZ/sec$), 세포는 초당 1,000번($10^{3}HZ/sec$), 인간은 지구의 진동수와 거의 같은 초당 7번($7HZ/sec$)을 깜빡이고 있다.

그러면 거시세계는 어떠한가? 거시세계를 구성하는 가장 낮은 단계인 행성인 지구는 초당 464m의 속도로 자전하면서 초당 31km의 속도로 태양 주위를 공전하고 있으며, 태양계는 초당 1.03km의 속도로 자전하면서 초당 230km의 속도로 은하계 주변을 공전하고 있고, 은하계는 우주의 주변을 이보다 훨씬 빠른 가공할 만한 속도로 자전과 공전을 지속하고 있으며 우주 전체도 무한 속도로 자전과 공전을 지속하고 있다.

그런데 우리는 이렇게 엄청난 속도로 움직이는 지구에 몸담고 있으면서도 전혀 움직임을 느끼지 못하고 있다. 그 이유는 우리가 지구와 거의 같은 속도로 진동하고 있기 때문이다. 만약 우리의 진동수가 지구의 진동수와 크게 차이가 난다면 우리는 어지러워 살아남을 수가 없을 것이다. 이처럼 이 세상에 존재하는 모든 것은 가공할 속도로 움직이고 있는 것이다. 희한한 것은 미시세계가 점점 작아질수록 거시세계의 상층부인 거대우주의 특성과 유사한 특성을 보인다는 것이다. 이것은 거대우주가 가장 작은 미시우주를 본질로 해서 탄생하였음을 보여 주는 증거 중 하나이다.

이와 같이 이 세상에 존재하는 모든 것은 모두 파동을 기본구성으로 하여 이루어져 있다. 만물은 진동하는 실체인 것이며, 진동은 모두 소리(파동)를 내고 있다. 파동수가 낮으면 물질이 되고 파동수가 높으면 에너지가 된다. 그리고 파동이 같으면 감응하고 다르면 밀어낸다.

우주에 있는 모든 것들, 하나의 생각에서 거대한 산맥에 이르기까지, 가장 작은 전자에서 전체의 우주에 이르기까지 만물은 모두 지속적인 진동의 상태에 있다. 진동의 수준은 다양한데 우리는 가장 강렬한 진동을 고주파, 약한 진동을 저주파수라고 부른다. 바위, 사람, 지구, 그리고 우주는 모두 물질이자 에너지이며 다양한 주파수로 진동하고 있다.

생각은 가장 높은 고주파 중의 하나로서 진동하고 있는 가장 강력한 형태의 에너지이다. X-레이와 감마선이 '고체'를 통과할 수 있는 것과 마찬가지로, 생각은 '고체'뿐만 아니라 시간과 공간까지도 통과할 수 있다. 모든 생각은 진동, 즉 다시 말하면 우주로 퍼져 나가서 영원히 그곳에 머무르는 에너지 충격을 만들어 낸다. 당신이 어떤 것에 대해 생각할 때, 그 생각은 당신의 손에 잡고 있는 눈에 보이는 책과 같이 실제적인 것이다.

사람들이 스트레스를 받고 있을 때, 당신은 방 안에서 그 느낌을 알아챈 적이 있는가? 어떤 사람이 방안으로 걸어 들어올 때, 당신은 진동이 변화하는 것을 느낀 적이 있는가? 당신은 당신이 알지도 못하는 어떤 사람 옆을 지나가면서, 이상한 에너지의 변화를 느낀 적이 있는가? 얼마 전 과학자들이 우리 몸의 슈뢰딩거파동을 컴퓨터로 계산해 보았더니 몸의 특징을 거의 그대로 반영하면서 모든 방향으로 퍼져나가는 파동을 얻었다고 한다. 그리고 과학자들은 이들 파동 중 일부는 수백만 광년 떨어진 별까지 퍼져나간다는 놀라운 사실을 알아낸 바 있다. 이것은 인간을 구성하는 육체와 정신의 본질이 파동임을 보여주는 것이며 그 파동의 속도는 빛보다 빠르게 우주의 진공으로 퍼져나감을 의미하는 것이다.

자, 그러면 진동을 이루는 파동에 대해 보다 깊이 살펴보기로 하자. 파동은 에너지의 이동이라고 볼 수 있다. 따라서 진동은 그 진폭과 속도에 따라 매우 다양한 에너지를 품고 있는 힘(force)의 움직임이다. 파동은 횡파와 종파로 나눌 수 있다. 횡파는 빛, 전자기파, 수면파, 지진파의 S파와 L파가 있으며 이 파동은 진폭을 가지고 있는 데 반해 종파는 음파, 지진파의 P파가 있으며 진폭은 없고 직선 속에 소밀만을 간직하고 있다. 그런데 의식의 파동은 매질이 필요 없는 횡파의 성질을 가지고 있다.

파동은 장애물이 없으면 직진하나 장애물을 만나면 반사하고 가는 틈을 만나면 회절하고 매질을 만나면 굴절하며, 두 파동이 만나면 간섭하는 성질을 가지고 있다.

음파는 공기를 매질로 전달되는데 매질이 그 자리에서 진동하면 그 진동에너지가 전달된다. 반면에 전지기파는 매질 없이 전달되기 때문에 공기 없는 진공상태에서 그 속도가 가장 빠르다.

이 세상에 존재하는 모든 것(미립자, 전자, 원자, 분자, 항성, 은하) 모두 파동인 것이다. 우리가 글을 소리 내어 읽으면 종파이나 머릿속에 이미지를 그리며 글을 읽으면 횡파로 변환된다. 그러므로 글은 그 이미지를 그리며 소리 내어 읽으면 그 효과를 배가(倍加)시킬 수 있다. 원하는 것을 명확하게 글로 쓰고 오감을 동원해 이미지화하면서 소리 내어 외쳐 보라.

다만, 외친다는 것은 본질인 순수의식에 나의 의지를 내보내는 행위이기에 '선언행위'이고 선언하면 반드시 이를 위한 모든 노력을 다해야 한다. 그렇지 않다면 오히려 역효과도 가져올 수 있으므로 '확신'이 서기 전에는 비밀을 유지하여야 한다.

지금까지 현상계는 모두 파동으로 이루어져 있고 상호관계에서만 존재하는 것임을 살펴보았다. 그리고 파동은 동조한다는 것도 우리는 알고 있다. 나타나는 현상이 물질이든 비물질이든 상관없이 말이다.

이러한 사실을 보여 주는 사례는 에모토 마사루의 《물은 답을 알고 있다》에 잘 언급되어 있다. 누가 물을 보고 사랑한다는 생각이나 말을 했을 때 물의 결정구조를 현미경으로 살펴보면 아름답고 질서 있는 형태를 띠고 있는 반면, 저주하는 생각이나 말을 했을 때는 불쾌하고 무질서한 형태를 띠고 있음을 발견한 것이다. 이 결과는 우주에 존재하는 만물은 서로 파장을 주고받으며 상호작용하는 존재로서 모두 의식을 갖고 있는 의식체임을 보여 주는 것이다.

또 2012. 09월 종편채널에서 방영된 〈먹거리X파일-기적의 밥〉을 보면, 밥을 3개의 병에 나누어 담은 후 하나에는 매일 볼 때마다 수시로 '사랑해', '좋아해' 등 긍정적인 말을 해 주고, 다른 하나는 아예 쳐다보지도 않고 무관심하게 내버려 두며 또 다른 하나에는 '미워', '싫어해' 등 부정적인 말을 해준 후 한 달 후 관찰해 보니 놀랍게도 긍정적인 말을 해 준 밥은 인체에 무해한 누르스름한 누룩곰팡이가 곱게 피어 있는 반면 무관심한 밥은 누룩곰팡이와 인체에 해로운 검은 곰팡이가 함께 피어 있었고, 부정적인 말을 해준 밥에는 인체에 유해한 검은 곰팡이가 온통 밥을 가득 채우고 있음이 관찰되었음을 보여 주었다.

이러한 동조화 현상은 생물인 동물과 식물은 물론 무생물인 물, 바위, 산 등에도 나타나는 현상임이 밝혀진 것이다. 양자론적으로 볼 때 이 세상에 존재하는 모든 것은 생명이라는 것을 독자들은 이해했을 것이다. 따라서 내가 무생물이라고 무관심했던 나의 컴퓨터, 음식을 담는 그릇, 물 컵, 옷, 운동화, 안경 등등 모두에게 감사의 마음을 전해보자. 그러면 마음이 편안해지는 것을 느낄 것이다. 자, 이제부터 부정적인 생각과 말은 버려라. 항상 긍정적인 생각과 말을 하라. 말은 파동이고 파동은 전 우주로 퍼져나가 유사 파동을 가진 파동과 동조하여 엄청나게 에너지를 증폭시켜 나에게 되돌려줄 것이다.

5. 끌어당김과 밀어냄의 법칙

끌어당김은 반드시 그 이면에 밀어냄을 감추고 있다. 이를 알아채고 나의 마음을 다스려라.

그러면 실패가 성공으로 그 모습을 바꾸어 당신에게 다가올 것이다.

5.1. 개관

끌어당김의 법칙은 진동의 법칙 중에 작은 한 부분이라 볼 수 있다. 이 법칙에 따르면, 비슷한 주파수를 갖고 있는 것들은 서로를 끌어당기고, 다른 주파수로 진동하는 것들은 서로를 밀어낸다는 것이다. 두 개의 물방울은 서로를 끌어당기고, 하나로 융합된다. 기름방울과 물방울은 서로를 밀어낸다. 그들은 다른 주파수를 갖고 있기 때문이다. 끌어당김의 법칙을 통해서 우리의 물리적인 세계에서 나타나고 있는 진동의 법칙을 우리가 얼마나 자주 경험할 수 있는지를 알 수 있다. 그것이 바로 우리가 집중하는 것, 생각하는 것, 그리고 에너지를 발산하는 것들을 우리에게 끌어당기는 이유이다.

진동의 법칙과 끌어당김의 법칙이 우리에게 말해 주는 핵심은 당신이 생각하는 것은 무엇이든지 당신이 얻게 된다는 것이다.

믿음과 감정의 강도에 비례해서.

당신이 긍정적인 생각을 할 때 긍정적인 사람들과 환경을 당신에게 끌어당기게 되고, 당신이 부정적인 생각을 할 때 부정적인 사람들과 환경을 끌어당기게 된다. 비슷한 것은 비슷한 것을 끌어당긴다. 당신이 생각하는 모든 것은 그 생각과 비슷한 것들을 끌어당긴다. 당신의 생각은 당신의 꿈이나 두려움을 끌어당길 수 있다. 선택은 신에 달린 것이 아니라 전적으로 당신에게 달린 것이다.

당신은 자연스럽게 당신이 집중하는 것으로 이동한다. 그리고 당신은 생각과 다른 것으로부터 멀어진다. 만약 당신이 당신의 많은 시간을 당신이 원하지 않는 것에 집중하면서 보낸다면, 당신은 그것을 향해 이동할 것이다. 만약 당신이 진정으로 원하는 것에 대해서 생각한다면, 당신은 그것을 향해 이동할 것이다. 같은 이유로 당신은 긍정적으로 생각함으로써 부정적인 생각을 밀어 낼 수도 있다. 당신은 어떤 부정적인 기분도 느낄 수 없을 정도로 너무나 기분이 좋았던 적이 있었는가? 그것 또한 끌어당김의 법칙이다.

당신은 왜 사람이 끼리끼리 모이는지 알겠는가? 그들은 모여 좋은 에너지든 나쁜 에너지든 서로가 서로를 강화시키고, 자기도 모르게 그 집단에 몰입하게 되어 그 집단에서 빠져나오기 어려워지는 것이다. 이는 바로 개체가 모여 유기체를 이루고 이 연합유기체가 스스로의 생명을 얻게 되기 때문이다. 바로 몸이 작동하는 원리와 동일한 원리이다.

우주에는 4개의 힘이 작용하고 있음을 앞에서 살펴보았다. 중력, 강한 핵력, 약한 핵력, 전자기력이 바로 그것이다. 핵력과 중력은 서로 끌어당기는 인력이고, 전자기력은 같은 전하끼리는 밀어내는 척력을, 다른 전하끼리는 끌어당기는 인력을 가지고 있다. 뉴턴은 모든 것은 서로 끌어당긴다는 사실을 밝혀내고 이를 '만유인력의 법칙' 또는 중력의 법칙이라고 명명하였는데, 보통 자기계발 서적에서는 끌어당김이 법칙을 언급하면서 이 법칙의 원천을 중력이라고 설명하면서 우리가 사랑이라고 부르는 것의 근원이라고도 부연설명하고 있다.

그러나 위에서 살펴본 것처럼 우주의 존재하는 모든 것은 반드시 그 반대 짝을 가지고 있는 것으로 밝혀진 바 있다. 이런 점에서 볼 때 끌어당김의 법칙을 설명하려면 반드시 밀어냄의 법칙도 함께 설명하여야 할 것이다. 아인슈타인도 중력이 압력과 상호작용에 의하여 척력으로 작용할 수 있음을 밝혀낸 바 있다.

그런데 아무리 끌어당김의 법칙에 집중하여도 소망이 이루어지지 않는 경우가 오히려 다반사로 일어나는 것은 무엇 때문일까?

그 이유는 끌어당김 현상 뒤에는 반드시 이를 방해하는 밀어내는 힘이 작용하기 때문에 이 힘을 최소화시켜야 함에도 이 반대적인 힘의 작용을 무시한 채 끌어당김 현상에만 집착하기 때문이다.

우리는 느끼지 못하지만 우주의 원리에 의해 가상입자가 태어날 때에는 극성이 다른 입자 쌍이 반드시 함께 태어나는 것처럼, 하나의 생각은 보통 양(+)적 생각과 음(−)적 생각이 한 쌍으로 생겨난다. 그래서 무엇을 이루고자 하는 희망적인 생각을 하면 부정적인 생각이 그 이면으로 밀려오는 것이다. 그렇기 때문에 양(+)적 생각이 영생을 얻어 삶을 지속하려면 음(−)적 생각은 스스로 블랙홀로 몸을 던져야 하는 것이다. 그렇지 않고 양(+)적 생각과 음(−)적 생각이 부딪히면 즉시 그 생각은 사라져 버린다. 그런데 어떻게 하면 음(−)적 생각을 재빨리 블랙홀로 유인할 수 있을까? 그러려면 블랙홀의 힘을 최대한 강화하여 음(−)적 생각의 힘을 약화시켜 사건의 지평선을 신속히 넘게 하여야 한다.

블랙홀의 강력한 힘(중력뿐만 아니라 핵력, 전자기력을 포함한 모든 힘)이 작용하여 음(−)적 생각이 사건의 지평선을 넘어 블랙홀로 끌려 들어가면 블랙홀은 그 크기만큼의 에너지를 더한 후 방사하는 생각의 전하를 양

(+)으로 전환하여 이를 남아 있는 양(+)적 생각에 더해준다. 따라서 살아남은 생각은 그 에너지가 3배로 강화되는 것이다.

인류가 지구에 발을 디딘 지난 600만 년 동안 가장 중요한 가치인 생명유지를 위해서는 주변의 불확실하고 위험한 환경에 잘 대처하여야 했다. 그러기 위해서는 상황을 긍정적으로 보기보다 방어적이며 부정적으로 보아야 적자생존의 세상에서 살아남을 수 있었던 것이다. 따라서 인류는 사물과 상황을 방어적, 부정적으로 보는 방어기재가 매우 발달되었고 유전자를 통하여 지금의 후손에게도 면면히 전해지고 있다.

우리가 어떤 긍정적 목표를 세웠을 때 그 반대 쌍인 부정적 감정이 일어나는 것은 이 우주적 생명창조원리에 따른 당연한 현상인 것이다. 부정적 감정이 긍정적 감정을 압도하는 것은 이러한 유전자의 방어기재가 작동하기 때문이다.

이제 이해하겠는가? 왜 목표달성이 어려운가를.

따라서 우리가 해결해야 할 관건은 잠재의식에 똬리를 틀고 있는 부정적 감정이 긍정적 감정으로 바뀔 수 있도록 부단히 노력하여야 한다는 것이다. 습관을 고치기 어렵듯이 부정적 관점을 긍정적 관점으로 바꾸는 것도 매우 어렵다. 보이지 않는 것을 바꿔야 하므로 더욱 어려운 것이다.

그러나 깨어 있는 마음으로 수련을 하면 얼마든지 바꿀 수 있다. 부정적 생각이 떠오를 때마다 화를 내거나 몰아내려 하지 말고 이러한 감정의 본질을 알았으므로 이를 알아차리고 달래어 보내야 한다. 다독거리면서, 그동안 나를 보살피는 데 노력해 주어 고맙다고 감사하면서. 그러면 끌어당김의 법칙은 승수효과를 내며 그 힘을 힘껏 발휘하게 될 것이다.

이 인력과 척력은 구심력과 원심력의 합으로 그 힘을 측정할 수 있는데,

중력의 본질인 끌어당기는 힘인 인력은 상대계인 현상계에서 모든 물질에 질량이 부여됐기에 생겨난 힘이다. 따라서 허공이 대부분인 이 우주가 무한 확대의 과정을 거치고 있다면, 행성이나 항성 등을 포함한 모든 생명체도 계속 팽창되어 최종에는 폭발하여 사라져야 마땅할 것임에도 불구하고 행성이나 항성 등은 질량을 가지고 있어 구심력이 이 우주를 확대시키는 원심력보다 크기 때문에 원심력이 구심력을 초과하는 순간까지 일정 기간 그 형태를 지속적으로 유지할 수 있는 것이다.

5.2. 사랑의 본질은 중력이자 관계(결맺음)이다

우리가 보통 사랑이라고 부르는 개념에 대하여 생각해 보자. 지금까지 많은 철학자, 종교, 심리학자들이 사랑의 본질이 무엇인가 연구하고 결론을 내려 했지만 아직도 그 결론에 이르고 있지 못하다. 왜냐하면 사랑이란 말은 한마디로 단순하지만, 그 구성요소는 너무 복잡하여 구분하거나 정의 내리기가 어렵기 때문이다. 사랑이란 열에너지이고 열에너지가 있다는 것은 살아 있다는 증거이다. 플라톤에 의하면 사랑이란 에로스적인 사랑인 남녀 간의 사랑, 필리아적인 사랑인 가족이나 특정 집단 내 구성원 간의 사랑, 아가페적인 조건 없는 전 인류에 대한 사랑 등 3종류로 나누고 있다.

많은 학자들이 다른 구분을 하고 있으나 본서에서는 이해하기 쉬운 이러한 세 가지(세 가지라는 점이 마음에 든다. 우주의 신비수가 3이다)의 구분을 채택하여 분석해 보고자 한다.

이렇게 사랑이 구분되는 것은 사랑의 원천이 같은 힘에서 나오는 것은 아니라는 뜻으로도 볼 수 있다. 그 예로, 남녀 간의 사랑은 분명 다른 전하를 띤 사이의 끌어당김을 그 본질로 하는 것으로 다른 전하끼리 잡아당기는 전자기력의 성질과 유사하다. 그래서 개별적 배타성과 독점성을 그 특징으로 한다. 그리고 소속집단 구성원이나 가족 간의 사랑은 남녀를 가리지 않는 파동이 유사한 동일 소속 집단구성원 간의 끌어당김으로 전하가 같거나 다르거나를 가리지 않고 끌어당기는 쿼크와 쿼크 사이에 끌어당기는 힘인 강한 핵력과 유사하며, 집단적 배타성과 독점성을 그 특징으로 한다. 전 인류에 대한 무조건적 사랑은 아무 관계도 없는 사람끼리도 끌어당김의 힘이 작용하는 것으로서 그 힘은 아주 미약하지만 그 미치는 범위는 엄청나게 넓다. 이는 우주 모든 행성 사이를 유지하는 힘인 중력과 유사하다고 볼 수 있으며 전인적 포괄성을 그 특징으로 한다. 그래서 사랑의 에너지 크기는 '남녀 간의 사랑 〉 가족 또는 집단 구성원 간의 사랑 〉 전 인류에 대한 사랑' 순이나 미치는 범위는 '남녀 간의 사랑 〈 가족 또는 집단구성원 간의 사랑 〈 전 인류에 대한 사랑' 순이다. 전 인류에 대한 사랑은 그 힘은 중력처럼 아주 미약하나 그 범위는 매우 넓어 전 인류, 더 나아가 전 우주에 미치는 것이다.

사랑에 대한 종교적 의미를 보면 성경에는 "하나님은 사랑이시라. 사랑 안에 거하는 자는 하나님 안에 거하고 하나님도 그 안에 거하시느니라." "나는 빛이요 사랑이라."라고 하며, 대승불교에서도 중생에 대한 무조건적인 사랑인 자비(慈悲)를 강조한다. 이것이 아가페적인 하나님이나 부처님의 사랑이다. 이 종교적 사랑이야말로 기존 서적들에서 이야기하고 있는 전 인류, 우주만물에 대한 사랑으로서 모든 만물에 시간과 거리에 상관없이 미치는 힘인 만유인력, 즉 중력이 그 원천이라 할 사랑이다.

일반적으로 말하는 사랑의 본질은 생명을 창조하고 보호하며 보전하는 행위, 즉 "생명을 위하는 모든 행위"를 일컫는다 할 것이다. 이러한 범인류적, 무조건적 사랑의 본질을 다른 측면에서 생각해보자. 이 우주는 여러 가지 파동들로 가득 차 있으며 그들은 수많은 장소와 시간에서 수시로 만난다. 이 결맺음 현상은 정보를 창출하며 이 세상의 모든 것을 창조하는 원천이다. 바로 '관계'야 말로 이 우주의 본질이라고 봄이 타당하다. "우주 법계가 사랑과 자비로 가득 차 있다."는 불교의 가르침과 "하나님은 사랑이니라."라는 기독교의 가르침은 이를 잘 대변하고 있는 말이라 할 수 있다.

사랑에 대한 지성들의 정의를 잠깐 살펴보자.

에리히 프롬은 사랑의 본질로 다섯 가지를 들고 있는데 첫째 서로에 대한 관심, 둘째 서로에 대한 책임, 셋째 상호존중하고 소중히 여기는 마음, 넷째 이해심, 다섯째 서로 아껴주는 마음을 들고 있다. 그 내용을 보면 주로 중력에 본질을 둔 사랑을 사랑의 본질이라고 이야기하고 있음을 알 수 있다.

시인 한용운은 그의 시에서 참된 사랑의 본질은 "믿음과 희생 즉 자(慈), 비(悲), 인(忍)에 있다."고 했는데 이 역시 바로 중력에 본질을 둔 범인류적 사랑으로 볼 수 있다.

사랑이란 나만 있으면 성립하는 것이 아니요, 반드시 상대가 있어야 한다. 이를 생명의 씨앗이라 할 수 있는 입자를 비유하여 설명해 보자. 생명의 기본이 되는 입자는 그 나름의 자유의지가 있다는 점에서 고독하다. 그런데 이 입자들은 빛을 매개로 함께 모여 원자를 형성하고 더 나아가 분자, 세포를 형성하여 생명을 창조하였다. 모든 생명이란 집단의 표현인 것이다. 더욱 놀라운 것은 양(+) 에너지를 가진 양성자를 중심으로 음(-) 에너지를 가진 전자가 결합하여 원자라는 생명의 단초를 만들었다는 점이 매우 경이롭다. 물론 수소를 제외한 모든 원자는 핵에 양성자뿐만 아니라 중성자를 가지고 있는데 이 또한 매우 신비스럽다. 만약 양성자수가 늘어나면 강력은 작아지고 전기적인 척력이 커지면서 원자가 분해될 가능성이 높아진다. 그러므로 이를 방지하기 위한 장치가 필요한데 이것이 중성자의 역할이다. 전하가 없는 중성자는 양성자와 동일한 강력을 가지고 있어 양성자의 약해진 강력을 보충하는 접착제 역할을 하여 원자의 붕괴를 방지하는 것이다. 그러나 중성자가 홀로 되면 양성자로 변하면서 전자 하나를 방출하는데 이를 베타붕괴라고 부른다.

원자의 구성을 보면 다름(음과 양)이 만나 화합하여 생명의 단초가 되는 원자를 만들어 내었고, 양성자와 전자를 하나씩만 가지고 있어 가장 단순하여 다툼이 발생할 우려가 없는 원자인 수소를 제외하고는 중성자라는 매개체를 가지고 있어 양성자와 전자가 서로 분리되려고 할 때 이를 방지하고 있다는 점이 이 세상을 그대로 반영하고 있다는 심증이 든다. 중성자는 물질계의 단초인 양성자와 전자의 다툼을 해결하는 해결사이자, 이 세상 창조인 절대계(전하가 중성인 중성자는 그 특질은 0이자 무한대인 절대계의 특질과 너무 유사하다)를 반영하고 있다는 점에서 절대계와 상대계의 조화의 세상을 그 특질로 하고 있는 우리 우주가 미시세계인 원자에 그대로 반영되어 있다고 생각되지 않는가? 중성자가 홀로 되면 양성자로 변하면서 전자 하나를 방출하는 것을 보면, 신이 고독하면 분명 "나는 누구인가?"라는 질문을 던지면서 깨어난다고 했던 앞의 언급이 기억나는가? 바로 절대계의 특질을 지닌 중성자가 혼자임을 자각할 때 베타붕괴(빅뱅)를 일으켜 양성자와 전자를 창조하여 이들의 결합을 통해 원자를 다시 이루게 됨이 관찰되는 것을 볼 때 바로 앞의 필자의 가정과 너무나도 맞아 떨어지지 않는가!

얼마나 심오한 신의 조화인가? 정말 놀랍고 감탄스러워 눈물이 저절로 나오려고 한다.

개별입자는 고독에서 벗어나 서로의 필요성을 느끼며, 즉 상대가 없으면 나도 없으므로 너는 나요, 내가 너라는 생각의 틀 안에서 생명을 유지하고 있고 이것이야말로 사랑의 본질이라고 할 수 있는 것이다.

이것의 다양한 형태가 서로에 대한 관심, 서로에 대한 책임, 상호존중하고 소중히 여기는 마음, 이해심이고 자비요 인(忍)인 것이다.

다윈의 진화론적 입장에서 보면 생물학적으로 생명은 모두 이기적 유전자가 본질이라고 한다. 그렇다면 생명은 모두 사랑할 수 없는 존재란 이야기인가?

아니다. 이기적 유전자의 본질을 살펴보면 그 답을 찾을 수 있다.

생명의 기초인 유전자가 이기적이게 된 이유는 생명을 지속시키기 위한 불가피한 선택이었다. 그런데 이를 자세히 들여다보면 이 이기적 행위도 유전자를 구성하는 소립자 하나만의 이기주의가 아니라 유전자를 구성하는 세포 전체의 이익을 위한 선택이라는 점이다. 그 유전자 집단의 입장에서 보면 이 행위는 자기집단을 지키기 위한(자기집단을 구성하는 다른 소립자의 이익을 고려한) 행위이므로 오히려 나눔을 실천한 행위라고 보아야 한다.

그러므로 생물학적으로 생명이 이기적 유전자를 가지고 있다고 해서 사랑이 성립할 수 없는 것이 아니다. 오히려 하위생명체가 고등생명체를 위하여 자기를 희생하는 행위를 하고 이를 섭취하고 생명을 유지한 고등생물이 죽으면 다시 미생물을 위하여 자기 몸을 바치는 순환의 관계가 바로 우주의 순환법칙이며 여기에는 바로 숭고한 사랑이 그 밑바탕에 깔려 있다.

우주의 본질을 순수의식이라고 보는 견해에 따르면 네가 나요, 이웃이

나이며 우주가 나라는 사실이 명백히 드러난다. 바로 남을 이롭게 하는 것은 나를 이롭게 하는 것이다. 이는 고조선의 건국이념인 '홍익인간(弘益人間) 이화세계(理化世界)'의 정신에도 잘 나타나 있다.

이미 수천 년 전의 우리 조상들도 끌어당김의 법칙을 알고 있었다는 이야기이다.

하지만 대다수가 사랑이라고 생각하고 있는 그 '사랑'이란 진정한 사랑이 아니라 거래이다. 욕구충족에 대한 기대이자 반응이다. 네가 가진 것을 주면 나도 내가 가진 것을 주겠다는 생각이다. 이러한 사랑의 결말은 실망뿐이다. '기대치 충족'이 불가능하기 때문이다.

6. 성장과 진화의 법칙

살아 있는 모든 것은 리듬을 갖고 성장한다. 성장단계에 대한 믿음을 가지고 기다리는 인내심이 필요하다. 성공의 씨앗을 뿌린 뒤 TV 주파수를 성공 채널에 맞추고 그 영상과 소리를 즐기기만 하면 된다.

매미는 7일을 활동하기 위해 땅속에서 7년(2,555일)을 기다린다. 하물며 미물인 매미도 이렇게 장시간을 고통과 어둠을 참으면서 기다려 7일을 살고 가는데, 만물의 영장인 인간이 태어나 80년을 살기 위해서는 최소 29,000년은 인내로 고통과 어둠 속에서 기다려 왔다고 생각되지 않는가? 얼마나 고귀하고 소중한 삶인가?

이러한 이생에서의 삶은 비록 윤회를 인정한다고 하더라도 오직 한번 경험하는 창조의 과정이다. 따라서 성장을 위한 배움터인 이 세상에서 스스로 체험을 통해 보다 많은 것을 배우고 떠나야 하지 않겠는가?

성장의 법칙에는 반드시 시련이 동반된다. 나무의 뿌리가 폭풍우와 추위에 더욱 강해지듯 우리의 영혼도 시련과 폭풍우를 만나 쓰러지지 않고 버텨낼 때 비로소 단단한 기반을 다지게 되는 것이다.

우리가 사는 이 세상은 체험을 통해 경험을 쌓아가는 우리의 창조능력을 마음껏 발휘할 수 있는 무한가능성의 장(場, field)이다. 작은 성공과 실패가 쌓여서 어느 때가 되면 커다란 성공의 금자탑을 쌓아 올리게 되는 것이다. 시도를 두려워하지 마라. 행동만이 나를 성장시키고 진화시켜 나를 본질로 데려다 줄 것이다.

우리의 몸을 이루는 물질은 이 세상에서 소임을 다 마치면 스스로 분해되어 원천으로 돌아가고, 비물질인 무의식(영혼)은 더 높은 차원을 찾아 진화를 계속해 나간다. 바로 최종목적인 본질(순수의식)과의 합일을 향하여 영원히 성장을 지속해 나가는 것이 아닐까.

7. 인과의 법칙

우리가 머무는 상대계는 인과율이 지배한다.

그러나 우리가 '기적'이라고 부르는 사건은 인과율을 벗어난 본질계(절대계)와의 연결에 의한 것이다.

우리는 인과율의 틀을 벗어날 수 없는가?

인과율은 "공짜 점심은 없다."라는 말로 요약된다. 이 법칙은 우리 현상계에 적용되는 기본 틀로서 모든 종교에서 널리 강조되어 왔다. 최초로 인과율을 규정한 법전으로 함무라비법전이 널리 알려져 있으며, 이는 "이에는 이 눈에는 눈"이라는 말로 잘 요약된다. 만약 이 세상 만물사이에 인과관계가 성립되지 않는다면 이 세상을 지탱하는 도덕과 질서는 사라지고 무질서만 남을 것이다. 물리학에서도 인과율이 깨지는 것은 극히 예외상황에서만 일어날 뿐이라는 것을 밝혀낸 바 있다. 예로서, 인과율이 깨진다면 우리는 통신도 우주탐사도 할 수 없을 것이다. 그러므로 만약 예외사항이 나타났다면 이는 우리가 모르는 특별한 이유가 있기 때문일 것이다. 인과의 법칙에 대해서는 성경에도 아주 간결하게 잘 표현되고 있다. "뿌린 대로 거두리라."라는 말이 바로 인과율을 이르는 말이다.

불교에서는 카르마(Karma)라 하여 모든 결과를 가져오는 데는 그 원인이 반드시 있고 이 원인이 있음으로 해서 비로소 결과가 있는 것이라고 한다. 이를 다른 말로 '업(業)'이라 하여 업장소멸은 수행의 큰 부분을 차지하고 있다. 바로 선업선과(善業善果), 악업악과(惡業惡果)라는 말로 요약된다.

그래서 종교에서는 이 인과율을 벗어나는 것을 최종목적으로 삼고 있다

바, 이를 힌두교에서는 신에 대한 신애(信愛)라 부르고 기독교에서는 신에 대한 사랑이라 부르며, 불교에서는 해탈이라고 부른다.

자, 그런데 우주의 기본구조를 이해하게 되면 우리는 인과율을 벗어나는 방법을 알게 될 것이다.

무슨 말이냐 하면 우리가 사는 현실계에서는 인과율이 깨지는 현상이 거의 없지만 예외현상은 언제든지 일어나고 있다는 것이다. 우리는 이것을 '기적'이라는 말로 치부해 버린다. 아니다. 이것은 절대 기적이 아니다. 바로 공짜 점심이 주어진 것이다.

공짜 점심은 절대계의 법칙이다.

필자는 어떤 문제를 해결하기 위해 골몰하던 ○○씨가 아래와 같이 말하는 걸 들은 적이 있다.

"극심한 피로로 잠깐 낮잠이 들었는데 꿈에서 그 문제의 해결방안을 제시받았어요. 그래서 밑져야 본전이라고 생각하고 그대로 실행해 보았더니 골치 아프던 일이 해결되었어요. 정말 신기해요."

바로 이것이 우리의 영혼이 절대계인 무한정보장에서 해결방안을 얻은 경우의 한 예이다.

역사적으로 길이 남을 위대한 발명들은 대부분 문제해결을 위해 골몰하고 있을 때가 아니라 피곤하여 잠시 잠에 들었을 때나 수면 중에 그 답을 얻은 경우가 많은데 예로서, 주기율표, 벤젠의 화학구조, 염색체의 나선구조 등 수많은 위대한 발명들이 있다. 특히 불과 33세에 요절한 20c초 천재 수학자였던 인도태생의 스리비바사 라마루잔은 수학자 중 드물게 그의 이름을 딴 학회가 3개나 될 정도로 뛰어난 수학자로 인정받고 있으나, 그는 변변한 대학도 졸업하지 못한 채 그 당시 유명한 수학자도 풀지 못한 많은 수학문제를 그만의 기법으로 증명해 내어 수많은 수학자들의 혀를 내두르게 한 사람이었다. 그는 어떻게 이러한 특이한 증명을 내놓았느냐는 질문에 "오직 신이 찾아와 알려주시는 대로 적은 것뿐입니다."라는 답변을 한 것으로도 유명하다. 그의 천재적 수학능력은 당대 최고의 수학자도 혀를 내두른 불가사의한 신비 그 자체였다! 그가 남겨놓은 우주 속에서 보았다는 500여 개의 수학적 증명은 지금도 많은 문제들이 해석되지 못한 채 누군가에 의해 해결되기만을 기다리고 있다고 한다.

이 세상은 풍요(豐饒)로 가득 차 있다.

다만, 그것을 우리가 가공하고 사용할 줄 모를 뿐이다. 지금까지 우리가 새로운 발명이라고 부르는 전기나 전파 등도 모두 이 세상에 존재하는 것에 대한 사용방법을 발견한 것뿐이다. 이 세상을 가득 채우고 있는 풍요를 즐기려면 현재의식이나 잠재의식에서 널브러져 있는 쓰레기를 깨끗이 청소한 후에 현재의식과 무의식을 동조시키면 무의식의 파동은 우주로 무한히 뻗어나가 무한정보장의 영점(零點)에너지(zero-point energy)와 공명하게 된다. 그러면 영점에너지와 공명된 무의식의 파동은 다시 이 우주 곳곳으로 뻗어나가다 지구상의 유사파동을 발사하는 특정사건과 마주칠 때 현실화의 기적이 일어나는 것이다.

이 책의 내용을 철저히 이해한 독자들은 공짜 점심을 먹을 수 있을 것이다. 습관화 될 때까지 정진해 보자. 어렵다고 중간에 책을 던져버리면 결코 원하는 것을 얻지 못한다. 이것이 우주의 법칙이요 원리인 것이다.

8. 상대성의 법칙

이 세상 만물은 상대가 있어야 그 스스로 실체를 드러내게 된다.
바로 나의 존재가 우주만물의 존재가 되는 것이다. 이런 '나'가 바로 여기 있다면 그 가치는 우주의 가치와 동일함을 알아채야 한다.

아인슈타인이 상대성원리를 주장한 것처럼 이 세상 만물의 존재는 관계에 의해 모든 것이 의미를 지니게 되고, 관계에 의해서 의미 있는 존재가 된다. 즉, 나라는 주체가 있음으로 해서 너라는 객체가 있는 것이다. 이 세상의 모든 것은 상대적인 것이다.
바로 우리가 바라보는 물질계에 있는 모든 것은 그 어떤 것과의 관계에 의해서 실재하게 될 뿐이다. 즉 '뜨거움'은 우리가 그것을 '차가움'과 비교하기 때문에 의미를 지니게 된다는 것이다.
'선'도 '악'과 비교할 때만이 그 의미를 지니게 된다.
어느 성공학 컨설턴트의 이야기다.

「어느 큰 법률회사의 변호사인 수잔은 그녀가 돈을 얼마나 적게 버는지, 경제 상태가 얼마나 형편없는지 끊임없이 불평을 늘어놓았다. 나는 그녀에게 이렇게 말했다. "당신은 방글라데시에 사는 사람들과 비교해 볼 때 얼마나 부자인지 아십니까? 방글라데시 사람의 연평균 소득은 대략 180달러에 불과하답니다." 그녀는 내 말을 유심히 들었던 모양이었다. 그러자 그 뒤로 그녀는 자기 자신을 아주 부자라고 생각하기 시작했고 그러한 생각들은 그녀에게 더 많은 부를 끌어다 주었다.」

이 이야기는 우리가 우리 자신과 우리의 성공을 어떻게 선택해서 비교하느냐에 따라 우리는 행복하거나 불행해진다는 것을 말해주고 있다.

따라서 성공하기 위해서는 자신의 위치를 잘 이용해야 한다. 우리 자신을 향상시키는 선택을 하기 위해서는 상대성의 원리를 이용해야 한다. 우리의 인생에서 우리 스스로를 더 향상시킬 수 있다면 반드시 성공할 것이다.

그런데 대부분의 사람들은 나보다 잘난 사람을 시기하거나 질투하고 비하하여 나를 비교대상의 위치로 상향시키거나, 나를 비하하면서 자기의 못남을 한탄한다.

이러한 사고는 부정적인 생각이 나의 뇌리에 가득 차 있게 만들어 나의 발전에 치명적인 해를 끼친다.

명심하라. 이러한 사고는 '관점(觀點) 바꾸기(change the view point)' 명상을 통해서 반드시 고쳐 나가지 않으면 우리는 성공적인 삶을 살 수가 없다.

테레사 수녀는 아무것도 가진 바 없어도 이 세상에서 남에게 엄청난 사랑을 베풀며 복자로 추앙받는 행복한 삶을 살아갔지 않은가? 부정적인 관점을 긍정적인 관점으로 바꾸자. 그러면 행복과 성공은 저절로 당신에게 다가올 것이다. 다만 안타까운 것은 그녀가 자주 악몽에 시달렸다는 기록이 그녀 사후 발견되었다는 점이다. 그녀는 왜 악몽에 시달렸을까? 필자는 그녀가 신을 저 높은 곳에 계시는 것으로 상정하고 그녀는 그의 종으로 간주하면서 그녀 자신의 중요성은 오직 신의 뜻인 희생에 있다고 오해하였다는 데서 그 이유를 찾고 싶다. 왜냐하면 그녀는 자신의 가치는 오직 남을 위한 희생에 둠으로써 신의 "나는 누구인가?"라는 질문의 본질을 오해하였던 것이다. 즉 나와 상대는 하나이고 나 자체가 신이기에 나의 귀중함에 바탕을 둔 타자에의 봉사와 희사만이 우주의 본질인 무한한 욕망을 충족시킬 수 있는데도 불구하고 그녀의 봉사는 나의 존재(즉 신의 존재)를 부정하는 데 바탕을 두고 있었기에 무의식은 그녀가 잠든 사이 악몽을 통해 이를 일깨워 준 것이 아닌가 하는 생각이 든다. 나의 소중함을 모르면 남의 소중함도 모르는 것이다. 나의 소중함을 이해하고 남의 소중함을 위하여 나를 바칠 때 비로소 무의식도 이에 동조하여 그야말로 지복(至福)의 상태에 나를 데려다 줄 것이다. 남을 위한 희생은 없다. 남을 위해 나를 희생하겠다는 생각을 가지고 있다면 그런 생각을 버려라. 자비도 나를 위한 자비이고 희사도 나를 위한 희사일 때 진정한 자유에 도달할 수 있을 것이다. 이것이 바로 신의 뜻이요 우주의 진리이기 때문이다.

만약 누군가와 비교하고 싶다면 아래와 같이 비교하라.
"나와 마이크로 소프트 빌 게이츠 회장의 재정 상태를 비교하면 나는 너무 가난하다." 이런 비교는 하지 말라. 당신을 비참하고 작은 사람으로 만들 것이다.
그러나 다음과 같이 비교하면 당신은 행복하고 큰 사람으로 변할 것이다.
"나와 아프리카 난민의 재정 상태 비교하면 나는 정말 부자다. 나는 대한민국에서 태어나 행운아야. 정말 행복하다. 모든 것에 감사해."
즉, 긍정적인 편으로 비교하라. 그러면 자신의 소중함을 깨닫게 되고 자신감이 생겨나서 이기주의자에서 벗어나 이타주의자가 되고 이 세상에 넘쳐나는 풍요가 당신에게 끌려올 것이다.

9. 이원성 또는 양극성의 법칙

상대성의 법칙에서 파생된 법칙으로 무한 허공에서 이 세상이 창조되었음을 알려주는 증거가 된다.

전하(+, -)가 다른 입자가 상호작용하는 허공은 일견 '무'로 보이나 다른 전하를 가진 입자들과 이들의 운동으로 가득 차 있는 공간이다. 바로 창조의 장인 것이다.

우리 우주는 하나의 점(占)인 원시우주(이를 주역의 무극상태, 생명의 씨앗을 간직한 진공, 모든 것이 혼합되어 구별이 불가능한 혼돈상태와 비유할 수 있다)가 빅뱅에 의하여 태어났다는 것이 과학자들에 의해 밝혀졌다.

빅뱅이 시작된 때는 원시우주의 본질인 순수의식이 깨어나는 순간 즉 "나는 누구인가(Who am I)?"라는 질문을 던졌을 때이다. 이 의문의 해결방법은 오직 원시우주의 대칭성(0 또는 공)이 깨어지면서 구별 또는 분별이 가능한 상태로 변화하는 방법밖에 없었다. 때문에 빅뱅에 의해 현상계인 상대계가 탄생하게 된 것이다. 즉 '한계 없음'의 상태인 무극(無極, 음과 양의 혼합)에서 '한계 지음'의 상태인 태극(太極, 음과 양의 구분)으로의 변환이며, 이를 숫자로 설명하면 절대계 상태인 무극(0)이 분화된 상대계인 태극(+1과 -1로 분리)으로 변하면서 이 세상이 탄생한 것이라는 것을 이해할 수 있다. 즉 '+1-1=0'이기 때문이다.

바로 양극성이 있어 이들의 상호작용에 의하여 존재라는 '생명'이 태어나게 되는 것이다. 바로 '3'이 생명 그 자체를 의미하기에 우주의 곳곳의 의미심장한 곳에는 반드시 '3'이 도사리고 있는 것이다.

이원성 또는 양극성의 법칙은 상반되는 짝이 없으면 무엇도 존재할 수 없다는 법칙으로 우주탄생의 기본법칙이다.

모든 물질은 반드시 짝을 가지고 있는 것이다.

최근의 양자이론을 보다 발전시킨 초 끈 이론에 의하면 빅뱅은 10차원 또는 11차원 우주(원시우주)가 4차원 우주와 6차원(또는 7차원) 우주의 둘로 나누어졌다고 한다. 즉, 그 하나는 원심력의 작용으로 창조된 우리가 사는 현상계를 지배하는 4차원 우주로 무한 팽창의 과정을 거치고 있는 펼쳐진 거시우주이고, 다른 하나는 구심력의 작용으로 창조된 보이지 않는 6차원(또는 7차원) 우주로 무한축소의 과정을 거치고 있는 접혀져 숨겨진 미시우주라 한다. 바로 이원성과 양극성의 시작인 '분리'가 "나는 누구인가?"라는 본질에 대한 질문의 답을 얻기 위한 과정의 출발인 것이다.

우주의 현상을 가만히 살펴보면 모든 것에는 짝이 있음을 알 수 있다. 즉 양(+)이 있으면 음(−)이 있고, 작용이 있으면 반작용이 있으며 원심력이 있으면 구심력이 있는 것이다.

그렇다면 물질이 있다면 반물질도 있어야 하지 않겠는가?

그래서 과학자들은 우리 물질계도 빅뱅 시에는 물질과 반물질이 함께 있었으나 무슨 이유인지 반물질은 사라지고 물질만 남아 지금의 우주를 만들었을 것으로 보고 반물질의 흔적을 찾고 있다.

이렇게 하나의 짝은 반대 짝을 예비한다고도 볼 수 있는 것이다.

물질이 아닌 경우에도 그 짝은 항상 존재한다.

예로서, 증오가 존재한다면 사랑 또한 존재해야 하고, 어떤 것이 진정으로 두렵다면(fearful) 그것이 경외심(awesome)을 일으킬 가능성도 있는 것이다. 그러므로 인생에서의 '실패'는 반드시 '성공'의 씨앗을 동반하기 마련이라는 것을 우리는 명심해야 한다. 에디슨은 수천 번의 실패를 딛고 몇십 번의 성공만으로 엄청난 부와 명예를 이루지 아니하였는가?

따라서 이런 상반된 개념들은 똑같은 존재가 다르게 표현되는 것에 불과하다는 것을 우리는 알아야 한다. 그러면 그것에서 많은 교훈을 얻어 성공에 한 발짝 다가서게 될 것이다.

미국의 저명한 성공학의 선구자였던 나폴레옹 힐(Napoleon Hill)은 이렇게 말했다.

「모든 실패는 그만한 혹은 더 큰 성공의 씨앗을 내포하고 있다. 내가 범한 실패의 경험들은 내 인생의 가장 중요한 경험 중의 일부이며, 내가 성공하는 데 필요한 자극제가 되어 왔다. 실패가 없다면 성공이 무엇인지 알기 어렵다. 베이브 루스는 홈런으로 세계신기록을 세운 반면, 동시에 삼진아웃 당한 기록으로도 세계신기록을 가지고 있다.」

성공한 사람들이 어떻게 그 자리에 있게 되었는지 이야기를 들어보면, 그들에게는 공통점이 있음을 알 수 있다. 어느 날 눈을 떠보니 성공이 그들 주위에 다가와 있었는가? 아니다. 그들의 이야기에는 그들이 실패에서 얼마나 많은 것들을 배웠는지와 실패가 있었기에 성공을 할 수 있었다는 이야기로 가득 차 있다.

한 젊은이가 현자에게 물었다.

"어떻게 하여 당신은 그렇게 현명하게 되었나요?"

현자는 대답했다.

"현명한 선택을 했기 때문이오."

그러자 그 젊은이가 반박했다.

"그것이 현명한 선택이라는 것을 어떻게 알았습니까?"

늙은 현자는 소리쳤다.

"그야 형편없는 선택을 함으로써 얻었지!"

모든 도전이 실패와 그 상반되는 개념인 '성공'의 씨앗을 내포하고 있다는 것을 아는 것이야말로, 모든 사물에 '호기심(Curiosity)'을 가지고 우리를 끊임없이 분발시켜 주어 우리의 인생을 대단한 모험으로 가득 찬 멋진 곳으로 이끌어 줄 것이다.

호기심은 이 우주를 탄생시킨 "나는 누구인가?"의 신의 물음의 본질인 것이다. 호기심을 가져라.

동양의 음양오행론(陰陽五行論)에서도 상생(相生)과 상극(相剋)이라는 대립되는 개념이 있다. 그러나 이들 개념은 별도의 항상 대립되는 개념이 아니라 상호관계를 어떻게 유지해야 우리의 삶을 행복하게 만들 수 있는가에 더 중요성을 부여하고 있다. 상생도 과하면 독이 되고 상극도 적당하면 약이 될 수 있음을 그 근본바탕으로 하여 '관계'의 중요성을 놓치지 않고 있는 것이다.

10. 프랙털적 진화의 법칙

자연은 유한(有限)에 무한(無限)을 품을 수 있는 신비로운 방식을 고안해 내었다.

이것이 바로 '프랙털 패턴(fractal pattern)'이다.

바로 존재는 스스로 존재를 영속화시키는 방법을 창안해 내었는데 이 방식이 프랙털 패턴이고, 이 방식에 따라 이 우주를 지속시키고 있는 것이다.

진화의 과정은 '패턴(pattern)'이 반복된다고 한다.

강의 물줄기나 나무까지, 눈송이 등 자연을 들여다보면, 반복되는 패턴이 관찰된다. 왜 자연은 반복패턴을 선택한 것일까?

프랑스의 기하학자인 망델브로(1924-2010)의 프랙털 기하학에 따르면 불규칙적이고 카오스적인 패턴을 보이는 자연을 설명할 수 있다. 프랙털 기하학의 본질은 서로 비슷한 패턴이 상호 간의 내부에서 끝없이 반복된다는 것이며, 이는 자연에서 나타나는 반복적 패턴을 설명하는 데 매우 유용한 기하학이다. 자연에서는 왜 반복적 이미지가 계속될까? 과학자들은 연구 끝에 이는 우연이 아니라 생존과 진화에 가장 적합한 방식임을 밝혀냈다.

19세기 말 수학자인 조지 칸토어(Georg Cantor)는 1cm의 짧은 직선 위에는 100km의 긴 직선 위와 똑같은 수의 점들이 존재할 수 있음을 발견하였는데, 이러한 발견은 동시대의 과학자였던 망델브로의 프랙털기하학에 보다 힘을 실어준 바 있다.

최소공간에 최대의 정보를 함유할 수 있도록 하는 자연의 법칙은 꽃잎의 수, 달팽이의 나이테 배열, 나뭇가지나 나뭇잎의 배열 등에서 발견되는 일명 황금비율(1:1.618)이라 부르는 피보나치(Fibonacci)수열에서도 나타나고 있다. 피보나치수열이란 앞의 수와 뒤의 수의 합이 다음 수로 계속되어 확장해 나가는 수열로 0, 1, 1, 2, 3, 5, 8, 13 등으로 계속 확장해 나가는 것이다. 이 자연법칙은 생존에 가장 적합한 방식임이 밝혀진 바 있다.

필자는 원주율 π와 원의 면적을 구하는 공식 πr^2를 들여다보면서 문득 깨달았다. 이 수학공식이 의미하는 것은 바로 프랙털의 원리와 같이 아무리 작은 장소에도 가장 넓은 장소에 담겨 있는 정보를 축약하여 담을 수 있다는 놀라운 우주의 신비를 본 것이다. 이것은 블랙홀과도 같다. 원주율 π는 '3.14159……'로 그 수가 끝이 없는 무리수이다. 그리고 원의 면적을 구하는 공식은 πr^2이다. 수학자들은 π를 연구해오면서 이 수가 태초 빅뱅 시에 이미 존재한 초자연수라는 것을 알아낸 바 있다.

우리는 앞에서 현상계의 지배법칙을 공부하면서 이 우주의 역사는 대칭성 붕괴의 역사임을 공부한 바 있다. 태초, 즉 빅뱅 이전에는 대칭성이 지배하고 있던 세상이었고 대칭성이 가장 큰 형태는 원임을 살펴본 바 있다. 우주과학자들은 우리 우주의 시작은 원자보다 작은 크기의 점이 폭발하면서 지금의 거대한 우주를 만들었다는 데 이의가 없다. 이를 수학적으로 증명한 것이 바로 π와 πr^2인 것이다. 즉 π와 πr^2이 의미하는 것은 원의 크기가 아무리 축소되어도 그 속에 무한대의 정보를 담을 수 있음을 의미하는 것이다.

진화의 과정은 더 높은 '인식'을 향한 움직임이다. 즉 인식의 확장과정이 바로 진화인 것이다.

그러므로 정해진 규모에 더 많은 정보를 수용할 수 있도록 자신을 발전시켜야 한다. 그러려면 정해진 규모 속에 수용기-효과기 단백질을 보다 많이 응축시킬 수 있는 능력을 지녀야 한다. 밝혀진 바에 따르면 수용기-효과기의 역할을 수행하는 것은 세포막이었다. 그러므로 정해진 규모 속에 세포막의 표면적을 증가시킬수록 더 높은 인식능력을 지니게 되어 진화의 계단에서 더 높은 위치를 차지하게 되는 것이다.

그러면 어떤 방법을 사용해야 이 조건을 만족시킬 수 있을까?

수학적 연구 결과에 따르면 프랙털 기하학이야말로 정해진 현상계의 3차원 공간(세포)에서 최대한의 표면적(세포막)을 확보하는 가장 좋은 방법이라는 것이 드러났다. 즉, 현상계(1을 기반으로 하여 무한대인 본질까지 계속 접근해 가는 계)에서 절대계(0 또는 무한대계)를 시현하기 위한 자연의 지성을 드러낸 것이 프랙털적 진화인 것이다. 이것은 자연 속에서 반복되는 패턴이 진화를 지향하는 필연적 결과에 의해 나타나는 현상이라는 것을 의미한다.

위의 설명을 한마디로 요약하면,

"자연은 생존의 방법으로 이기주의적 개별성이 아니라 함께 돕고 사는 공생을 선택했고, 진화의 방법으로 한정된 장소(한계 또는 1) 내에서의 반복되는 패턴(무한대 또는 0)을 선택한 것이다."

유한에 무한을 품고 있는 프랙털은 무한 반복하는 자기유사성을 의미하고, 급기야 어떤 단계를 들여다보고 있는지 가늠할 수가 없게 한다. 어떤 세부든지 확대를 해놓으면 다른 차원이나 단계의 세부와 같아 단지 몇 단계만 들어가도 영원히 길을 잃게 된다. 이는 무시간성을 의미하는 패턴인 것이다.

프랙털에는 우리를 어떤 방향으로 이끄는 동시에 어떤 척도와 적합성에 대한 우리의 감각에 도전하는 이중속성이 존재한다. 그것은 우리로 하여금 복잡계의 기저에 내재된 패턴에 접근할 수 있도록 안내해주는 동시에 우리를 어떤 것도 존재하지 않는 곳의 패턴에 주목하게 만드는 것이다.

우리는 여기서 시간과 공간이 사라진 세상은 동시성과 연결성이 존재하는 세상, 즉 절대계를 향하고 있음을 눈치 챌 수 있다.

얼마나 오묘한 신의 조화인가!

21세기로 들어서면서 우리는 '4차 기술혁명'인 디지털기술의 진화를 바탕으로 이 세상 탄생의 본질인 절대계의 세상을 향해 출발하고 있다. 절대계를 기존 관념의 틀 속에서 판단하면 모든 것은 혼동 즉 카오스의 세계로 비쳐지기 때문에 변화에 대처할 방향성을 잃게 될 것이다.

필자는 이러한 시대에 대처하기 위해서는 나의 본질인 '추상성'을 극복할 수 있는 방안인 '범주(category)'를 설정하여 이를 '나'라고 구체화시킬 수 있어야 한다는 것을 주역을 논하면서 제시한 바 있다. 이처럼 다가오는 절대계의 디지털성에 대처하기 위해서는 패턴(pattern)과 범주를 찾아야만 한다.

대다수의 괄목할 만한 성취가 홀로 연구실에 틀어박혀 연구에 몰두하고 있을 때가 아니라 토론이나 점심을 같이 하면서 어울릴 때 또는 잠이 들어 현재의식에서 마음이 떠났을 때에 나왔다는 사실은 사고(思考)가 더 이상 개인의 행위가 아닌 집단행위 또는 우주의 행위라는 반증이 되고 있다. 내 몸 하나를 움직이는 것도 70조 개 세포의 집단지성의 하모니(harmony)가 아니던가.

바로 우주는 네트워크적 연결성이 본질인 것이다.

21세기의 기술혁명은 원인과 결과를 선형적으로 바라보던 지난 수천 년의 아날로그의 시대에서 벗어나 "원인과 결과가 동시에 일어난다."는 사고를 바탕으로 두어 자리하고 있다. 원인과 결과는 동일한 순간에 융합되어 있다는 것이다. 바로 기술혁명을 통하여 우리는 블랙홀 속으로 압축되어 들어가는 것이다.

이제 소셜 미디어는 즉각적인 피드백을 통해 일부가 독점한 정보를 모두 공유하게 함으로써 사회 각 분야에 막강한 영향을 끼치고 있다. 그런데 투명성이 낮은 곳에서는 예측 가능성이 높은 데 반해 투명성이 높아진 소셜 미디어 세상에서는 예측이 불가능해진다는 문제점이 있다. 즉 양자역학의 '불확정성의 원리'가 지배하게 되는 것이며, 이제 세상은 보다 더 우리를 혼란스러움 속으로 인도하고 있는 것이다.

"프랙털적 패턴으로 흐르는 빙하의 물줄기"

우리는 프랙털의 법칙을 통해 아래의 교훈을 얻을 수 있다.

「누군가와 맺고 있는 관계는 그가 개별적으로 축적한 지식보다 중요하며, 공유가 소유를 앞지르고 관계는 자아를 대체한다는 사실이다. 즉 자신(self)이란 연결이라는 관계(with)에 의해 규정되는 것으로써 구체적인 것이 아니라 추상적인 범주(範疇, category)인 것이다.」

즉, 자신이 생각하는 범위의 내가 바로 자신이라는 말이다. 이는 자기가 이 세상의 범위와 폭, 그리고 질을 결정하면 그것이 바로 이 세상이 되고, "나는 누구인가?"라는 질문에서 답을 얻으면 그 답이 바로 자기 자신이 되는 것이다. 나에 대한 정답은 '스스로가 생각하는 나'라는 말이다.

제3부

우주와 나의 연결성

제1장

우리 우주의 탄생과 존재가 바로 나다

우리 우주의 탄생과 존재, 그 본질과 힘은 바로 나의 탄생과 존재, 나의 본질과 힘 그 자체이다.

다중우주가 존재한다면 나 또한 다중적 존재이다.

1. 빅뱅을 통해 잠에서 깨어난 우주

우리는 태어남으로써 생명을 얻는다. 그래서 우리의 먼 옛날 조상들은 물론 우리들도 밤하늘에 반짝이는 별들을 바라보며 별들은 언제 태어났는지 그리고 그들도 우리처럼 생명이 다하면 사라지는지 궁금해 해왔다.

그런데 20세기 말까지는 이런 기본적인 질문에 대해서도 명확한 대답을 내놓지 못하고 있어서 우리를 매우 답답하게 하였다. 그러나 21세기로 넘어오면서 과학자들은 자신 있는 대답을 내놓기 시작하고 있다.

그 이유는 지상 150만km 상공에 떠 있는 위성 W.M.A.P(Wilkin-son Microwave Anisotrophy Probe: 윌킨슨 우주배경복사 비등방성 탐사위

성 - 2001년 나사에서 발사한 우주배경복사온도의 미세한 차이를 측정하기 위한 위성)가 우주배경복사를 분석하여 우주의 수수께끼를 속속 풀어내 주고 있기 때문이다. 우주 배경복사는 빅뱅(Big Bang)이 일어나고 45만 년 뒤 물질과 빛이 처음 분리될 때 나온 태초의 빛으로 이 창조의 잔열(殘熱)은 지난 137억 년 동안 계속 팽창하여 오늘날에 이르렀기 때문에 엄청나게 차가워져서 오늘날 휴대폰이나 전자레인지에서 쓰는 보이지 않는 마이크로파로만 남아 있다고 한다.

천문학자들은 이 우주배경복사를 분석한 결과 지금의 우주가 약 125억 년에서 150억 년 전에 빅뱅(대폭발)이 발생하면서 탄생했다는 데 대체로 공감을 하고 있다(가장 최근에 발표한 우주의 나이는 2008년 2월 미 항공우주국(Nasa)이 주장한 137억 년(오차 범위 1% 내외)이다).

그렇다면 137억 년이나 된 우리 우주는 어떤 과정을 거쳐 탄생했을까?

과학계에서 일반적으로 인정하고 있는 인플레이션 이론(inflation theory)에 따르면 우리 우주는 빅뱅 후 플랭크 시간인 10^{-43}초에 급팽창을 시작하면서 중력을 탄생시켰고, $10^{-35} \sim 10^{-32}$초 사이에 그 크기가 10^{-33}cm에서 10^{-3}cm 이상으로 커지면서 강력을 탄생시켰으며, 계속 팽창을 지속하면서 10^{-10}초에는 쿼크가 탄생하였고 10^{-9}초에는 약력, 전자기력, 보손입자 등이 생기면서 탄생 후 45만 년이 지나 오늘날 우주의 모습을 갖추었다고 한다.

그런데 우리 우주가 창조된 후 45만 년이 지났을 때 관측 가능한 전체 우주의 크기는 1,800만 광년이나 되는 것으로 밝혀진 바 있으며, 이는 이 시기에는 우주의 팽창속도가 빛보다 훨씬 빠른 속도로 가히 상상을 초월하는 속도였다는 이야기가 된다. 이것은 "모든 물체와 신호는 빛보다 빠르게 움직일 수 없다."는 아인슈타인의 금지령에 위배되는 것이어서 그 이유에 대해서는 과학계에서도 의견이 분분하다.

미치오 카쿠

즉 그 이유에 대하여 이 시기에는 이 원칙이 적용되지 않았다는 막연한 주장을 하는 물리학자들도 일부 있으나, 물리학자이자 뉴욕시립대 교수인 미치오 카쿠는 "이 시기에 움직인 것은 물체나 신호가 아니라 공간 자체이기 때문에 그 당시의 확장속도는 아인슈타인의 금지령을 위반하지 않는다."고 그 이유를 설명한다.

필자는 이 의견에 동의하고 있다.

그러면 우리 우주를 창조한 빅뱅이 우주 창조의 처음이자 마지막일까?

최근 많은 물리 및 천문학자들은 우리의 우주가 유일한 우주라는데 대해 의문을 갖고 있다. 왜냐하면 우주를 창조한 빅뱅이란 현상이 계속 반복되는 변화의 과정 중 하나라는 심증을 굳혀 주는 여러 발견들과 연구결과가 속속 드러나고 있기 때문이다. 바로 지금도 이 우주에는 수많은 우주의 지속적인 창조와 소멸과정이 전개되고 있다는 것이다!

그러면 우리 우주는 빅뱅을 통해 창조될 때 어떠한 힘들이 작용하여 만들어진 것일까?

수많은 이론 중 요즈음 가장 주목받고 있는 끈 이론의 설명이 아주 논리적이다. 끈 이론은 여러 부류가 있는데 이러한 여러 종류의 끈 이론들을 통합하여 획기적 이론이라는 평을 듣고 있는 M이론의 설명을 따라가 보자. 이 이론에 따르면 빅뱅에 의해 우주가 창조될 때 두 가지 근본적인 힘이 역동적으로 상호작용하면서 이 우주가 창조되었다고 한다. 이 두 가지 힘 중 하나는 외부로 팽창하려는 경향이 있는 원심적(hylotropic)인 힘으로서 이 힘은 모든 것을 성기게 만드는 물질 지향적인 힘이기 때문에 물질계(4차원)를 창조하였다고 하며, 또 다른 하나의 힘은 안으로 축소하려는 경향이 있는 구심적(holotropic)인 힘으로서 모든 것을 조밀하게 만드는 전체지향적인 힘이기 때문에 블랙홀을 만들어 그 속에 원형질을 보관하고 있는 비물질계(6차원 또는 7차원)를 창조하였다고 한다.

2. 다중우주 중 하나일 가능성이 높은 우리 우주

끈 이론의 주장을 받아들이면 관찰할 수 있는 우리의 우주는 유일한 우주가 아니며, 보이지 않는 여러 층의 우주와 함께 병존하고 있다는 것을 시사한다. 이 이론은 현상계에 보이지 않는 실체를 인정하지 않고서는 풀 수 없는 여러 가지 현상들을 설명해 줄 수 있다는 점에서 그 기반을 점차 넓혀 가고 있으며, 현재 다중우주론 또는 평행우주론, 우주의 풍경이론 등으로 그 연구영역을 확장해 가고 있다.

그런데 놀랍게도 오늘날 물리학과 천문학의 발달은 일부 종교에서 종교적 교리로 가르치던 것들이 사실일 수도 있을 것이라는 심증을 갖게 하는 발견과 연구들을 속속 쏟아내고 있다.

서양의 대표적 종교라 할 수 있는 기독교에서는 창조를 인정한다. 그러나 동양의 대표적 종교인 불교와 힌두교에서는 이 세상은 창조는 없고 오직 변화만 있다고 본다. 모든 것은 본래 그 자리에 있었던 것(이를 여여(如如)라 한다)이며, 모든 것은 변화하는 것뿐이라고 보는 것이다. 즉 창조주를 인정도 부정도 하지 않는 것이다.

빅뱅이론을 따르고 우주가 우리 우주만 있다고 한다면 창조론이 옳다고 볼 수 있다. 그러나 이 세상에는 수많은 우주가 존재하고 그 중 하나인 우리의 우주가 빅뱅을 거쳐 오늘날의 우주가 된 것이라면 빅뱅은 전 우주적 측면의 창조가 아니라 단지 수많은 전체우주의 구성요소의 하나가 변화의 과정을 거치고 있는 것뿐이라고 봄이 타당하다. 즉 여여(如如)함과 창조란 전체와 일부의 관계이며 모든 것이 진실인 것이다.

이것은 우리가 주장하거나 알고 있다고 확신하는 것들도 전체의 한 측면에 불과할 수 있다는 점을 시사한다.

이러한 견해를 우리의 탄생과 죽음에 확장시켜 생각해 보자, 우선 의문을 제기해 보자.

"물질계에 기반을 둔 우리의 육체가 죽으면 모든 것이 끝나는 것인가 아닌가? 만약 물질인 육체가 원심력을 가진 3차원공간에 기반을 둔 것이고, 영혼이 구심력을 가진 숨겨진 나머지 차원에 기반을 둔 것이라면 우리의 육체가 소멸한다고 해서 반드시 영혼도 소멸한다고 볼 수 없지 않을까?? 죽음은 끝이 아니라 변화를 위한 새로운 시작이 아닐까?"

필자는 이 책에서 이러한 의문들을 과학적인 성과를 토대로 여러 각도에서 설명을 전개하고 있다. 이 책을 읽어 가면서 독자 여러분 스스로 그 답을 찾아보기 바란다.

여기서 반드시 짚고 넘어가야 할 것은 우주가 인플레이션을 통해 지금의 우주로 팽창하던 시기에는 그 팽창속도가 빛보다 훨씬 빨랐다는 사실에 관한 것이다. 이것은 물질의 이동속도가 빛의 속도를 초과했었다는 것으로 "물질의 이동속도는 어떠한 경우에도 빛의 속도를 초과하지 못한다." 라는 아인슈타인의 금지령에 위반되는가 여부이다. 만약 이러한 현상을 아인슈타인의 금지령에 위배되지 않으면서 설명할 수 있는 길이 있다면 이것이 정답일 가능성이 아주 높을 것이다. 여러 가지 주장 중 "팽창한 것이 물질이 아니라 이 우주의 본질바탕을 이루는 진공이었다."라는 주장은 아인슈타인의 금지령을 위반하지 않으면서도 왜 그 당시 빛의 속도보다 우주가 빠르게 확장될 수 있었는지를 설명해 주는 가장 설득력 있는 주장이라 볼 수 있다.

자, 우리는 여기서 대단히 중요한 사실을 발견할 수 있다. 지금까지 많은 석학들과 고전기록들은 마음의 속도가 무한대라는 데 대체적으로 동의하고 있다. 그러나 어떻게 마음의 속도가 아인슈타인의 금지령을 위반하는지에 대하여는 이를 설명하지 못하였다. 그런데 마음의 본질을 진공으로 본다면 이 문제는 명백한 해답을 얻을 수 있다. 바로 마음의 근원이 이 우주의 근본바탕인 진공이라고 본다면 왜 마음의 속도가 빛의 속도에 구애받지 않고 이 우주를 마음대로 유영할 수 있는지에 대한 의문이 자연스럽게 풀리게 되기 때문이다.

앞으로의 항해를 통해 이 의문을 풀어 보자.

제2장

우리 우주의 구성과 내 몸의 구성은 동일하다

1. 개관

우리는 20세기 말까지도 우주가 눈에 보이는 은하, 별, 성단, 성운(별들 사이의 가스와 티끌 구름) 등 우주를 구성하는 '보통물질'이 모두라고 알고 있었다.

그러나 2001년 미국의 나사(NASA)에서 우주배경복사의 비 균질성을 탐사하기 위해서 발사한 WMAP위성이 놀라운 관측자료들을 지구에 보내왔는데, 이를 분석한 물리학자들은 우리의 우주는 지금까지 우주의 전부라고 알고 있던 보통물질은 전체 우주중량의 단지 4%에 불과하고 대부분은 아직까지도 그 정체가 밝혀지지 않고 있는 물질이나 에너지가 96%(암흑물질이 23%, 암흑에너지가 73%)를 차지하고 있다는 놀라운 사실을 밝혀냈다.

게다가 4%인 물질도 대부분은 수소와 헬륨 등 공기보다 가벼운 물질이 차지하고 있으며, 무거운 물질은 단지 0.03%에 불과한 것으로 나타나 그야말로 우주의 거의 대부분(99.7%)은 눈에 보이지 않는 물질이나 에너지로 보이는 그 무엇으로 이루어져 있다는 것이다.

이러한 관찰 결과들은 우리 우주의 0.03%를 제외한 대부분이 사실상 '진공'으로 이루어져 있다는 것을 의미하는 것이라 생각할 수 있다. 이는 우리가 생각하는 물질우주는 사실상 비물질이 대부분을 차지하는 우주일 수도 있음을 의미한다.

따라서 우리가 알고 있는 물질이란 바로 이 우주의 지극한 예외현상에 의해 창조된 것이고, 대부분은 허공이라고 볼 수 있는 것이다. 그런데도 우리는 이 허공 속에 숨어 있는 물질과 에너지의 정체를 아직까지 거의 모르고 있으며 오직 보이는 물질이 전부인 것으로 착각하고 있는 것이다. 바로 이것이 진정한 우주의 모습이다. 이 우주는 진공 그 자체인 것이다. 이 우주는 부처님께서 성찰하신 바대로 공(空)임이 자연과학을 통해 드러나는 순간이다.

이 세상은 펼쳐진 상(相)은 많게는 4%, 적게는 0.03%에 불과하고 나머지 대부분은 접혀진 상(相)으로 존재하는 것이다. 그러나 우리가 알고 있었던 우주가 전체 우주 질량의 4%에 불과하다고해서 그것이 무시할 수 있는 수준은 절대 아니다.

그 4%를 이루는 5,000억 개 이상의 은하가 있고, 우리가 속해 있는 은하에만도 5,000억 개 이상의 별이 있다는 것이 밝혀진 바 있는 것이다. 그리고 우리 지구가 존재하는 태양계는 은하계에 속해 있는 한 작은 부분에 불과하다. 그러므로 엄청난 우주의 규모에서 볼 때에는 이 우주는 공(空)이라 볼 수 있으나, 은하, 태양계, 지구, 인간에 이르러서는 결코 공이 아니다. 엄연한 펼쳐진 실재인 것이다.

2. 일반물질(보손과 페르미온)

우리가 알고 있는 일반물질(17종의 미립자)은 보손과 페르미온으로 만들어졌으며, 물질은 우주의 4%만을 차지하고 있을 뿐이다.

우리가 알고 있는 물질은 무엇으로 만들어졌을까?

물리학자들에 의하면 태초에 물질을 만드는 가장 기초물질인 보존(boson)과 페르미온(fermion)입자가 있었다고 한다. 보존은 스스로 창조력을 발휘하지는 못하나 페르미온에 힘을 매개하는 입자로서 정수스핀(0, 1, 2 등)을 가지고 있고 그 대표는 전자기력을 매개하는 빛(광자)이다. 페르미온은 보존의 도움을 받아 힘을 가지게 되어 창조력을 발휘할 수 있는 입자로서 반정수스핀(1/2, 1/3 등)을 가지고 있고 그 대표는 양성자, 전자로서 배타원리의 지배를 받으며 물질을 구성하는 기본입자이다.

과학자들은 오랫동안 천체, 행성, 은하, 성운, 성간물질, 가스 등 우주를 구성하는 물질을 분석하여 우주를 구성하는 입자에 대한 '표준모형'을 마련했다. 이에 따르면 우주를 구성하는 일반물질은 양자와 중성자의 구성성분인 페르미온인 3색을 가진 쿼크 6개(업 쿼크, 다운 쿼크, 스트레인지 쿼크, 참 쿼크, 보텀 쿼크, 톱 쿼크), 역시 페르미온인 3개의 짝을 가진 경입자 6개(전자—전자중성미자, 뮤온—뮤온중성미자, 타우—타우중성미자), 그리고 힘을 매개하는 게이지 보존 5개(Υ(광자)보존: 전자기력, (w^+보존, w^-보존, z보존): 약력, g보존: 강력, 힉스H 보존: 질량 부여) 등 17종이다(이 중 질량을 부여하는 입자라고 알려진 힉스H보존은 1964년 피터힉스가 자발적 대칭성 깨짐을 설명하기 위하여 도입한 가상입자로 최근까지 존재가 증명되지 않았으나, 2013년 유럽입자물리학연구소(CERN)에서 입자가속기(LHC)의 소립자 충돌 실험을 통해 이로 추정되는 입자를 발견하였다. 이로서 표준모형은 대략 완성된 것으로 보인다). 이것들 중 광자는 질량이 0이고 중성미자는 거의 0에 가까우나 10^{-8} 미만, 전자는 1, 나머지는 8~344,000 사이이다(이 기준은 전자의 질량을 1이라 상정하고 계산한 수치이다).

3. 암흑물질

천문학자들은 비슷한 방식으로 회전하는 은하의 가장 바깥쪽에 있는 별들의 속도를 측량함으로써, 우주의 질량을 측정한 결과 우주는 그것이 포함하는 눈에 보이는 모든 별과 성간 기체의 질량을 합친 것보다 10배 정도 더 무겁다는 것을 밝혀냈다. 그 후 WMAP위성이 보낸 자료 분석을 통해 우리가 알고 있는 눈으로 보이는 물질의 중량은 불과 4%에 불과하고, 나머지 96%의 질량은 암흑물질(dark matter)이 23%, 암흑에너지(dark energy)가 73% 정도를 차지하고 있는 것으로 확인되었다. 그러나 지금까지 그 구성입자 및 성질은 정확하게 밝혀지지 않고 있어 이의 규명이 최근 물리학계의 최대 관심사이다.

과학자들은 암흑물질은 보통의 물질처럼 양성자, 중성자, 전자들로 만들어지지는 않았을 것으로 추정하고 있다. 그 이유는 현재 물리학의 표준모형에 의해서는 암흑물질을 설명할 수 없는 등 많은 수수께끼를 가지고 있기 때문이다.

2007년에 미국 하와이의 한 연구팀은 오랜 기간 연구 끝에 암흑물질이 '무거우며 중력에 의한 약한 상호작용'을 하는 미세입자들로 구성되었음을 발견했다고 발표했다.

이 연구팀은 "그것들은 전하가 없어 색깔도 없고 빛을 산란시키거나 방출할 수 없으나 어떠한 물체도 통과할 수 있다. 마치 만화영화 〈캐스퍼〉에 나오는 꼬마유령과 같다. 그러나 그것들은 분명히 우리 주위 어디에나 있고, 매초 수억 개의 그 미세입자가 지구, 심지어 우리의 몸을 쉬지 않고 통과하고 있지만 우리는 그것들을 보거나 느끼거나 냄새 맡을 수 없다. 전하가 없다면 우리의 감각기관은 그것을 포착할 수 없기 때문이다."라고 이 미세입자들을 설명하고 있다.

　이와 비슷한 시기에 일본 물리학자들은 암흑물질의 위치를 처음으로 확인해 우주의 거의 모든 영역에 암흑물질이 분포되어 있음을 밝혀냈다. 암흑물질은 빛에 반응하지 않기 때문에 우리 눈에 보이지는 않지만 그것이 일반 물질에 가하는 중력 때문에 간접적인 방식으로 존재가 확인되고 있는데 일본 과학자들은 컴퓨터 시뮬레이션을 이용해 관찰한 2천 4백만 개의 은하에 관한 자료를 모델로 만들었으며, 이를 통해 암흑물질이 각 은하들로부터 은하 간 우주까지 뻗어 있고 부근의 다른 은하들로부터 나오는 암흑물질과 겹쳐지면서 우주 전체를 감싸는 그물망을 형성한다는 사실을 발견했다고 천체물리학 저널에 발표한 바 있다. 이 연구진은 은하의 빛이 지구로 오는 동안 어떻게 구부러지는지, 즉 중력 렌즈 효과가 어떻게 나타나는지를 밝혀내 빛을 구부러지게 만드는 암흑물질의 위치를 밝힐 수 있었다고 한다. 이 연구에 따르면 은하들은 다른 은하들로부터 수백만 광년의 거리를 두고 분리된 뚜렷한 테두리 안의 한정된 영역이 아닌 것으로 밝혀졌다. 따라서 '은하 간 우주'라는 용어 자체도 맞지 않는다는 것이다. 은하들은 실제로는 눈에 보이는 일반 물질이 중심부에 몰려 있고 가장자리를 암흑물질 그물이 감싸고 있는 모양인데 암흑물질은 이웃 은하까지 절반 거리는 가지런하게 펼쳐져 있어 우주는 은하와 관련된 물질로 채워져 있다고 연구진은 설명했다. 더 나아가 우리가 '은하'라고 부르는 것은 이처럼 연결되는 물질분포가 가장 높은 밀도를 이루는 것일 뿐이라고 이들은 지적했다. 또 연구진은 각 은하의 중심부로부터 1억 광년에 걸쳐 암흑물질이 분포돼 있는 모습을 지도로 작성했으며 여기에 나타난 암흑물질의 분포는

"무작위적이거나 획일적이지 않으며 매우 가지런하다."고 밝힌 바 있다.

그렇다면 과연 암흑물질의 정체는 무엇인가?

현재 세계적으로 암흑물질을 추적하는 수많은 연구가 진행 중이다. 우리나라에서도 암흑물질의 연구에 적극 나서고 있다. 일부 과학자들은 암흑물질이 광자를 흡수하거나 방출하지 않고, 전자기적 상호작용도 없어 암흑 상태를 유지하는 것으로 가정한다. 암흑물질 내에서도 인력이 작용하는 것처럼 보이는데 이것은 아마 그 구성이 아직 종류는 알 수 없으나 윔프(WIMP: 약하게 상호작용하는 질량이 큰 입자)로 이루어져 있어 중력을 가지고 있는 것으로 보인다면서, 윔프는 질량이 양성자의 몇 배가 되며 중력과 약한 원자력을 통해서만 상호작용을 하는 것으로 추정하고 있다. 또 다른 견해로는 일반물질의 구성입자 중 광자를 제외하고는 가장 가벼운 질량을 가지고 있고 그 행동이 가장 미묘한 중성미자를 암흑물질의 제1후보로 보고 이를 찾기 위하여 노력하고 있다. 또 중성미자(neutrino)보다 훨씬 보편적이고, 작지만 질량을 가지고 있으며 빅뱅의 잔해로서 제3의 배경복사를 형성했을 것으로 추정되는 액시온(axion)도 유력한 암흑물질 구성 대상으로 주목하고 있다.

● **암흑물질의 구성입자로 가장 유력한 중성미자**

1) 중성미자란 어떤 입자인가?

중성미자는 전하가 없으며 질량이 거의 없는 소립자의 한 종류이다. 중성미자는 1/2의 스핀을 가지며 항상 광속으로 움직인다고 한다(2011.09. CERN의 광속보다 빠르다는 결과가 도출되어 세계가 놀라고 있다 – 이보다 전에 미국의 한 실험결과에서도 똑같은 결과가 도출되었다). 중성미자에는 하전경입자와 결부된 3가지가 있는데 전자중성미자, 뮤온중성미자, 타우중성미자가 그것이다. 전자중성미자는 1930년 오스트리아의 물리학자 볼프강 파울리에 의해서 방사성 베타 붕괴과정을 에너지와 운동량의 보존법칙에 맞추기 위해 제안되었다. 이탈리아 태생의 물리학자 엔리코 페르미는 1934년 그 제안을 더욱 발전시켰으며 그 입자에 중성미자라는 이름을 붙였다. 전자중성미자는 양의 베타 붕괴에서 양전자와 함께 방출되며 전자 반중성미자는 음의 베타 붕괴에서 전자와 함께 방출된다. 중성미자는 약력에 의해서만 물질과 작용하기 때문에 가장 침투력이 강한 원자 구성입자이다. 중성미자는 이온화를 일으키지 않는다. 지구의 지름과 같은 거리만큼 진행하면서 1,010개 중의 1개만이 양성자나 중성자와 반응한다. 전자중성미자는 1956년 반중성미자의 선속이 양성자와 반응하여 중성자와 양전자를 생성했을 때 처음 실험적으로 관측되었다.

실험에 의하면 전자중성미자의 질량은 전자질량의 0.0004배보다 작아야 한다. 그러나 중성미자의 질량이 0이어야 할 이론적인 이유는 없다. 실제로 태양 중심에서의 핵반응으로 나오는 중성미자가 지구에서 관측될 때 숫자가 부족한 사실(태양 중성미자 행방불명의 수수께끼라고 불림)은, 어떤 종류의 중성미자가 작은 질량을 가진다고 보면 쉽게 설명된다.

2) 중성미자의 성질

중성미자는 빅뱅 이후 1초에 1㎠당 약 300개가 만들어진다고 알려져 있다. 이는 현재시점에서 그 양을 보면 엄지손톱 크기의 면적에 초당 10조 개가 통과할 정도의 실로 엄청난 양이다. 중성미자의 질량은 거의 0 수준으로 예측되나 3종류의 중성미자 간 항상 진동변환을 하고 있다는 점에서 0보다는 크며(왜냐하면 질량을 가지고 있어야 진동변환이 가능하기 때문이다), 원자의 10억분의 1크기(0.28eV)로 물질의 기본단위 중 가장 작은 소립자이다. 진동변환이란 3종의 미립자 사이에 서로 성질을 변환하는 것으로서 미친개가 달려가다 고양이로 바뀌는 것과 같은 것으로 자기동일성이 변하는 것이다. 경천동지할 일이 발생하고 있는 것이다! 이런 현상이 중성미자세계에서 일상적으로 일어나고 있다. 그러면서도 다른 물질과는 거의 반응을 일으키지 않는 것으로 보인다. 더욱 더 놀라운 것은 지구를 200여 개나 겹쳐 놓아도 마치 아무것도 없는 공간을 지나듯 유령처럼 통과해 버린다는 것이다. 엄청난 속도로. 최근 통일장이론으로 각광받고 있는 초 끈 이론의 하나인 M-이론에 의하면 중성미자는 말려 있는 차원과 차원을 경계 짓는 막과 막 사이를 쉽게 통과할 수 있어 그 속도는 당연히 빛의 속도보다 빠르다는 결론이 도출되는 것을 볼 때, 2011.9월 유럽입자물리연구소(CERN)의 빛보다 610억분의 1초가 빠른 중성미자를 관찰하였다는 실험결과는 향후 보다 많은 과학 근거에 의하여 지지받을 가능성이 매우 높다고 보인다. 이것은 생각의 속도가 무한대라는 점을 볼 때 생각의 근원입자로 보이는 중성미자의 속도가 빛의 속도를 초월할 것이라는 것은 쉽게 짐작할 수 있다. 만약 이것이 증명된다면 시간의 개념이 깨지고 시간여행도 가능하게 되는 등 경천동지할 변화를 맞이하게 될 것이다.

3) 중성미자의 종류와 상호변환
중성미자의 종류는 전자중성미자, 뮤온중성미자, 타우중성미자의 3종이다.
중성미자는 상호 간에 그 성질을 서로 주고받는 상호변환을 하는 것으로 알려져 있으며, 그 변환비율이 얼마인지에 대한 연구가 지속적으로 이루어져 이제는 그 변환율이 알려져 있다. 이를 보면 중성미자의 세 가지 변환상수 중 두 가지는 1990년대 일본 연구팀에 의해 밝혀졌는바, 그 비율은 뮤온-타우 간 변환비율 100%, 타우-전자 간 변환비율 80%이다. 그 후 마지막 남은 상수를 알기 위해 치열한 경쟁을 해 왔다. 2012. 4월 우리나라는 세계에서 두 번째로 전자-뮤온 간 변환비율을 밝혀내는 데 성공하였다. 서울대 물리천문학부 김수봉 교수를 연구책임자로 12개 대학 35명으로 구성된 'RENO(리노)'연구팀은 두 검출기에 각각 잡힌 중성미자의 수를 비교해 상호변환 비율(변환상수)을 구하였는바, 전자-뮤온변환비율이 10.3%이었다. 이는 10억 번에 2번 정도 틀릴 확률로 정확도가 높게 나왔다. 전자중성미자와 뮤온중성미자 간의 변환은 10개 중 1.03개 비율로 상대방으로 바뀐다는 것을 실험을 통해 관측한 것이다.
중성미자는 태양의 핵융합이나 원자로의 핵분열 등으로 만들어진다고 알려져 있다. 하루에 수조 개가 우리 몸을 통과해도 아무런 현상이 나타나지 않을 정도로 다른 물질과 반응을 하지 않으면서 자기들끼리는 수시로 서로의 모습으로 변환한다. 그래서 유령 입자라고도 부른다.

● 소립자 액시온(Axion) 〈잃어버린 고리〉

현재의 소립자 물리학에서 초점이 되고 있는 잃어버린 고리는 액시온(axion, 게이지 이론에서 그 존재가 예상되는 가상입자. 전하 0, 스핀 0, 질량은 핵자의 1천 분의 1보다 적다고 여겨진다)이라고 불리는 소립자다. 이러한 소립자의 필요성은 소립자 물리학의 대칭성 연구에서 직접 예언된 것이다. 그것은 또한 우주론자가 필요로 하는 것과도 일치한다. 상호 작용에 포함되는 어떤 입자든 그것을 반입자로 바꾸어 놓은 상호 작용이 있다고 한다. 전자를 양전자로, 양자를 반양자로, 이런 식으로 바꾸어 놓아도 된다. 이 대칭성을 하전 공역, 또는 C로 표기한다. 거울에 비치는 것처럼 좌우를 바꾸어 놓아도 완전히 똑같은 상호작용이 생기는 대칭성을 우기상(parity) 또는 P로 표기한다. 그리고 시간의 전방향과 후방향에 똑같이 상호작용이 진행된다고 하는 대칭성을 T로 표기한다. 이 세 가지를 하나로 한 대칭성은 모든 상호작용에 대해 성립하는데 각각이 개별적으로 성립한다고는 단정할 수 없다. 그러나 강한 상호작용에서는 두 가지 변환을 같이 했을 때는 항상 대칭이다. C와 P의 각각이 파괴되는 경우라도 차이는 상쇄되고, 상호 작용은 CP 대칭성을 나타낸다.

강한 상호 작용을 설명하는 방정식에는 원래 이 대칭성이 들어가 있다.

액시온은 이제 예전의 실험으로는 찾아내지 못한다. 이것은 놀랄 일이 아니다. 이론상으로도 액시온은 뉴트리노와 마찬가지로 포착하기 어렵기 때문이다. 그러나 동시에 이론으로는 액시온은 뉴트리노보다 훨씬 보편적이고, 작지만 질량을 가지고 있을 것이다. 만약 이론이 옳다면 액시온은 빅뱅의 잔해로서 제3의 배경 복사를 형성할 것이다. 만약 액시온이 10만 분의 1전자볼트의(10^5전자볼트)의 질량을 갖고 이론상 필요한 양이 존재한다면 분명히 우주는 평탄해질 것이다. 그러나 적은 질량에도 불구하고 액시온은 작은 속도로 빅뱅에서 만들어졌다. 이 때문에 액시온은 성공한 많은 은하형성모델에 필요한 차가운 암흑 물질의 후보로서 적합하다고 보고 있다.

4. 암흑에너지

우주는 빅뱅 이래 계속해서 팽창하고 있다. 1998년 초신성을 이용해 우주 팽창의 속도를 계산한 결과 예상과는 다르게 그 팽창 속도가 점점 빨라지고 있어 과학계는 놀라움을 금치 못한 바 있다.

고전 물리학의 중력법칙에 따르면 우주는 빅뱅 이후 일정 시점까지 팽창한 뒤 점점 팽창 속도가 떨어지든가 인력으로 인해 다시 쪼그라들어야 했다. 하지만 관측 결과 오히려 우주는 더욱 빠르게 팽창하고 있었다. 이것은 인력보다 더 큰 어떤 힘이 작용한다는 것을 말해주는 것이다. 그 미지의 힘이 바로 암흑에너지란 가설이 현재시점에서는 정설로 받아들여지고 있다. 진공이란 그 말대로 아무것도 없는 공간이어야 하지만 관측 결과 그 진공의 공간에서도 어떠한 입자가 나타났다 사라지는 현상이 계속 일어나고 있음이 실험결과 관찰되었으며, 이를 진공에너지 또는 암흑에너지라고 부른다.

우주를 팽창시키는 원인에 대한 가설을 살펴보자. 아주 작은 쇠구슬을 진공상태에서 모든 물리적 힘을 제거한 상태로 두었을 때 아래로 움직이는데 이것은 쇠구슬 위쪽의 진공상태의 공간이 쇠구슬 밑쪽의 공간보다 크기 때문에 위쪽의 진공 에너지가 쇠구슬에 밑으로 힘을 가하게 되어 움직이게 된다는 것이다.

이 가설에 따르면 진공에너지가 열에너지로 바뀌면서 급속히 팽창을 하며 빅뱅이 일어났고 이때 대다수의 진공에너지는 열에너지로 바뀌어 사라졌지만 일부의 진공에너지가 남아 있어 이것이 우주를 밀어낸 것이고, 진공에너지는 기타의 다른 에너지와는 다르게 공간이 넓어질수록 에너지의 양도 늘어나기 때문에 우주가 팽창할수록 진공에너지의 양 또한 늘어나고 이 늘어난 에너지는 다시 우주를 팽창시키게 된다는 것이다.

1930년대 물리학자 프리츠 츠비키는 머리털자리 은하단에 있는 은하들의 움직임을 관측하던 중 경악을 금치 못했다. 은하들이 엄청난 속도로 움직이고 있었는데 뉴턴의 중력법칙에 따르면 이 은하는 당장에 해체되어야 했다. 유감스럽게도 300여 년 동안 우주에서 관측된 천체의 움직임을 놀랍도록 정확히 맞추고 있던 뉴턴의 중력법칙이 맞지 않는 현상이 발견된 것이다. 실제 우주는 망원경으로 보이는 것보다 수십 배나 많은 '보이지 않는' 물질이 은하를 구성하고 있었던 것이다. 이후 연구를 통해 암흑에너지의 존재와 작용이 점차 드러나고 있다.

이 암흑에너지는 우주를 이루는 구성요소(물질+에너지)의 73%를 차지하고 있으나 아직까지 그 실체는 알 수 없는 존재이다. 바로 이 암흑에너지가 우주에 존재하는 모든 물질이 가지고 있는 고유한 힘, 즉 중력을 거스르고 우주를 끊임없이 엄청난 속도로 팽창시키고 있는 것이다.

조금만 생각을 바꿔 본다면 이 거대한 우주의 운명을 총괄하고 있는 그 존재는 바로 이 암흑에너지인 것이다. 암흑물질은 그 베일이 서서히 벗겨질 것이 기대되고 있으나, 암흑에너지는 그런 기대조차 할 수 없을 만큼 초보적 연구 상태에 머물고 있어 아직까지 커다란 베일에 가려져 있다.

U.C 버클리대 솔 펄머터 교수가 이끄는 연구팀과 항공우주국 NASA의 슈밋, 리스박사가 이끄는 공동연구팀은 각각 가까운 우주부터 먼 우주에 있는 여러 초신성(갑자기 폭발해 엄청나게 밝아진 뒤 점차 사라지는 별)들이 멀어지는 속도를 관측했다.

1990년대까지는 우주가 일정한 속도로 팽창한다고 생각했기 때문에 초신성의 후퇴 속도도 일정해야 했다. 그러나 결과는 예상과 달랐다. 초신성들은 점점 빨리 멀어지고 있었던 것이다. 1998년 이 같은 결과가 발표되자 천체물리학계가 발칵 뒤집혔다. 이는 뭔지는 모르지만 우주 팽창을 가속시키는 힘을 만들어 내는 에너지가 존재한다는 뜻이기 때문이다.

2011년 이들은 업적을 인정받아 스웨덴 왕립과학아카데미가 수여하는 노벨 물리학상 수상자로 선정되었다.

그런데 이 에너지의 정체는 오늘날까지도 아직 밝혀지지 않고 있어 '암흑에너지'라고 명명된 이래 오늘에 이르고 있다.

우리나라 고등과학원 이재원 박사팀은 2007년 암흑에너지에 대한 색다른 연구결과를 내놓았는데, 암흑에너지는 우주에서 정보를 삭제할 때 압력이 에너지로 바뀌면서 중력과 반대방향 힘에서 발생하는 에너지라는 주장이다.

「정보를 삭제할 때는 늘 열이 발생한다. 즉 에너지를 필요로 한다. 이를 정보에서는 란다우어 법칙이라 부르고, 일반적으로는 엔트로피 증가의 법칙이라 한다. 컴퓨터에서 문서를 지우고, 냉장고를 차게 하면 무질서가 질서로 나아가는 것인데 총 엔트로피(무질서의 양)는 늘 증가한다는 법칙에 따라 열이 나는 것을 피할 수 없다. 우주도 팽창할 때 정보가 삭제된다. 우주가 팽창하면 우주의 지평선(관측 가능한 한계)도 확대되는데 지평선 밖에 있던 입자가 지평선 안쪽으로 포함되면 몰랐던 입자의 상태 정보를 알게 된다. 역설적으로 들리지만 입자 정보를 안다는 것은 0과 1 중 뭔지 몰랐던 디지털 정보를 모두 0으로 만들어 포맷하는 것과 마찬가지로 정보 생성이 아니라 삭제. 우주에서 정보를 삭제하는 데 쓰이는 에너지가 어디서 왔을까. 결국 압력이 에너지로 변환됐다는 게 우리 연구팀의 결론이다.

에너지를 소모할수록 압력은 음(-)의 방향(일반적인 압력과 달리 쪼그라드는 압력)으로 커지고, 이것이 바로 밀쳐내는 암흑에너지의 원천이 되는 것이다.」

이 박사는 "정보 삭제이론이 틀렸다면 5년 내에, 맞는다면 10년 내에 검증이 가능할 것"이라고 말한다.

귀 기울여 볼 만한 견해라고 판단된다. 아마 머지않아 또다시 우주에 대해 놀라게 된다면 그중 하나는 우주의 본질이 정보라는 사실이 밝혀지는 일일 것이다.

영화 〈아바타〉의 배경인 신비의 행성 판도라에선 하늘에 커다란 돌이나 섬들이 둥둥 떠다닌다.

물체를 잡아당겨 땅으로 떨어뜨리는 중력(인력)만으론 이런 현상이 불가능하다. 중력과 반대로 밀어내는 힘(척력)이 작용한다는 상상력이 있어야 가능한 장면이다.

바로 척력의 근원으로 보이는 암흑에너지의 정체가 밝혀진다면 이러한 세상을 만들 수도 있을지 모른다. 우주 전체 질량의 대부분을 차지한다고 보아도 결코 과장이 아닌 이 암흑에너지의 정체가 밝혀진다면 우리의 우주과학은 그야말로 획기적인 진보를 이룰 것이다.

5. 명상과 통찰 –우주와 나의 본질은 허공이다–

필자는 암흑물질과 암흑에너지뿐만 아니라 보통물질이라고 부르는 것까지도 모두 그 본체에는 순수의식이 자리하고 있다고 생각한다. 그 이유는 일반물질이라고 부르는 곳의 바탕인 원자조차도 핵의 크기를 태양의 크기와 같다고 할 때 그 주위를 회전하는 것으로 보이는 전자의 최내각 전자와의 거리가 해왕성까지의 거리 정도 떨어졌다고 한다. 그야말로 물질의 기반인 원자조차도 허공과 거의 유사한 것이다

그러므로 이 우주는 허공이라고 보아도 무리가 없고 이는 텅 비어 모습이 없다는 점에서 마음의 특징과 너무 유사하다.

그러면 왜 이들이 마음의 특징과 유사한지 하나하나 검토해 보자.

첫째, 물질의 기초가 되는 원자는 중량이 0인 빛의 도움이 없이는 형성될 수가 없다. 즉 현상계에서 관찰할 수 있는 생명의 단초인 원자는 빛이 있기 때문에 존재하는 것이다. 즉 빛이 없다면 원자를 구성하는 양자와 중성자 그리고 전자의 결합은 있을 수 없고 우주에는 생명은 없고 개별입자만으로 가득 찬 세상이 되어 있을 것이다. 그러므로 현재의 우주에 존재하는 생명체는 빛이 있기에 존재하는 것이다. 빛이 없다면 생명도 없다. 그러나 암흑물질은 생명의 전제가 되는 빛도 전혀 내지 않고 전하 또한 전혀 없는데도 그 속에서는 어떤 입자들이 우리가 알고 있는 물리법칙으로는 이해할 수 없는 오묘한 활동을 활발히 진행하고 있는 것이 관찰되었다. 이것은 암흑물질이 시간과 공간 그리고 빛의 속도라는 제약을 받는 표준모형의 입자와는 달리 시간과 공간의 영향도 받지 않고 빛의 속도에도 구애되지 않는 어떤 입자일 것이라는 추정을 가능하게 해준다. 만약 암흑물질의 이

입자가 물질과 상호작용이 가능하다면 관찰이 가능할 것이고, 조만간 발견될 가능성이 있는 어떤 물질일 것이다. 그들의 행동을 관찰한 한 과학자는 그 입자의 행동이 "미친개가 갑자기 어느 시점에 고양이로 바뀌는 것과 같다"라고 말할 정도로 마음대로 그 형태를 바꾸는 꼬마유령 같은 입자가 암흑물질 내의 입자다. 이 입자는 움직이는 행동이 표준모형의 중성미자의 움직임과 유사해서 중성미자가 아닌가하는 의문을 제기하고 있기도 하다. 하루 빨리 이 입자가 무엇인지 발견되기를 희망해 본다.

　암흑에너지 속의 이러한 입자의 행동은 우리가 알고 있는 마음에서 일어나는 생각의 속성이 너무나 오묘한 것과 상당히 유사하다는 인상을 지울 수가 없다.

　둘째, 지금까지 우주는 물질과 에너지로 구성되어 있다고 보아왔다. 그런데 최근 우주의 본질은 정보(bit)라는 주장이 제기되면서 많은 호응을 이끌고 있다. 이러한 주장은 우주가 바로 의식을 가지고 있는 의식체로서 정보를 생산하고 삭제할 수 있는 능력을 가지고 있다는 것을 의미한다. 정보를 삭제하거나 생산할 때 필연적으로 에너지가 발생하거나 소모된다는 점을 고려하면, 에너지는 정보변형의 다른 형태로 볼 수 있다. 또한 물질은 아인슈타인이 밝혔듯이 에너지의 다른 형태인 점이 명백하다. 그러므로 이 우주는 의식을 가지고 있는 무한정보장으로 이 무한정보장의 의식이 움직여 정보를 생산하거나 삭제하면 에너지가 발생하고 이 에너지는 일정한 조건을 만나 물질로 전환하는 일련의 과정(물론 물질도 일정한 조건을 만나면 에너지로 전환된다)이 우주의 작동방식이라고 생각할 수 있는 것이다. 논의를 보다 진전시켜 보면, 앞에서 우주의 본질은 진공이라고 했고 우주는 바로 무한 정보장이라 했으므로 진공은 필시 의식을 가지고 있는 것이다. 따라서 이 진공이 가지고 있는 순수의식의 작용이 모든 창조의 근원이라는 추론이 가능하다.

셋째, 보통물질은 암흑물질이나 암흑에너지와 달리 빛을 매개로 하여 원자를 형성하고 이들이 결합하여 눈에 보이는 물질이나 눈에는 보이지 않으나 관찰로 측정이 가능한 수소나 산소, 질소 등으로 그 형체를 드러내므로 비물질과의 연관성에 대한 연구는 거의 없었던 것이 최근까지의 경향이었다. 그러나 최근 물질의 기초를 이루는 원자의 핵과 그 주위를 회전하고 있다고 관찰된 최 내각 전자와의 거리가 태양과 해왕성 간의 거리와 같아 원자핵과 전자와의 사이에는 공간으로 가득 차 있어 원자는 사실상 99% 이상이 허공인 것이다.

넷째, 오컬트화학에서는 과학계에서 최종입자일 것으로 추정하고 있는 쿼크조차도 최종입자가 아니고 '아누'라고 부르는 최종입자 수개가 결합한 것이라는 주장을 하고 있다. 이들은 오랜 심신수련을 거치면 유체이탈을 자유롭게 할 수 있다고 하며 그 유체의 크기도 마음대로 조정할 수 있다고 한다. 그래서 최종입자를 관찰할 수 있도록 유체의 크기를 조절하여 미시세계로 들어가 관찰한 결과 굵은 3개의 선과 가느다란 7개의 선이 서로를 휘감아 엄청난 속도로 회전하는 사과모양의 최종입자, 입자라기보다는 끈의 결합 또는 파동의 결합처럼 보이는 블랙홀과 유사한 무엇을 관찰할 수 있었다고 하며 이를 '아누'라고 부르고 있다. 그런데 아누를 관찰한 관찰자의 진술에 의하면 아누는 허공에 존재하는 별도의 물질이라기보다는 허공이라는 본체에 난 구멍 같은 느낌이었다고 진술하고 있다. 참으로 의미심장한 진술이다. 필자는 이에 대한 자료를 접하면서 필자가 전작에서 주장한 허공은 미니블랙홀의 집합이라는 다소 엉뚱한 주장이 사실일 수도 있다는 단서를 얻었다.

 물론 이에 대하여는 앞으로 많은 연구와 논의가 있을 것이므로 여기서는 이 정도 언급에서 그치고자 한다. 다만, 마음의 근원이 진공이라는 추론을 따른다면 우리의 마음이 모든 것을 창조하는 능력이 있음도 쉽게 유추할 수 있다.

제3장

물질과 질량 – 나를 이 세상에 드러내는 출발점

1. 물질의 본질인 미립자의 탄생과 진화

우리 우주에는 아원자입자(미립자)들로 가득 차 있고, 이 입자들이 상호 결합하여 모든 물질의 최소단위인 원자를 구성한다고 한다. 이들 원자는 중앙에 원자핵이 있고 그 주변에 전자가 분포되어 회전하고 있는데 전자가 분포되어 있는 구역은 순수한 허공과 마찬가지이다. 원자의 크기는 전자가 분포할 수 있는 제일 바깥쪽 경계 면까지의 크기가 되는데 직경이 약 10^{-8} ㎝임에 비해 원자핵은 약 10^{-13} ㎝밖에 되지 않는다.

그런데 전자는 원자핵에 비해 워낙 질량이 적으므로 정작 실제 물질이라고 할 수 있는 부분은 원자핵뿐이고 이것은 원자 전체의 크기에 비해 길이 단위로 10만 분의 1(10^{-5}), 부피로는 1천조 분의 1(10^{-15})에 불과하다.

따라서 원자핵의 크기를 지구만 하게 만들면 아무리 가까운 다른 원자핵도 지구와 태양 사이의 거리의 거의 7배 이내에는 있을 수 없게 되므로 물체라고 하는 것들이 입자의 입장에서 보면 우리가 마치 우주공간을 바라보는 것과 비슷한 형태이며 아무리 단단해 보여도 실제로는 허공과 다를 바 없는 것이다. 한마디로 공(空)이 원자의 본질이라 해도 틀린 말이 아닌 것이다.

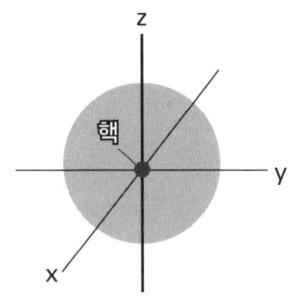

원자핵은 가장 가벼운 원소인 수소만 하나의 양성자(수소도 중성자 하나가 더해지면 중수소, 2개가 더해지면 3중수소가 된다)로 되어 있고, 나머지 모든 원소는 양성자와 중성자로 이루어져 있는데 가벼운 원소는 대개 양성자와 같은 숫자의 중성자가 원자핵을 구성하나 무거운 원소로 갈수록 중성자의 수가 많아진다.

예를 들어, 두 번째로 가벼운 원소인 헬륨은 양성자와 중성자가 각각 2개씩이고 탄소는 6개씩, 질소는 7개씩, 산소는 8개씩 등이다. 그러나 철은 양성자 26개와 중성자 30개이고, 은은 47개와 61개, 금은 79개와 118개, 납은 82개와 125개, 우라늄은 92개와 146개 등이다. 이들 원소의 화학적 성질은 모두 양성자의 수에 관계되며, 이것이 곧 그 원소의 원자번호가 된다.

그리고 각 원소의 양성자수와 중성자수를 합치면 그 원소의 원자량이 되는데 헬륨은 4, 철은 56, 우라늄은 238 등이다. 그러나 원소들이 항상 같은 수의 중성자만 가지는 것은 아니어서 예를 들어 헬륨-3은 양성자는 2개이나 중성자는 1개로 원자량이 3이고, 산소-17은 양성자는 8개이나 중성자는 9개로 원자량이 17이다. 또 우라늄-235는 양성자는 92개이나 중성자는 143개로서 원자량이 235인데 이런 원소들을 동위원소라고 하며 동위원소들은 원소에 따라 여러 개가 있어 주석과 같은 원소들은 동위원소들을 10가지나 가지고 있다.

그러면 원자는 무엇으로 구성되어 있을까?

모든 원자들은 중성자의 수에는 관계없이 양성자, 즉 원자번호와 똑같은 수의 전자를 가져 전기적으로 중성이 된다.

그렇다면 중성자 없이도 똑같은 값을 갖는데 왜 중성자가 필요한 것일까? 중성자는 전하가 0이다. 0이란 이 우주를 창조한 순수의식(신)의 본질이다. 바로 양(+)전하를 가진 양성자와 음(−)전하를 가진 전자가 태어난 본바탕이기에 이 둘 사이의 조정자 역할을 하기 위해 존재하는 것이다. 얼마나 놀라운가! 여기에도 '3'이라는 숫자가 존재한다. 생명창조에는 0과 +1과 −1이 시작점이다. '+1−1=0'이 아니던가! 바로 절대계의 에너지양이 0이듯이 상대계인 현상계의 에너지도 '+1−1=0'인 것이다. 바로 대칭성의 원칙이 지켜지고 있는 것이 바로 이 우주이다.

자, 그러면 보다 깊은 지식축적을 위해 앞으로 더 나아가 보기로 하자.

물질들을 이루고 있는 양성자와 중성자, 그리고 전자와 같은 입자들을 물질입자라고 한다. 그리고 이런 입자들은 각 운동량과 관계되는 고유스핀이라는 값을 가지는데 물질입자들의 고유스핀은 어떤 특정 값의 반 홀수배, 즉 1/2배, 3/2배, 5/2배 등이며 이런 입자들을 페르미온(fermion)이라고 한다.

또 전자는 더 이상 나눌 수 없는 기본입자이지만 양성자와 중성자는 각각 3개씩의 쿼크로 이루어져 있다. 이들 중 양성자와 전자는 매우 안정된 입자이며, 중성자 역시 원자핵 내에서는 매우 안정적이나 독립적인 중성자는 900초 이내에 하나의 양성자와 전자, 그리고 중성미자로 붕괴된다.

물질의 기본적인 구성입자는 6가지의 쿼크(quack)와 6개의 경입자(렙톤) 등 모두 12가지의 소립자이다.

6개의 쿼크는 각각 업, 다운, 참, 스트레인지, 톱, 바텀이라고 구분하는데 이를 맛(향)이라고 하며, 경입자는 전자, 뮤온, 타우, 전자중성미자, 뮤온중성미자, 타우중성미자의 6가지이다. 그러나 이들은 모두 반입자를 가지기 때문에 기본입자가 실제로는 24가지가 된다. 쿼크는 전하를 가지는데 업, 참, 톱의 전하는 +2/3e이고 다운, 스트레인지, 바텀의 전하는 −1/3e이며 스핀은 모두 1/2이다. 쿼크는 또 세 가지 종류의 성질 중 한 가지를 가지는데 성질 자체를 색(色)이라고 하며 세 가지 성질에는 각각 빛의 삼원색인 빨강, 초록, 파랑이라는 이름이 붙어 있다.

양성자나 중성자는 3개의 쿼크가 강력에 의해 결합된 것으로서 이러한 입자를 중입자(바리온)라고 하며 그 외에 2개의 쿼크가 강력에 의해 결합된 입자를 중간자(메존)라고 한다. 그리고 강력에 의해 결합된 이런 입자들을 통틀어 강입자(하드론)라고 하며 이에 대하여 경입자들을 약입자라고도 한다.

양성자와 중성자를 만드는 데 쓰이는 쿼크는 6가지 중 업과 다운 두 가지뿐이다. 즉 업 2개와 다운 1개가 결합되면 전하가 +e인 양성자가 되고 업 1개와 다운 2개가 결합되면 전기적으로 중성인 중성자가 되는 것이다.

그런데 쿼크는 색을 가진 채로 독자적으로 존재할 수는 없고 반드시 다른 쿼크와 결합하여 색이 없는 상태로만 존재할 수 있으며, 강력은 색이 다른 입자 사이에만 작용하기 때문에 양성자나 중성자를 이루는 쿼크는 세 가지 색 중 각각 다른 한 가지 색을 가져야 한다. 이를 밝힌 이론이 양자색역학이다.

그러나 중간자는 2개의 쿼크로 만들어지기 때문에 쿼크끼리만으로는 이러한 조건을 만족시킬 수 없다. 따라서 중간자는 쿼크와 그의 보색을 가지는 반 쿼크를 결합시켜 이러한 조건을 만족시킨다.

중간자 중 가장 중요한 파이중간자의 경우 업 쿼크와 반 업 쿼크, 다운쿼크와 반 다운쿼크가 결합되면 전기적으로 중성인 π중간자가 되지만 업 쿼크와 반 다운쿼크가 결합되면 전하가 +e인 π+중간자, 다운쿼크와 반 업 쿼크가 결합되면 전하가 −e인 π−중간자가 된다.

결국 우주공간을 채우고 있는 모든 물질은 두 가지의 쿼크와 전자 등 단 3가지의 경입자로 만들어져 있으며, 다른 입자들은 강입자나 약입자들을 막론하고 대부분 빅뱅과 같은 아주 극한적인 상황에서만 존재한다.

그런데 이들 반 홀수배의 고유스핀을 가지는 물질입자들은 다수의 입자를 포함하는 계에서 2개 이상의 입자가 같은 양자상태를 취할 수 없음이 밝혀졌다. 예를 들어 원자 내에서 하나의 양자궤도(오비탈)에는 똑같은 양자 상태의 전자가 2개 들어갈 수 없기 때문에 반드시 반대 스핀을 가지는 2개의 전자만이 존재할 수 있다는 원리로 이는 크기가 거의 0 상태인 점입자도 한 방에 무한수가 들어갈 수가 있는 것이 아니라 그 수에는 제한이 있다는 의미이다. 이것을 발견자인 파울리의 이름을 따서 파울리의 배타원리(Paulis Exclu-sion Principle)라고 부른다.

2. 질량, 나를 이 세상에 드러내는 시작

2.1. 개관

빅뱅과 함께 대칭성이 깨지면서 물질에 질량(중력질량)이 부여됐다고 보는 것이 과학계의 일반적인 생각이다. 질량이 없으면 중력 작용에서 구분이 없기 때문에 중력이 존재한다는 것을 알 수 없다.

바로 빅뱅 이전 고에너지, 저면적, 고밀도를 그 특징으로 하는 초미시세계(이를 절대계라는 개념으로 보아도 무리가 없을 것이다)에서는 중력이 존재할 근거가 사라지는 것이다. 그러나 빅뱅에 따라 저에너지, 거대면적, 저밀도를 그 특징으로 하는 거시세계(이는 물질세계이자 상대계이다)에서는 자발적 대칭성 깨짐과 동시에 모든 물질에 질량이 부여됨으로서 중력이 나타나게 되는 것이다.

그러면 질량이란 그 본질이 무엇일까?

필자는 질량이란 백지상태의 무차별의 세계인 절대계가 빅뱅으로 인하여 백지에 그림이 그려진 상태, 바로 차별의 세계인 상대계로 나타나면서 (이를 창조라 부를 수 있을 것이다) '한계지음(즉 이를 구별 또는 구분, 분별이라 할 수 있다)'의 수단으로 나타나는 필연적 현상으로 보고 있다.

질량이 없으면 물질은 구분할 수 없고 관측될 수도 없다. 그렇기에 질량이야 말로 중력과 같은 말이라고 보아도 무리가 없다고 판단되며, 바로 질량이란 '한계지음'의 시작인 것이다. 숨겨진 것은 구별의 필요성이 없다. 모든 것이 하나로 융합되어 있기 때문이다. 그러나 돌돌 뭉쳐지고 압축되어 있던 것이 어느 계기로 펼쳐지고 확장될 때(바로 이 세상에 현현되어 나타날 때) 비로소 각각 그 역할을 부여받게 되는 것이라 할 수 있다. 예를 들어 씨앗은 그 속에 나무의 종류와 꽃의 모습, 열매, 수명 기타 필요한 모든 것을 품고 있으나 구별되지 않는 하나로 존재한다. 그렇게 움츠리고 기다리다가 적합한 성장환경을 만나면 씨앗을 발아시켜 씨앗 속에 감춰진 수만 가지 성질을 이 땅 위에 펼쳐 놓는 것이다. 바로 숨겨졌던 절대계가 상대계로 펼쳐져 현현(顯現)하는 것이다. 물론 동물의 경우도 질량이 거의 없는 정자와 난자가 만나 배아를 시작하면, 질량이 거의 없는 씨앗이 질량이 있는 식물이 되듯이 질량이 있는 동물이 되어 비로소 이 세상에 나를 드러내게 되는 것이다.

자, 우선 물리학에서 사용하는 질량의 일반적인 개념들을 살펴보자.

질량은 보통 3종류로 나뉜다. 그 하나는 정지나 움직임을 계속하고자 하는 관성에 의해 유발되는 관성질량이고, 또 하나는 우리가 보통 무게라고 말하는 중력에 의한 중력질량(무게)이며, 세 번째는 물질이 멈춘 상태에서의 질량인 정지질량이다.

2.2. 명상과 통찰

학계에서 일반적으로 인정되고 있는 힉스메커니즘을 받아들인다 해도 정상적인 물질의 질량을 거의 설명하지 못한다는 결점이 있다. 정상적인 물질의 질량은 원자중심부의 단단한 덩어리인 양성자와 중성자라는 입자에 99.9%가 담겨 있다. 그런데 양성자와 중성자는 쿼크로 이루어져 있으며 이들의 질량은 양성자와 중성자 질량의 극히 작은 부분을 차지하고 있다. 놀랍게도 나머지 대부분의 질량은 쿼크를 양성자와 중성자 안에 묶어 두는 역할을 하는 접착자인 글루온으로부터 나오는 것이다.

나의 질량 대부분이 우리 신체를 구성하는 근본 입자들로부터 오는 것이 아니라, 구성입자들을 서로 붙어 있게 만드는 접착제로부터 온다니 기이하지 않은가?

그렇지만 접착제인 글루온의 질량은 0이다. 도대체 나머지 질량은 어디에서 온다는 말일까?

쿼크와 글루온 사이의 색력장(色力場)은 전자기력보다 비교할 수 없이 강한 에너지를 갖고 있다는 점에서 전자기력에 의한 힘이 아니라 주변 환경과의 관계맺음에 의해 발생한 에너지(중력질량)가 쿼크의 질량을 제외한 나머지 질량의 비밀이라고 봄이 합리적이다.

왜냐하면 접착자의 질량은 0이고, 양성자를 구성하는 쿼크의 질량은 거의 무시할 정도라면 관계맺음에 의하여 발생한 시너지효과가 질량을 가지게 되는 비밀이라고 보이기 때문이다.

필자는 물리학자는 아니지만 중력이란 힉스입자처럼 질량을 부여하는 특별한 입자가 있다고 보는 견해보다는 입자와 입자 사이, 물질과 물질 사이의 관계맺음의 정도에 의하여 발생하는 힘이라고 보는 견해가 보다 합리적이라는 생각이 든다. 2013년에 LHC에서 입자가속기 실험결과 힉스입자로 추정되는 입자가 발견되었다고 하여 표준모형이 완성된 것처럼 떠들썩한 바 있었으나 2016년에는 LHC에서 힉스입자보다 6배 무거운 새로운 입자를 발견하였다고 발표하면서 "과연 힉스입자가 중량을 부여하는 입자인가"라는 의구심이 다시 고개를 들고 있다. 물론 초 끈 이론학자들은 힉스입자의 존재자체를 부정하는 입장이고 필자는 이 입장에 수긍하는 편이다. 그래서 필자는 중력이란 순수의식이 스스로 나를 알려는 욕구를 분출(빅뱅)시키면서 한계지음이라는 수단을 통해 나를 증명하려는 '충동' 그 자체가 아닌가 하는 생각을 한다. 만약 향후 힉스입자의 존재가 부정되면 표준모형은 그 존재기반을 잃게 되고 물리학 교과서는 새로 쓰여야 할 것이다.

● **질량의 종류**

1) 관성질량

관성질량(m')은 힘의 크기에 비례하고 가속도에 반비례한다($m'=F/a$). 관성질량은 물질을 구성하는 근본 입자와 양자진공에서 부글부글 끓어 오르는 가상입자 사이의 상호작용에서 비롯된 것이다. 정말 근본적인 것은 양자진공이며, 질량이 다양한 모습을 띠는 것은 어떻게 측정되느냐에 따라 다른 얼굴을 드러내는 것일 뿐이다.

2) 중력질량

일반적으로 무게라 불리는 중력질량(m)은 힘의 크기에 비례하고 중력의 크기에 반비례한다($m=F/g$). 관성질량과 중력질량은 관찰결과 항상 일치하는 것으로 밝혀졌다. 즉 가속도란 중력의 다른 표현인 것이다. 이런 점에서 보면 질량은 중력에 의하여 발생되는 현상으로 보인다.

약력, 강력, 전자기장의 힘의 운반자는 광자이다. 글루온이라 불리는 이 접합자는 질량이 0인데도 불구하고 이 접합자에 의하여 엄청난 힘이 생겨나는 것이다. 이러한 현상을 자세히 들여다보면 미시적 수준에서 양자 진공과 물질의 구성입자 사이의 상호작용을 통해 진공의 가상입자와 물질의 쿼크나 전자 사이에 광자가 교환되는 현상이 질량을 만들어내는 것이 아닐까 하는 생각이 든다.

즉 정보와 정보 사이에 관계를 맺는 매듭은 광자가 매개해 주어야 서로 만나는 '결절점(結節點)'이 형성되고 수많은 이 결절점 형성과정에서 발생한 에너지는 통합되어 중력이라는 하나의 작용으로 나타나는 것이 아닐까 하는 생각이 든다. 만약 이러한 현상을 인정한다면 우주에 존재하는 모든 것의 실체는 오직 '관계(關係, with)'라는 한마디로 정의 내릴 수 있을 것이다.

3) 정지질량

아인슈타인의 방정식 $E=Mc^2$의 M에 해당하는 질량에너지를 뜻하는 정지질량의 기원에 대해 알아보자.

자연은 대칭성을 선호한다. 모든 근본적인 자연법칙은 세상의 밑바닥에 놓인 대칭성의 발현에 불과한 것으로 여겨진다. 대칭성이란 추상적으로든 구체적으로든 보는 관점이 바뀌어도 법칙은 달라지지 않는 특징을 뜻한다. 대칭성이 가장 강하게 나타나는 곳은 허공이다. 허공은 0을 뜻하므로 결국 우주는 공(空)에서 시작되었음을 뜻하는 것이다. 물론 오늘날 세상에서는 자연의 대칭성이 흠으로 다소 깨졌다. 그럼에도 불구하고 물리학자들은 빅뱅이라는 타는 듯이 뜨거운 불덩이 안에서는 대칭성이 권력을 휘둘렀다고 믿고 있다.

이러한 믿음의 증거는 높은 온도에서는 구조가 보다 단순해진다는(보다 대칭적이라는 말이다) 관측 결과에 있다. 가령 얼음은 여기저기 거품이나 금, 틈이 있으나 물은 이러한 불규칙성이 사라진다. 온도가 올라갈수록 보다 대칭적이 되는 것이다.

우주에는 네 가지 힘이 존재한다. 이 힘들은 빅뱅 최초의 순간처럼 극도로 높은 온도에서는 중력을 제외한 모든 힘들이 하나의 힘으로 융합되는 것이 CERN의 실험결과 밝혀졌다. 그러나 핵력과 전자기력이 하나의 힘으로 합쳐지려면 입자들의 질량이 0이어야 하며, 따라서 빅뱅 시에는 모든 입자는 질량을 가지고 있지 않았을 것으로 추정하고 있다. 그런데 현상계에서 입자들은 질량을 가지고 있어 무엇이 이들이 질량을 갖게 만든 변수인가가 초미의 관심사였고, 이 변수를 제안자인 힉스의 이름을 따 힉스입자(또는 힉스장(場))라고 부르고 있는 것이다. 즉 힉스장은 입자에 질량을 부여한다고 알려져 있으며, 이에 의해 부여된 질량을 '정지질량'이라고 부른다. 입자는 운동을 함으로서 정지질량보다 높은 질량을 갖게 된다. 흥미롭게도 광자(빛의 입자)는 유일하게 정지질량이 0인 입자이다. 그렇기 때문에 빛은 가만히 서 있을 수가 없다. 따라서 빛은 광속으로 움직이게끔 만들어져 있으며, 떨기운동(파동운동)으로 에너지 즉 정지질량을 얻는다. 빛은 전체에너지가 운동에너지인 것이다.

제4장

다른 나 – 반물질의 존재

1. 우주의 모든 물질이 반대 짝을 가지고 있다

댄 브라운의 소설을 토대로 만들어진 영화 〈천사와 악마〉에서 바티칸 궁전을 폭파하기 위해 '반물질(反物質, antimatter)'을 사용하는 장면이 나온다. 그동안 반물질을 연구해 오던 유럽입자물리연구소 CERN는 '반수소' 원자를 1,000초(17분) 동안 포착하는 데 성공했다고 2011. 5월 세계적 권위의 물리학 전문지 〈네이처 피직스〉를 통해서 발표했다. 이 연구소는 이러한 발표 불과 6개월 전에 반물질을 불과 몇 초만 잡아두는 데 성공했을 뿐이어서 대단히 빠른 진척이라 볼 수 있는 것이다.

자, 그렇다면 반물질 혹은 반수소는 과연 무엇인가?

우리 주위에 존재하는 물질은 주기율표에 나오는 여러 원소들, 즉 원자들로 구성돼 있다. 원자는 다시 핵과 전자로 이뤄져 있고 핵을 더 자세히 들여다보면 양성자와 중성자로 채워져 있다.

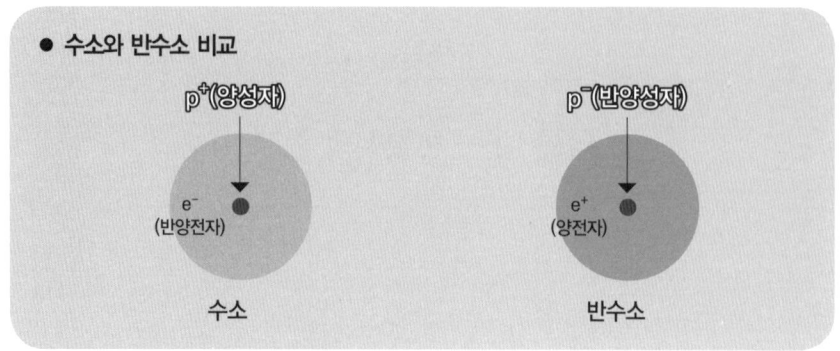

그런데 양성자와 중성자속에는 쿼크라는 아주 작은 입자가 들어 있다. 이 소립자의 성질을 연구한 결과 우주 생성 당시에는 '입자'와 '반입자'가 똑같이 존재했음을 알게 됐다. 쿼크의 반입자로 결합된 '반양성자'와 '반중성자'가 핵을 이루고 그 주위에 전자의 반입자인 '양전자'가 붙으면 '반원자'가 된다.

예를 들어 가장 간단한 원소인 수소 원자는 하나의 양성자와 하나의 전자로 구성된다. 여기서 양성자 대신 반양성자가 핵이 되고 전자 대신 양전자가 주위에 결합하면 반수소 원자가 된다. 이와 마찬가지로 여러 원소의 핵 속이 반양성자와 반중성자로 채워지고 주위의 전자를 양전자가 대신하면 반원자들이 되며 반물질을 구성하는 원소가 되는 셈이다. 그렇다면 반입자는 또 무엇인가? 쿼크와 같은 소립자와 똑같은 질량을 갖지만 반대 전기를 띤 입자를 말한다. 즉 세상 만물에 '음양(陰陽)'이 있다는 걸로 이해하면 된다. 마치 남자와 여자가 존재하는 것처럼 말이다. 그런데 입자와 반입자가 서로 만나면 빛으로 변하면서 그들의 질량이 모두 에너지로 변하는 특징을 가진다. 물질과 반물질이 합쳐져 소멸되면 핵분열이나 핵융합 반응에서 생성되는 에너지보다 훨씬 더 큰 에너지를 얻을 수 있다는 얘기다.

그러므로 반물질을 만들어 오랫동안 잘 보관할 수 있는 기술이 개발된다면 원자력발전소를 대체하는 새로운 에너지가 될 수도 있다.

137억 년 전 대폭발과 함께 우주가 한 점에서 탄생했던 당시에는 소립자들만의 세상이었다. 우주가 팽창하면서 소립자들 간의 상호작용으로 결합을 통해 물질을 만들기 시작했다. 가속기를 사용해 소립자의 성질을 연구한 결과 당시 우리 은하계에는 물질과 반물질이 똑같이 존재했다가 그 균형이 깨지면서 갑자기 반물질이 어디론가 모두 사라져 현재는 물질만이 존재하는 세상이 됐다는 것을 알아냈다. 만약 당시에 반물질이 사라지지 않았다면 우주가 팽창하면서 모든 물질과 반물질이 만나 소멸해 우주 공간은 빛으로만 가득 찬 세상이 됐을 것이다. 하지만 어느 순간 반물질들은 사라지고 물질만 남게 됨으로써 인간과 같은 생명이 탄생한 것이다.

과학자들은 우주 어딘가에 반물질로만 이뤄진 별이나 은하계가 존재하며, 반물질의 특성을 규명하면 이 같은 우주 진화의 수수께끼를 풀 수 있을 것으로 기대하고 있다.

2011. 6월 CERN 알파 연구팀은 LHC의 일부인 반양성자감속기(AD)를 이용해 감속시킨 반양자 1만 5,000개를 강력한 자기장 속에 가둬두고, 양전자와 결합시켰다. 그 결과 반수소 원자 6,000개가 만들어졌는데, 이들 중 일부가 1,000초간 쌍소멸하지 않고 버텼다는 것이다. 우리나라 기초기술연구회 이사장을 역임한 민동필 박사는 "10억 분의 1초 만에 사라지기도 하는 반물질을 1,000초나 잡아둔 것은 대단한 진보"라며 "이를 이용해 앞으로 다양한 반물질 실험을 할 수 있게 됐다. 뉴턴이 사과가 떨어지는 것을 보고 중력을 발견했다고 하듯, 새로운 현상을 발견할 수 있는 가능성이 열렸다는 점에서 대단히 의미 있는 결과"라고 평가했다.

이보다 두 달 후인 2011. 08월에는 이탈리아-러시아 연구팀에 의해서 실험실이 아니라 실제 "지구 1만㎞ 상공에 반물질(反物質, anti-matter) 띠가 존재한다."는 사실이 발표되었다. 이보다 수년전인 2006년, 러시아 인공위성에 실려 발사된 우주선(宇宙線, cosmic rays) 관측 장비 파멜라(PAMELA)의 연구팀은 지구의 밴앨런대(帶 - 지구 주위를 도넛 모양으로 둘러싸고 있는 입자 무리) 내층(지상 약 100~1만㎞)과 외층(지상 약 1만 3,000~6만㎞) 사이에서 정상적인 수준보다 수천 배나 많은 반양성자를 발견했다고 발표한 바 있는데 이것도 반물질의 존재를 시사하는 발견이다.

그런데 다량의 반양성자가 쌍소멸을 피해 존재한다는 것은 기존 상식을 뒤집는 것으로 논란이 된 바 있다. 이 연구를 주도한 이탈리아 바리대학의 알레산드로 브루노 교수는 이와 관련해 "고도가 수백㎞ 이상 되면 쌍소멸률(雙燒滅率)이 낮아져 반양성자가 대량 존재할 수 있다."고 말한다. 그는 또 이 반물질들이 "지구 가까이에 있는 가장 풍부한 반물질 자원"이라며 "미래 우주선의 연료로 쓰일 수도 있을 것"이라고 주장한 바 있다. 반입자들은 쌍소멸하는 것이 일반적인데 이때 방출되는 에너지는 반물질 1g당 약 2,500만kWh에 달하는 엄청난 량인 것으로 알려져 있다.

이 때문에 반물질은 공상 과학(SF)소설·영화 등에서 우주선 엔진 연료로 자주 등장해 왔던 것이다.

앞으로 반물질을 이용할 수 있는 날이 올 것이고, 이는 획기적으로 세상을 변화시키게 될 것이다.

2. 또 다른 '나'는 존재하는가?

물리학 법칙에 따라 입자가 존재한다면 반입자도 존재하여야 한다. 그러나 물질과 반물질은 서로 만나 순식간에 쌍소멸로 사라지면서 에너지로 변환되는 것이 일반적이다. 그런데 우리 우주는 빅뱅을 통해 반입자들이 사라지고 입자만 남아 오늘날의 물질계를 형성한 것이다.

이런 이유로 많은 과학자들이 반입자를 찾는 작업에 동참하여 일부 성과를 올리고 있는데 다중우주 및 평행우주론을 믿는 일군의 과학자들은 또 다른 나(전하의 성분이 반대인 나)의 존재도 있을 수 있다는 주장을 하고 있다.

즉, 다중우주 중 어느 곳에는 나와 모든 것이 동일하고 전하만 다른 짝이 존재할 수 있다는 것이다. 허무맹랑한 이야기로 들릴 수도 있으나 점차 지지층을 넓히고 있어 향후 연구결과가 주목된다.

입자가 있다면 반입자가 존재할 수 있다는 주장에 따르면 우리 은하계는 아닐지 모르나 다른 은하계나 미시세계 어디인가에는 다른 나가 살고 있을지도 모를 일이다.

영성학계에서는 '수호령'이 존재한다고 주장하면서 이 수호령이 보이지 않는 곳에서 나를 도와준다고 믿는데 이 수호령이 아마 나의 반대짝이 아닐까?

제5장

우주와 나를 움직이는 힘(동력)

1. 힘이란 무엇인가?

석유나 석탄 등 지구에 매장되어 있는 천연에너지 자원의 형성과정을 짚어보자. 태초에 영적에너지(태초의 생각)인 순수의식이 '아하' 하는 순간 빅뱅이 일어나 미립자, 원자, 분자, 세포, 태양과 지구와 같은 항성과 행성들 그리고 은하계를 만들었으며 종국에는 생명을 창조하였다. 이는 잠재에너지이자 무한정보장이었던 절대계('신'이라 부를 수도 있을 것이다)가 "나는 누구인가(Who am I)?"라는 질문을 던지면서 빅뱅을 통해 활동에너지로 분출되면서 이 우주의 창조과정이 시작된 것임을 의미한다(예로서 '나무'라는 이념으로 응축되어 잠재되어 있던 힘이 발산되어 활동을 시작하여 활성에너지로 변화가 진행되는 과정이다). 이때 형성된 지구에는 양(+)성질을 띤 태양에너지인 빛과 음(−)의 성질을 띤 지구에너지인 지구환경변화가 일어나 이들의 상호작용이 생명에너지(나무)를 창조하였다. 이렇게 창조된 생명에너지는 지구환경의 급속한 변화에 따라 지각 밑으로 들어가 잠재에너지(석유, 석탄)가 되어 잠들어 있다가 인간이라는 매개체(열을 가하는 단초(Anker))를 만나 채취되어 열에너지(통합에너지가 세부적 종류의 힘으로 전환되는 방식)가 되어 그 역할을 마치고 나면 다시 영적에너지상태로 돌아가는 순환과정을 밟는다. 즉 에너지는 응축(구심력, 접혀진 계, 절대계)과 팽창(원심력, 펼쳐진 계, 상대계) 사이의 전환과정을 통해 변화를 계속하는 것이다. 이것은 에너지도 바로 본질은 '순수의식'임을 의미하는 것이다.

그러므로 이 세상에 존재하는 무생물이든 생명체이든 모두 순수의식을 가진 에너지체로 볼 수 있기 때문에 이들은 모두 우주에 존재하는 네 가지 힘과 상호 영향을 주고받으면서 그 순환을 지속하고 있는 것이다.

과거 반세기 동안 과학자들은 우주를 구성하고 있는 힘에는 크게 네 가지가 있음을 밝혀내고 이를 '표준모형'이라고 명명하였는데 이들 힘은 강한 핵력과 약한 핵력, 전자기력과 중력이다.

이 네 가지 힘들은 그 작용과 파워 면에서 서로 판이하게 다르다. 인간은 황인과 백인과 흑인이 있지만 피부 색깔을 제외한 다른 면에서 거의 유사하다. 그래서 같은 동족인 '인간'의 부류에 속한다. 그런데 우주를 구성하는 네 가지 힘은 놀랍게도 제각각이다. 과학자들은 네 가지 힘이 왜 이렇게 판이하게 다른가 하는 의문을 해결하기 위해 반세기나 연구해 왔다. 즉, 네 가지 힘을 통합하기 위한 방정식을 만들기 위해 많은 시간과 정력을 기울여왔다.

이 방정식을 '통일장이론'이라고 한다. 한마디로 지금의 문명을 한 단계 상승시켜 새로운 문명으로 전환할 수 있는 꿈의 방정식인 것이다. 그러나 아쉽게도 20세기의 위대한 과학 지성들의 시도는 모두 실패로 끝났다.

그렇다면 21세기에는 이들 힘들이 통합될 것인가?

강한 핵력	약한 핵력	전자기력	중력

2. 모든 힘의 어머니인 중력

모든 물체들 사이에 작용하는 만유인력이 중력이다. 현재까지 알려진 4가지 종류의 근본적인 힘들(중력, 전자기력, 강한 핵력, 약한 핵력) 가운데서 가장 약하기 때문에 일상생활에서 접하는 물질들의 구조를 결정하는 데는 아무런 역할도 하지 않으나 만유인력의 특성과 먼 거리까지 작용하는 특성으로 인해 물체가 커질수록 강해진다. 따라서 중력은 지상에서의 물체의 운동이나 태양계 내의 행성의 운동 등을 결정할 뿐 아니라 별, 은하, 더 나아가 우주 전체와 같은 거시적인 물체들의 구조를 결정하는 데 가장 중요한 역할을 한다.

이러한 현상들을 지배하는 중력법칙을 현재와 같은 형태로 발전시키는 데 가장 중요한 공헌을 한 사람들로 뉴턴과 아인슈타인을 꼽을 수 있다.

뉴턴의 중력 이론은 그의 저서 《프린키피아(Principia)》가 출판된 1687년부터 20세기 초 아인슈타인에 의해 현대적인 중력장 이론인 일반상대성 이론이 만들어질 때까지 수많은 중력현상들을 기술하는 가장 훌륭한 이론이었고 현재에도 관측 가능한 거의 모든 중력현상들에 있어서 아인슈타인 이론과 아주 작은 차이만을 보인다. 그러나 아인슈타인의 이론은 뉴턴 이론과 근본적으로 다른 시간 및 공간개념들을 포함하고 있으며 현대인의 물리학적 사고에 지대한 영향을 끼쳤다.

뉴턴의 발견 이전까지 사람들은 천체의 움직임과 지구 위에서 물체의 운동이 근본적으로 같은 종류의 힘에 의해서 지배받는다는 사실을 알지 못했다. 예를 들어 아리스토텔레스는 천체의 운동은 아무런 힘이 작용하지 않는 상태의 가장 자연스러운 운동이라 생각했으며 이는 물체 간에 작용하는 힘은 반드시 접촉에 의해서만 생긴다는 당시의 생각을 반영하고 있다. 힘과 운동에 관한 이러한 고정관념은 그 후 오랫동안 유지되어 왔으며 올바른 운동 원리의 발견과 중력의 이해에 장애요소가 되어 왔다. 그러나 16세기와 17세기 초의 몇 가지 발견들은 뉴턴의 중력 이론에 밑거름이 되었다.

17세기 독일의 천문학자 요하네스 케플러는 행성들이 지구가 태양을 중심으로 돈다는 코페르니쿠스의 학설을 바탕으로 덴마크의 천문학자인 스승 티코 브라헤의 행성운동에 관한 방대한 관측 자료를 분석하여 다음과 같은 3가지 사실을 알아냈다(케플러의 행성운동법칙).

첫째, 모든 행성들은 태양을 하나의 초점으로 하는 타원궤도를 따라 움직인다.

둘째, 행성과 태양을 잇는 직선이 주어진 시간 동안 지나는 궤도상의 면적은 행성의 위치에 무관하다.

셋째, 행성이 궤도를 1바퀴 도는 데 걸리는 시간의 제곱은 태양으로부터의 평균거리의 세제곱에 비례한다.

거의 같은 기간에 이탈리아의 물리학자이자 천문학자인 갈릴레오는 지상에서의 물체운동을 이해하는 데 중요한 공헌을 했다. 그는 힘을 받지 않는 물체는 등속운동을 하며 물체를 가속시키기 위해서는 반드시 힘이 작용해야 한다는 사실을 밝혔다. 또한 자유낙하 실험을 통해 지구상의 모든 물체는 물체의 구조와 크기에 관계없이 같은 가속도로 낙하한다는 사실을 밝혔다. 자유낙하를 하는 모든 물체의 속도는 매초 $9.8\,\text{m/s}$만큼 증가한다.

뉴턴은 처음으로 달과 같은 천체의 운동이 지상에 있는 물체의 운동과 같은 원리로 설명될 수 있음을 발견했다. 즉 관성법칙(물체의 속력의 크기나 방향을 변화시키기 위해서는 힘이 필요함)에 따르면 달이 직선운동이 아니라 지구를 중심으로 원운동을 하기 위해서는 지구와 달 사이에 인력이 작용해야 한다는 사실을 알아냈다. 그는 곧 이 힘이 지구상의 물체에 작용하는 힘과 같을 수 있다는 생각에 도달했고 모든 물체 사이에는 접촉에 의한 힘이 아닌 만유인력이 작용한다고 가정했다.

앞에서 설명한 케플러의 3번째 결과와 일치하기 위해서는, 가속도는 반지름의 제곱에 반비례해야 함을 알 수 있다. 또한 갈릴레오의 실험결과(즉 지구상의 모든 물체는 자유낙하 시 질량에 관계없이 같은 가속을 받는다는 사실)와 비교하면 두 물체 사이에 작용하는 만유인력은 두 물체의 질량의 곱에 비례해야 함을 알 수 있다.

물체의 무게는 물체에 작용하는 중력의 크기로 정의된다. 따라서 무게는 질량과는 다른 개념이며 측정하는 장소에 따라 다른 값을 갖는다. 예를 들어 같은 질량을 갖는 물체의 달에서의 무게는 지구에서의 무게의 약 1/6 정도이다. 또한 궤도상을 돌고 있는 인공위성 속에서는 모든 물체들이 아무런 무게도 갖지 않는다.

뉴턴의 법칙을 가정하면 많은 사실들을 유도해낼 수 있다. 실제로 뉴턴은 케플러가 자료 분석에 의해 발견한 3개의 법칙이 모두 그의 만유인력법칙으로부터 유도될 수 있음을 보였고 태양의 질량과 목성의 질량을 산출했으며 그밖에도 많은 행성들에 관한 사실들을 알아냈다. 또한 오랫동안 신비하게만 여겨졌던 조력현상이 주로 달에 의한 중력의 결과임도 밝혀냈다.

정밀한 관측결과에 따르면 행성들은 케플러의 법칙을 정확히 따르지는 않는다. 그 이유는 주로 행성에 태양의 중력만이 작용하는 것이 아니라 주변의 다른 행성들에 의한 중력도 함께 작용하기 때문이다. 그러나 주변의 행성에 의한 섭동까지도 고려하면 뉴턴 이론에 의한 계산결과는 실제 행성

궤도와 거의 일치한다. 역사적으로 볼 때 여기에는 중요한 예외가 하나 있었다. 당시의 관측결과에 따르면 태양으로부터 7번째 행성인 천왕성의 경우 실제궤도가 그 주변의 행성에 의한 섭동효과를 고려한 계산결과와 충분히 일치하지 않았다. 그러나 이 상황은 뉴턴 이론의 부정이 아니라 새로운 발견으로 이어졌다. 2명의 19세기 천문학자, 즉 영국의 애덤스와 프랑스의 르 베리에는 독자적으로 그 이유가 아직 관측되지 않은 8번째 행성이 존재하기 때문이라는 가설을 제안했다. 그들은 역으로 실제 관측결과로부터 이 새로운 행성이 존재해야 할 위치를 계산했고 1846년 그 근처에서 당시 새로운 행성, 즉 해왕성을 발견했다. 이는 뉴턴 이론의 우수성을 보여주는 극적인 예이다.

그 후에도 쌍성의 운동, 은하계 안에서의 별들의 운동, 그리고 은하 자체의 운동 등 수많은 연구와 관측이 행해졌으며 그 결과들은 모두 뉴턴의 중력법칙이 적어도 우주의 관측 가능한 영역에서 중력의 작용을 거의 정확하게 기술했다는 사실을 보여주고 있다. 태양계의 가장 안쪽에 위치하는 수성의 경우 천문학자들은 타원형 수성궤도의 장축이 주변의 행성에 의한 섭동효과에 의해 설명될 수 있는 정도보다 2배가량 빠르게 궤도면을 회전한다는 사실을 발견했다. 그러나 이 경우에는 그 주변에 아무런 새로운 행성이 발견되지 않았다. 따라서 뉴턴 이론은 경우에 따라 약간의 수정이 필요하며 결국 아인슈타인의 중력이론인 일반상대성이론에 의해 해결되었다.

뉴턴 이론에서는 떨어져 있는 두 물체 사이에 순간적으로 힘이 작용한다. 즉 한 물체가 움직일 때 다른 물체는 그 움직임에 의한 중력효과의 변화를 즉각적으로 인지한다. 그러나 특수상대성이론에 의하면 모든 물리적인 정보의 전달속도는 빛의 속도를 초과할 수 없다. 당시의 첨단이론이었던 맥스웰의 전자기장이론은 그러한 성질을 포함하고 있으며 맥스웰 이론의 성공은 결국 중력이론도 특수상대성이론을 바탕으로 한 장이론이 되어야 한다는 것을 의미하였다. 그러한 장이론에서 물체는 주변공간에 장을 형성하며 다른 물체는 그 장과 작용한다. 또한 물체의 상태 변화는 주변 장을 변화시키는데 그 전달속도는 유한하다. 중력의 경우 오랜 노력 끝에 1916년 아인슈타인에 의해 일반상대성이론이라 불리는 새로운 중력장이론이 완성되었다. 그러나 일반상대성이론은 중력장의 실체를 시공간의 기하학적인 구조로 이해함에 있어 특수상대성이론과는 혁신적으로 다르다고 할 수 있다. 물체는 그 주변의 시공간 기하학적 구조를 변화시키며 다른 물체는 그 변화된 시공간 구조 안에서 반응한다. 따라서 일반상대성이론에서는 시공간 자체가 물리적인 성질을 갖는 능동적 실체가 된다. 아인슈타인 이론은 현재까지 행해진 많은 검증실험을 통과했고 그중 대표적인 것들로 앞에서 언급한 수성궤도의 장축 회전현상, 태양주변에서의 빛의 굴절, 중력에 의한 빛의 적색편이 현상 등이 있다.

아인슈타인 이론을 위시한 상대론적 중력장이론의 중요한 성질 중의 하나는 중력장 자체가 전자기장의 경우와 같이 공간을 통해 진동하며 진행할 수 있다는 사실이다. 따라서 중력장의 근원이 시간에 따라 변하면 그것으로부터 중력파의 형태로 에너지가 방출된다. 그러나 그러한 중력파는 대단히 약하기 때문에 아직까지는 발견되지 않고 있다. 그럼에도 불구하고 중력파가 존재한다는 간접적인 증거들은 많다. 예를 들어 펄서를 포함하는 어떤 특정한 쌍성의 경우 펄서에서 방출되는 빛의 도플러 현상을 측정하여 궤도의 주기를 정밀하게 측정할 수 있는데 그 결과에 따르면 주기가 천천히 변하고 있으며 그 변화는 궤도 에너지가 쌍성계 밖으로 방출되고 있음을 의미하며 현재까지 알려진 바로는 그 과정이 중력파의 방출에 의해서만 가능하다고 믿어지고 있다.

빛의 경로가 중력에 의해서 휠 수 있다는 사실은 이미 18세기에 영국의 천문학자 미첼에 의해 주장되었고 프랑스의 수학자이자 물리학자인 라플라스에 의해 자세히 분석되었다. 중력은 다른 상호작용에 비해 상당히 약하기 때문에 아주 큰 질량을 갖는 물체에 대해서만 관측 가능한 결과를 준다. 태양에 의한 빛의 굴절에 대해서는 이미 언급했으나 더욱 흥미 있는 가능성은 은하와 같이 거대한 물체에 의해 굴절될 때 나타나는 중력 렌즈 현상이다.

만일 굴절이 충분히 크면 지구에 대해 은하의 반대편에 있는 물체가 굴절에 의해서 지구에서 관측될 수도 있고 또한 한 물체가 여러 개인 것처럼 관측될 수도 있다. 실제로 같은 물체가 2개의 상인 것처럼 보이는 예도 발견되었다. 미첼과 라플라스는 또한 밀도가 상당히 큰 별의 경우 빛조차 빠져나올 수 없어서 보이지 않게 될 수 있는 가능성을 지적했다. 그러한 물체를 근래에는 검은 구멍(black hole)이라고 부른다. 최근 일반상대성이론에서 나타나는 검은 구멍에 대해서 활발한 연구가 있어왔다. 검은 구멍이 되는 1가지 가능성은 충분히 큰 질량을 갖는 별이 진화과정에서 연료를 다 태우고 나서 중력에 의한 수축을 더 이상 지탱할 방법이 없어진 경우라 생각되어지고 있다. 검은 구멍은 직접적으로 관측되지는 않으나 여러 간접적인 방법에 의해서 발견될 수 있다. 검은 구멍은 주변에 있는 물질들을 빨아늘이며, 그 물질들은 검은 구멍 주변에 접근함에 따라 속도가 빨라지며 뜨거워져 강력한 X선이나 감마선을 방출할 수도 있다. 아직 결정적인 증거는 없으나 그러한 과정은 은하의 중심이나 퀘이사라 불리는 천체에서 방출되는 강력한 X선의 근원이라고 여겨진다.

 이런 천체를 지탱하는 힘은 뭐니 뭐니 해도 중력을 빼놓을 수 없다. 중력이 없다면 우리 태양계만 보더라도 순식간에 아수라장이 되어버릴 것이다. 지구를 비롯하여 태양의 주위를 도는 행성들은 궤도를 이탈하여 제멋대로 떠돌다가 충돌로 터져버리든지, 아니면 우주를 떠도는 미아로 전락될 것이다. 또한 지구에 발을 딛고 있는 우리 인간은 마치 휴거라도 일어난 양 공중으로 들어 올려져 우주로 내동댕이쳐질 것이다. 물론 대기를 구성하는 산소나 지표의 물도 모두 공중으로 흩어져 사라질 것이다. 그야말로 남아 있는 것은 그 어느 것도 없게 될 것이다. 게다가 태양은 강한 핵력을 견제해 오던 중력이 없어짐으로 해서 핵폭탄의 수조에 수조 배를 더한 어마어마한 폭발력으로 터져버릴 것이다. 한 마디로 온 우주가 해체될 것이다. 따라서 중력이란 존재 구성의 근원적 힘이라 할 수 있다.

3. 중력에서 파생된 힘들

3.1. 전자기력

두 물체가 전하를 가지고 있을 때, 전하의 종류에 따라 끌어당기거나 미는 힘이 발생하는데, 이를 전기력이라 한다. 전하의 종류는 크게 양전하(+)와 음전하(−) 두 가지가 있다. (+)전하와 (−)전하 사이에서 발생하는 힘으로 서로 다른 극끼리는 서로 끌어당기는 힘을 인력이라 하고, (+)전하와 (+)전하 사이에서 또는 (−)전하와 (−)전하 사이에 작용하는 힘으로 이와 같이 서로 밀어내는 힘을 척력이라고 한다.

자기력과 전기력은 여러 면에서 유사하다.

먼저, 자기력으로부터 전기력을 만들어 낼 수 있고(발전소), 반대로 전기력에서 자기력을 만들어 낼 수도 있다(전자석). 또한 자기력과 전기력은 만유인력과 같은 형태로 계산되는데, 두 물체의 자화량 또는 전하량의 곱에 비례하고, 두 물체 사이의 거리의 제곱에 반비례한다. 만유인력은 서로 끌어당기는 인력으로만 작용하지만, 자기력과 전기력은 자하와 전하의 부호에 따라 인력 또는 척력으로 작용할 수 있다.

3.2. 강한 핵력

강한 핵력(강한 상호작용)은 네 가지 기본 힘 중에서 가장 강한 힘이지만, 힘이 미치는(작용하는) 범위는 매우 짧다. 강한 핵력은 쿼크와 쿼크 간에 결합을 가능하게 하는 힘이다. 쿼크와 쿼크는 강한 핵력의 상호작용을 매개로 결합하여 양성자나 중성자와 같은 중입자나 파이온과 같은 중간자를 만든다. 이렇게 만들어진 양성자나 중성자는 다시 강한 핵력의 작용을 받아 결합하여 원자핵을 만든다.

 예를 들어 헬륨의 원자핵(특별히 알파입자α-particle로 불리며, 우주론에서 중요한 역할을 한다)은 양성자 2개와 중성자 2개가 모여서 만들어진다. 이때 양성자의 전기전하는 (+)로서 서로 간에 전자기적으로 반발하는 막대한 척력이 작용하는데 그럼에도 불구하고 양성자 2개가 중성자 2개와 더불어 원자핵을 만들어 낼 수 있는 것은 이들 간에 작용하는 강한 핵력의 크기가 전기전하를 압도할 수 있을 정도로 크기 때문이다.

 쿼크 간에 작용하는 강력은 글루온이라는 힘 매개입자(혹은 전달입자, 교환입자)를 통해서 전달되는 것으로 생각되고 있다. 쿼크와 쿼크, 양성자와 양성자 또는 중성자 사이에서 작용하는 강력은 색 전하 color forces(혹은 강 전하, 색 힘)를 갖는데 색 전하는 red, blue, green의 3가지 종류가 있다. 우리가 익히 알고 있는 전자기력의 전기전하는 +와 -의 2가지 종류가 있는 데 비하여 강력의 강 전하는 red, blue, green의 3가지가 있는 것이다(빨강, 파랑, 녹색 자체는 아무 의미가 없는 명칭에 불과하다).

 전자기력에서 원자핵과 전자가 결합하여 전자전하가 중성인 원자가 만들어지듯이 강력에서도 마찬가지로 색 전하 color forces(red, blue, green)를 갖는 쿼크와 쿼크가 모여서 색 전하가 중성인 중성체가 만들어지는데 양성자나 중성자가 그러한 중성체에 해당한다.

 강한 핵력은 이름 그대로 너무나 강력하여 강력을 벗어나서 독립적으로 존재하는 쿼크, 이름 하여 자유쿼크는 아직까지 물리학자들의 실험실이나 우주선 속에서 관측된 바 없다. 쿼크는 양성자나 중성자 혹은 파이온 같은 중간자를 통해서 간접적으로 관찰되고 설명될 뿐이다.

 양성자와 중성자가 모여서 핵자를 만드는데 이때의 힘 매개입자는 파이온과 같은 무거운 중간자로 생각된다. 파이온은 업 쿼크와 안티다운쿼크로 만들어지는데 이는 글루온에 기반을 둔 강력의 작용에 기인하는 것이다.

전자기적으로 양성자와 중성자는 명확하게 구별된다. 양성자는 전기전하가 +1이고 중성자는 0이다. 반면에 강한 핵력은 양성자와 중성자를 구별하지 않는다고 한다. 핵력의 이러한 성질은 가상적인 하전스핀(iso-spin)을 가정하고 여기에서 기인하는 하전스핀 대칭을 통해서 설명이 가능하다고 한다.

강한 핵력은 쉽게 말해, 별의 연료가 되는 에너지를 제공하는 힘을 말한다. 별이 밝게 빛나고 광선을 만들어 생명의 젖줄을 대어 주는 것은 전적으로 강한 핵력의 덕분이다. 만약 강한 핵력이 사라진다면 태양과 같은 항성들은 암흑이 될 것이고, 온 우주에 있는 모든 생명은 종말을 고할 것이다.

3.3. 약한 핵력

약한 핵력은 4가지의 힘 중에서 2번째로 약한 힘이며, 입자의 붕괴를 일으켜서 방사능의 원인이 되는 힘이다. 한 예로 중성자는 약 15분의 수명으로 양성자로 붕괴하면서(쉬운 말로 '변하면서') 전자와 반전자, 중성미자도 동시에 방출되는데, 이처럼 입자의 붕괴를 일으키는 것이 '약한 핵력'이다(하지만 양성자는 중성자로 붕괴되지 않는다). 또한 약한 핵력은 스핀(spin. 입자의 기본적인 특성 중 하나. 0, 1, 2, 1/2가 있다) 1/2인 모든 물질입자에 작용하지만 스핀 0, 1, 2의 입자(광자나 중성자)에는 영향을 주지 않는다. 1967년까지 약한 핵력은 제대로 이해되지 않았었지만 그해에 스티브 와인버그와 압두스 살람이 약한 핵력을 전자기력과 통일시킨 이론(와인버그 – 살람 이론)을 발표하였다. 그들에 따르면 약한 핵력을 전달하는 입자에는 광자 외에도 3개의 스핀 1인 입자들이 더 있다고 한다. 그 입자들은 W+(W플러스), W-(W마이너스), Z0(Z노트)이며, 각각 100기가 전자볼트(=10억 전자볼트)의 질량을 가진다. 또한, 와인버그-살람 이론에 따르면 낮은 에너지에서 전혀 다른 입자들로 보이는 것들이 실제로는 상태만 다를 뿐인 동일한 입자들이고, 높은 에너지를 가질 때에 이 입자들은 모두 비슷하게 움직인다. 즉, 3개의 입자 W-, W+, Zo은 100기가전자볼트보다 훨씬 높은 에너지에서, 광자와 모두가 비슷한 방식으로 움직일 것이다. 이 이론이 발표되고 10년 후, 기술이 발달하여 유럽 핵 공동연구소 CERN에서 광자와 짝을 이루는, 이론에서 예측한 것과 같은 특성을 가진, 3개의 입자를 발견하여 와인버그와 살람의 이론은 옳은 것으로 판명이 났다.

약한 핵력은 지구 내부 깊숙이 있는 방사성 광물을 가열시키고, 다시 이 열은 화산활동을 일으키는 원인이 된다. 약한 핵력은 발전소로도 이용되는데, 우리 주위에서 흔히 보는 핵발전소가 그것이다. 소규모의 시설로도 거대한 에너지를 얻을 수 있어 문명사회에 있어서는 필수적이지만, 가끔씩 찾아오는 우발적 사고는 방사성 누출로 인해 인간을 죽음으로 내몰기도 한다. 더군다나 핵발전소의 폐기물과 핵무기 생산은 지구를 송두리째 위협하기까지 한다.

4. 파생된 3가지 힘의 통합

 물리학자들을 중심으로 한 우주론자들은 우리 우주가 탄생할 태초에는 분명 이 네 가지의 힘이 하나의 힘으로 통합되어 있었을 것이라는 확신을 가지고 언제, 왜 이 힘이 네 가지의 힘으로 분리되었는지를 찾기 위해 골몰하고 있다. 바로 우주만물을 하나로 통합하는 통일장이론의 발견을 위한 노력이다.

 이미 강항 핵력, 약한 핵력과 전자기력은 하나로 통합되었고 오직 중력만이 통합을 이루지 못하고 있다. 그런데 무게를 부여하는 힘이라고 알려진 중력을 만들어 내는 본질이 규명되지 않으면 핵력과 전자기력의 힘도 그 효력을 잃는다. 따라서 중력의 본질을 밝히는 것이 이 세상에 존재하는 힘의 본질을 밝히는 데 관건이었다.

 그러나 오랫동안 진전이 없던 중 끈 이론이 등장하여 중력의 문제를 해결할 수 있는 방안을 제시하였는데 그 핵심은 "끈들의 진동하는 패턴에 따라 입자의 고유한 질량이나 여러 물리적 성질들이 나타난다."는 주장이다. 이것은 바로 본질이 중량을 부여한다는 주장으로 필자의 생각과 유사한 이론이다.

5. 중력은 과연 힉스입자의 작용인가?

그런데 이와는 달리 많은 과학자들은 힉스입자가 중력을 부여하는 입자라는 생각 하에 유럽입자물리소(CERN)에서 입자가속기 LHC를 이용하여 힉스입자를 찾는 작업을 지속해오다가 2012년 드디어 힉스입자를 찾아냈다고 발표하면서 이 입자를 발견하고 힉스입자라고 명명한 힉스에게 노벨물리학상을 수여한 바 있다. 따라서 이것으로 표준모형의 논쟁은 끝이 났다고 대부분의 과학자들은 생각했으나 끈 이론학자들을 포함한 일부과학자들은 이를 반신반의하였다. 그런데 2016년 과학자들은 지속된 LHC의 실험에서 힉스입자보다 6배 무거운 새로운 입자를 발견하면서 힉스입자는 중력을 해결할 유일한 입자가 아니라 전체의 일부분인 퍼즐에 불과하다는 논의가 지속되고 있어 향후 전개과정을 기다려야 할 것 같다.

이러한 과학계의 힉스입자를 찾기 위한 피나는 노력에도 불구하고 왜 힉스입자라고 단정 지을 입자가 발견되지 않는 것일까? 필자는 감히 중력은 본질인 순수의식(신)의 "나는 누구인가?"라는 질문이 만들어낸 한계지음을 위한 충동이지 입자가 아니기 때문에 앞으로도 이를 찾기는 불가능할 것이라고 주장한다. 왜냐하면 중력이란 구심력(응집하려는 힘)과 원심력(확장하려는 힘)의 합이 구심력이 보다 클 때 발생하는 힘으로써 이 우주 전체는 확장의 과정을 거치는 반면, 물질들은 응집의 과정을 거쳐 항성 및 행성계, 은하계를 형성하고 여기에 생명현상을 부여하였다는 점에서 보면 중력은 생명의 중추를 이루는 본질임이 분명한 것이다. 따라서 중력이란 하나의 입자가 작용하여 물질에 질량을 부여한 힘이라기보다는 본질인 순수의식의 충동작용으로 봄이 보다 합당하다는 필자의 생각이다. 종교계나 영성계에서 중력이야말로 사랑의 본질이라고 주장하는 것도 동일한 이유에서이다. 특히 이 우주의 중요한 곳곳에는 '3'이라는 수가 존재하고 있다는 점에서 강한 핵력, 약한 핵력, 전자기력의 세 가지 힘은 본질적인 힘인 중력에 기반을 두어 파생된 힘들이라고 보고 연구를 진행하는 것이 향후 과학적 진전을 위해 도움이 되지 않을까 생각해 본다.

제6장

시작과 끝을 알려주는 시간의 비밀

1. 시간에 대한 역사

서양문화의 시작으로 보고 있는 BC 8세기 그리스에서는 시간(때)을 크로노스(chronos)와 카이로스(kairos)로 나누었다. 크로노스는 자연스럽게 과거에서 미래로 향해 흐르는 직선(선)적인 물리적이며 객관적인 시간으로 본 반면, 카이로스는 비록 찰나적 순간일지라도 구체적 사건 속에 놀라운 변화를 체험하게 되는 시간인 주관적 시간으로 보았다. 크로노스란 시간을 의미하며, 카이로스란 기회(chance)를 일컫는 말로서 흔히 동양에서 말해지는 시각(時角)과 유사한 의미이다.

그리고 영어권에서는 크로노스를 'time', 카이로스란 'timing'을 의미하는 말로 간주하고 있다.

시간에 대한 두 관점을 필자가 제시한 상대계와 절대계의 관점에서 보면, 크로노스는 과거(뒤)에서 미래(앞)를 향해 직선으로 흐르는 선적 시간으로서 시공간의 제한을 받는 상대계의 시간관념이며 우리가 일반적으로 사용하는 시간(時間, time)을 의미하는 반면, 카이로스란 위에서 아래 혹은 아래에서 위로 흐르는 즉 흐름이 없는 점(点, point)적인 시각(時角) 또는 기회인 'chance'를 나타내는 시공을 초월한 절대계의 시간이다.

2. 대칭성 깨짐의 결과로 파생한 시간 개념

현대 과학계에서는 시간을 어떻게 정의하고 있을까를 살펴보자. 과학자들의 연구에 따르면 빅뱅이 시작된 특이점에서 시간은 출발한다고 한다. 빅뱅 직전 밀도와 시공곡률은 모두 무한대인 하나의 점이었다고 한다.

보통 시간은 과거에서 미래를 향하여 흐르고 있는데 이는 대칭성의 붕괴로 설명할 수 있다. 원래 우주의 시작점은 조그만 점이었기에 완전 대칭성을 유지하고 있었는데 빅뱅으로 이 대칭성이 깨지면서 무한 팽창을 지속하고 있는 것이 우리 우주인 것이다. 바로 이 우주란 대칭성의 잔재라는 증거가 곳곳에서 발견되고 있다.

그러나 특이점에서는 중력장이 아주 강해져서 양자 중력효과가 나타나며 이는 아인슈타인의 중력이론으로 증명된다. 양자 중력이론을 따른다면 이 우주는 완전히 자기 충족적이고 우주 밖의 그 무엇으로도 영향을 받지 않는 우주가 되는 것이다.

우주는 창조되지도 파괴되지도 않고 그저 '있을(be)' 따름인 것이다. 그렇다면 시간은 존재의미가 없어진다.

특히 파인만의 역사총합이론을 아인슈타인의 중력이론에 적용시키면 시간의 총합은 완전히 휘어진 시공이 되는데 바로 유크리트의 4차원 시공인 것이다. 따라서 시간은 과거에서 미래로 흐른다는 2차원적인 시간관을 버려야 한다고 스티븐 호킹 박사는 주장한다.

또 스티븐 호킹 박사는 "시간은 사분면의 좌측에서 우측 수평선으로 뻗어나가는 우리가 시간이라고 부르는 실수시간 외에 상하로 뻗어나가는 허수(i)시간을 인정하여야 한다."고 하면서 "아마도 특이점이나 경계도 없는 허수시간이 실제로는 더 근본적이며 우리가 실시간이라고 부르는 것은 우리가 생각하는 우주의 모습을 기술하기에 편리하도록 고안한 인위적 개념에 불과할지도 모른다."라고 말한다.

여기서 호킹 박사의 실수시간은 바로 우리가 알고 있는 시간(time)을 의미하고 허수시간이란 시각(timing)을 의미하는 것임을 이해해 두자.

3. 실수시간과 허수시간

위의 과학자들의 연구와 필자의 생각을 종합하면 실수시간이란 다음과 같이 정의 내릴 수 있다.

「실시간이란 인간의 현재의식의 시간인 인식시간이자 순수의식의 개입을 부정한 기계적 우주론에 기반을 둔 시공의 제약을 받는 상대계의 시간개념을 의미하고, 허수시간이란 신의 순수의식의 시간인 실제시간이자 인간의 의식과 순수의식이 합일을 이루는 시공을 초월한 절대계의 시간개념이다.」

20세기 초까지 사람들은 절대시간을 믿었다. 그러나 빛의 속도가 관찰자의 움직임과 관계없이 모든 관찰자에게 동일하게 보인다는 믿음은 아인슈타인의 상대성이론에서 해체된다.
즉, 시간은 측정하는 관찰자에 따른 상대적 개념이 된 것이다.
중력과 양자역학을 하나로 통일시키려 시도할 때 우리는 허수시간이라는 개념을 도입하여야 한다고 한다. 허수시간은 공간 안에서 방향과 구별될 수 없어 우리가 북쪽으로 갈 수 있다면 남쪽으로도 갈 수 있듯이 앞 방향을 향할 수 있다면 당연히 방향을 바꾸어서 뒷 방향을 향할 수도 있을 것이다.
이 말은 허수시간의 앞 방향과 뒷 방향 사이에 아무런 중요한 차이도 없다는 것을 뜻한다. 반면, 실시간의 경우에는 앞 방향과 뒷 방향 사이에 아주 큰 차이가 있다.

과거와 미래 사이의 이 차이는 도대체 어디에서 연유하는 것일까?

왜 우리는 과거는 기억하면서 미래는 기억하지 못하는 것일까? 과학법칙은 미래와 과거를 구분하지 않는데 말이다.

과학법칙은,

1) 입자와 반입자의 상호 전환을 허용하며(c),

2) 왼쪽과 오른쪽이 뒤바뀌는 '거울상'이 허용된다(P).

3) 모든 입자는 운동방향이 역전될 수 있다(T).

라는 3가지를 용인하는 것으로 알려져 있다.

그렇다면 위 3)의 원칙에 따라 시간도 역전되어야 하는데 일상생활에서는 성립하지 않는다. 그 이유는 시간의 흐름에 따라서 엔트로피가 증가하면서 대칭성이 깨지기 때문이다. 만약 대칭성을 인정한다면 시간개념은 무의미하다. 즉 절대계에서는 시간개념이 무의미한 것이다.

죽음을 경험하고 깨어난 사람이 몇 시간 동안에 수십 전생을 보고 왔다는 증언이나 영성학계의 주장에 따르면 우리 인간계가 아닌 더 높은 차원에서는 시간이 더 늦게 흐른다든지 아니면 거의 흐르지 않는다는 주장 등도 허수시간의 존재를 추정할 수 있는 단서가 아닐까 하는 생각이 든다.

4. 시간은 어떤 의미를 갖는가?

자, 그러면 현대의 4차 기술혁명은 시간의 개념을 어떻게 변화시키고 있는지 살펴보자.

컴퓨터가 발견되기 전에는 선(線)적 시간관념에 기반을 둔 아날로그(analog)적 사회였다면, 컴퓨터가 발견된 후에는 점(點)적 시간개념인 디지털(digital) 사회로 급격한 변화가 이루어지고 있다.

아날로그적인 시간은 객관적, 정량적이며 선적흐름의 시간이므로 과거와 미래가 있고 그 사이에 찰나적 현재가 있는 시간이며, 파동에 기반하고 있어 LP판처럼 잡음은 필연적이고 그 성질은 보다 성겨 정확성이 낮은 시간이다. 반면 음악이나 그림, 춤 등 인간의 감성표현에는 어울리는 시간개념이다.

디지털적 시간은 주관적, 정성적이며 점적 시간이므로 시간의 흐름이 없는 시간이며, 점에 기반을 두고 있어 CD판처럼 잡음이 거의 없고 그 성질은 보다 촘촘하여 정확성이 높은 시간이다. 반면에 음악이나 그림, 춤 등 인간의 감성표현에는 어울리지 않는 시간개념이다.

21세기는 디지털 혁명으로 인하여 여러 가지 충격적인 변화가 다가오고 있다.

몇 가지 예를 들어보자.

아리스토텔레스가 "한 문화에서 스토리텔링이 잘 되지 않으면 그 문화는 쇠락하게 된다."라고 설파한 후 근 2,000년 동안 우리 세상을 지배해 온 화두가 되어 왔다.

그러나 21세기에 들어서면서 이 말은 옛말이 되었다.

SNS 등 사적미디어의 폭발적 증가, 이와 더불어 단체게임보다 개인이 기분 내키는 대로 혼자 즐기는 스노보드, 골프, 익스트림 스포츠, 그리고 게임의 성격변화(선이 악을 이긴다는 스토리 중심의 게임에서 게이머가 그 게임에 스스로 참여하고 그 스토리를 바꾸는 경험과 자기주도형으로 변화)는 시간의 선형성을 소멸시키고 '현재뿐'으로 변화하고 있고 게임은 승자 없는 무한 게임으로 변하고 있다.

이제 모든 게임은 게임기라는 한계에서 벗어나 내가 직접 인터넷을 통하여 같은 게임을 하는 세계의 수많은 사람들과 가상현실에서 만나 스스로 의사결정을 내리는 '경험 주도자적'인 게임으로 진화하고 있는 것이다.

이 사실은 매듭점이 창조점이자 지식의 정보화 포인트라는 점에서 볼 때 우리 스스로가 창조자가 될 수 있다는 의미이다.

카이로스, 즉 디지털적으로 시간관념이 변화함에 따라 개인주의는 빠른 속도로 확대되고 있다.

이러한 변화는 이 우주의 원리인 '함께(with)'에서 멀어져 많은 부작용을 낳을 것으로 우려된다.

오직뿐이라는 현재 주의적 삶을 사는 공간은 컴퓨터의 램(RAM)과 비슷하다. 램 상태는 모든 것이 진행 중이지만 손에 잡히는 무언가가 존재하지 않는 상태다. 즉 전원을 끄면 정보는 모두 사라지는 것이다. 현재 주의적 삶은 램이 하드드라이브의 역할을 해주기를 기대하는 강박적이고도 짧은 영원에 기대하는 삶인 것이다.

결국 디지털적 시간은 과거와 미래도 현재 안으로 압축되어 그 거리가 사라진 상태인 시간이다. 디지털시대인 21세기는 짧은 영원의 상태(일종의 정신적 mashup 상태)에 놓이게 되어 우리는 모두 모순과 지울 수 없는 과거의 무거운 짐, 그리고 미리 지워진 운명의 그림자로 인해 옴짝달싹할 수 없는 상태가 되는 것이다.

소비행위도 변하고 있다. 소비자의 입장에서의 진정한 소비는 없고 단지 경험만 있는 공연관람을 닮아가고 있다. 다른 이가 소유한 물건, 정보와 서비스를 이용할 권리를 갖기 위해 끊임없이 대가를 지불해야 하는 시대가 도래한 것이다. 자동차, 집, 고용(인력공급업체의 공급에 의한 고용), 음원, 영상 등등 모두 타인 소유로 둔 채 이들의 이용이 가능한 세상이 된 것이다.

게다가 상품이나 돈을 직접 주고받을 필요가 없는 파생상품 시장의 규모가 폭발적으로 증가하여 시장은 투기화되어 급변하고 있다.

21세기는 과거, 현재, 미래가 혼합된 세상으로 흘러가고 있는 것이다.

이런 세상에 우리가 대처하지 못한다면 부모로부터 부(富)도 물려받지 못하고 창조력도 갖지 못한 대부분의 보통 사람들은 물론, 부를 물려받았으나 낭비벽이 심하고 창조력도 없는 사람들은 부를 모으기는커녕 가지고 있는 부조차 모조리 남에게 넘겨주고 고달픈 노년을 보내게 될 것이다. 반면 창조력을 지닌 소수자, 부를 이어 받았고 창조력도 소유한 소수자들은 무한 부를 축적하고 이 세상을 좌지우지하게 될 것이다.

이미 부는 소수자에게 거의 넘어가 있어 2040년경이면 전 세계 부의 99%는 0.1%의 소수그룹에게 넘어가 있을 것이라는 주장도 있다.

우리 보통 사람들은 정신을 똑바로 차리고 나를 찾지 않으면 이들 소수 그룹의 지배에 고통을 받게 될 것임은 명약관화하다. 필자는 많은 보통 사람들이 이 책을 숙독하고 또 숙독하여 '나'라는 존재를 바로 깨달아 창조적인 사람이 되기를 진심으로 기원한다.

제7장

탄생과 죽음의 비밀 –
우주를 이루는 2가지 본질계의 존재

모든 생명은 탄생과 죽음을 필연으로 한다.

왜 그럴까?

우리는 유사 이래 수천 년 동안 이에 대한 답을 찾으려고 노력해 왔으며 이제 막 그 해답이 우리에게 모습을 드러내고 있다.

바로 모든 것이 한 점에 응축되어 있던 우주(절대계 우주)가 빅뱅에 의해 펼쳐지면서(상대계 우주) 현상계인 이 우주를 창조한 것이다.

빅뱅은 왜 일어났는가?

절대계에 머물던 신(순수의식)은 호기심이 일었다.

그래서 "나는 누구인가?"라는 질문을 던지면서 깨어나 나를 찾아 머나먼 항해를 시작한 것이다.

이것이 바로 우리가 사는 세상이다.

1. 절대계(무극)와 상대계(태극)란 무엇인가?

우리 인간은 우리가 알고 있는 이 세상은 어디에서 시작되어 어디로 흘러가고 있는가에 대해서 그 무엇보다 지대한 관심을 가져왔다. 종교적, 철학적, 과학적 측면 등 여러 각도에서 그 해답을 얻고자 노력하여 왔음에도 불구하고 아직까지 이에 대한 정확한 해답을 얻지 못하고 있으며 이제 그 해답은 과학자들의 손으로 넘어가 있다. 그동안 서구세계는 주로 기독교에 그 종교적, 철학적 바탕을 두고 하나님이 무에서 이 세상을 창조하였다는 천지창조론을 바탕으로 이 세상을 설명하고 있었던 반면, 동양세계는 두 가지의 다른 세계관이 공존하고 있었다. 그중 하나는 주로 힌두와 불교 등 인도철학에 바탕을 둔 세계관으로 "이 세상은 창조도 없고 죽음도 없으며 오직 변화만 있을 뿐이다."라는 시각이고 또 하나는 중국 도교철학에 바탕을 둔 세계관으로 "이 세상은 혼돈 그 자체인 무극에서 시작하여 음과 양의 두 가지 성질로 나뉘는 양극상태(태극)로 변화하면서 이 세상이 창조되었다."고 말한다.

기독교적 세계관은 이 세상 창조 전에 분명히 하나님의 존재를 상정함으로써 이 세상 탄생 이전상태가 존재함을 시사하고 있으며, 도교적 세계관에서도 분명히 이 세상이 생기기 전의 상태를 무극이라고 함으로써 이전상태의 존재를 상정한다. 그리고 이들 세계관은 이 세상 창조 전 세계를 하나님 또는 무극으로 설명함으로서 모든 것이 일체가 되는 무소부재, 전지전능 상태를 전제로 하고 있다고 볼 수 있다. 바로 이 세상 창조 전 세상이 절대계이고 창조 후가 상대계인 것이다. 그러나 힌두교 및 불교 등 인도철학에 바탕을 둔 세계관은 창조를 부정하고 이 세상은 창조되지도 소멸되지도 않는 여여한 존재로서 다만 변화만이 있을 뿐이라고 가르치고 있어 창조와 소멸론을 부정하고 있는 것처럼 보인다. 그러나 "영원한 것은 없고 모든 것은 변할 뿐이다."라는 명제야말로 다른 관점에서 보면 우주의 본질은 여여한 존재이나 펼쳐진 현상은 그야말로 창조와 소멸을 지속하고 있음을 인정하고 있다고 볼 수 있다. 그럼에도 불구하고 그 가르침이 본질(절대계)을 깨우치는 것에 치중함으로써 현상(상대계)은 완전히 부정하는 것처럼 비춰지고 있는 것이다. 불교의 많은 경전이 1차 현실을 본질(절대계)로 보고 우리가 살고 있는 이 현상계(상대계)는 2차적 현실로 보는 관점에서 가르침을 펼치고 있어 일반대중은 그 가르침을 이해하기가 매우 어려운 것이다. 이런 점에서 볼 때 인도철학은 놀랍게도 최근 과학계에서 가능성이 제기되고 있는 다원우주의 가능성을 이미 예상하고 있는 듯하다.

　기독교와 도교적 세계관이 과학계에서 밝혀지는 우리 우주의 빅뱅이전의 상태와 빅뱅이후의 상태를 우리 우주의 탄생 전후로 보는 반면, 힌두 및 불교적 세계관은 우리 우주뿐만 아니라 수많은 다른 우주의 존재를 상정하면서 이러한 다원우주를 창조하는 가장 본질적 요소는 여여한 것이라는 전제하에 모든 우주의 창조와 소멸을 '변화'라는 표현을 사용하고 있다고 볼 수 있다. 이러한 종교적 해석은 최근의 과학적 발견을 통해 점점 사실로 드러나고 있다. 물론 일치하지 않는 부분도 있지만 아래 사실에 있어서는 종교의 주장과 과학적 발견은 그 일치점을 찾아가고 있는데 이를 요약하면 다음과 같다.

「이 세상의 본질은 바로 너와 나가 없는 세상인 절대계(이 세상은 프랑크 (10^{-33}cm)크기로 작아진 6차원 또는 7차원 세상으로 우리는 관찰이 불가능하다)이며, 이 절대계가 펼쳐져 구분되는 세상으로 변화한 것이 바로 상대계인 현상계(시간을 포함한 4차원 세상으로 우리에게 관찰되는 세상이다)이다.」

과학은 우주의 창조를 빅뱅이론으로 설명하고 있는 것이 일반적이다. 그러나 최근 초 끈 이론의 한 부류인 다원우주론이 부상하고 있는데 이러한 모든 논의의 바탕에는 지금의 우리의 우주가 탄생되기 전에는 그 바탕이 되는 원형질이 있었고 이는 지금의 우주와는 그 구성 및 성질이 판이하게 달랐을 것이라는 가정에 그 바탕을 두고 있다. 앞으로 논의를 보다 진전시키기 위해서는 절대계와 상대계라는 의미의 내용을 이해하는 것이 필수적이다. 이 구분을 이해하면 우리의 정신세계는 한 단계 더 앞으로 나아가게 될 것이다.

아래는 이차크 벤토프가 그의 저서인 《Stalking the Wild Pendulum》에서 설명하고 있는 절대계와 상대계에 대한 내용을 요약한 것이다. 이 설명을 읽다 보면 그가 얼마나 철저하게 과학적으로 접근하고자 노력하고 있는지를 피부로 느낄 수 있으며, 많은 통찰 또한 얻을 수 있을 것이다.

「실체는 활동(1)과 정지(0)로 부호화된다. 진동자가 정지점에 도달할 때, 진동자는 공간형 차원으로 미끄러져 들어간다. 이 말은 정지 상태(0)와 무한속도(∞)가 같은 의미라는 것, 즉 무소부재(無所不在)하다는 것과 같은 의미이다. 엄격히 말하면 정지 전 플랭크길이 정도에 접근한 시점부터 0이 될 때까지의 지극히 짧은 순간 동안 우주 공간 어디에나 존재하는 상태를 얻은 것이다.

그러나 진동자가 정지점을 떠나 움직이고 있을 때는 모든 일이 평상시와 같다. 이런 식으로 우리는 실체의 두 가지 요소인 활동과 정지를 구별한다. 이제 이 어디에나 존재하는 상태가 무엇인가에 대하여 좀 더 알아보자. 분명한 것은 어디에나 존재하는 상태와 절대계를 동일시할 수 있다는 것이다.

왜냐하면 양쪽 다 움직임이 없고, 활동도 없으며, 완전히 정지한 상태이기 때문이다. 동시에 둘 다 높은 에너지가 잠재된 상태이다. 왜냐하면 이러한 정지 상태는 무한히 빠른 움직임과 같기 때문이다($0=\infty$이다. 물리학에서 도출된 결과가 ∞이면 0으로 처리하는 것도 같은 이유이다). 사실상 동(動)과 정(靜)의 두 대립되는 개념은 절대계 안에서는 하나로 일치하는 개념이다. 이 절대계 차원을 절대적 기준선으로 삼아 우리는 다른 모든 피조물을 측정할 수 있다. 이 기준선은 모든 존재계 속에 항상 존재하는 성분이다.

하나의 영상이나 존재를 형성하기 위해서는 두 가지 성분이 필요하다. 하나는 기준광선이고, 다른 하나는 경험을 거친 또는 변조된 작용광선이다. 이 두 가지 광선이 같은 평면에서 상호 간섭할 때만 입체영상이 나타난다.

이것은 자연계에서 대단히 폭넓게 사용되고 있는 장치이기 때문에 여기서 그것을 비유로 드는 것이 가능하다. 그러나 두 개의 광선은 같은 광원에서 방출된 레이저 광선이라는 점을 잊지 말아야 한다. 하나의 광선이 두 개의 광선으로 나누어진 것이다. 기준광선은 본래의 광원에서 나온 빛을 고스란히 유지하고 있는 반면에, 작용광선은 그것이 비춘 물체에 접촉하여 변형되고 변조된다.

절대계의 본질과 현상계의 상대적인 속성을 설명하기 위해 다른 비유를 하나 들어보자. 절대계를 경계선이 없는 무한히 깊고 넓은 바다라고 하자. 이 바다의 표면은 매우 조용하고 잔잔해서 거의 눈에 띄지 않을 정도이다 [사진 1]. 절대계는 다른 모든 것을 비교할 수 있는 기준선이다.

사진1

사진1

이제 잔잔한 바다에 바람(외부환경)이 분다고(변화) 하자. 우리는 잔잔하던 바다표면에 물결이 일면서 잔잔한 수면이 깨어지는 것을 볼 수 있다[사진 2]. 이 파도 때문에 바다의 표면이 갑자기 눈에 드러난다. 이와 비슷하게, 절대계에 움직임이나 진동이 일어날 때 그것이 눈에 보이는 현상으로 나타나고, 우리는 이것을 상대계 또는 물질차원이라 부르는 것이다.

바다의 잔잔한 기저는 모든 존재를 만들어 내고 어디에나 침투해 있는 절대적 성분인 절대존재(絶對存在) 또는 순수의식(純粹意識)이라 할 수 있고 외부환경의 변화에 따라 나타나는 바다 표면의 물결이나 파도는 상대존재 또는 변형된 의식이라 할 수 있다. 기준광선이 순수의식이고 작용광선이 변형된 의식에 해당하는 것이다.

한편, 파도의 크기를 앞에서 설명한 각각 다른 차원계에 비교한다면, 크고 거친 파도는 [사진 1]에서 보인 존재 스펙트럼의 맨 위 (낮은)차원에 비교할 수 있다. 다시 말해서 의식의 양이 적고 진동수 반응이 낮은 부분이 이에 해당된다. 반면에 매우 섬세하고 진동이 빠른(고주파수의) 물결은 절대계 깊은 곳의 가장 높은 차원에 해당될 것이다. 이제 우리는 상대계인 이 물질계(거친 표면의 파도)가 그 본질은 절대계(잔잔한 바다의 심연)에 바탕을 두고 있음을 이해하게 되었다.

이제 물질의 가장 낮은 차원인 양자(量子) 차원으로 들어가 보자. 전자는 특정한 진동수를 가진 파동 덩어리이고, 진동수에 따라 전자가 가지고 있는 에너지가 결정된다는 것이 일반적으로 알려진 바다. 그러나 전자나 양자 속에서 진동하는 것이 무엇인지는 지금까지 아무도 모르고 있다. 전자의 진동을 절대계의 바다에 비유해 보면, 바다의 표면에서 일어나는 물결의 한 묶음을 전자나 양자로 상상해 볼 수 있으며, 그것은 순수의식이라고 하는 무한한 바다의 고요한 표면에 바람이 불어 발생한 파도로 비유할 수 있을 것이다. 따라서 "전자 속에서 진동하는 것은 무엇인가?"라는 질문에 대하여 대답할 수 있을 것 같다. "거기에서 진동하는 것은 분명히 그 바탕을 순수의식에 두고 있으면서 개체인 전자에 깃든 순수의식이 환경과 작용함으로서 상대계인 이 세상에 현현된 것이라고 할 수 있지 않을까? 그렇다면 그것은 변형되어 개체화된 순수의식(이를 인도에서는 아트만(atman)이라고 부른다)이다."

이제 핵심이 분명해졌다. 양자 에너지로 구성되어 있는 자연계의 모든 물질은 순수의식에 기반을 둔 개별화된 순수의식으로 진동하면서 변화하는 성분으로 되어 있다는 것을 알 수 있다.

따라서 우리는 우주 만물을 두 개의 성분, 즉 절대계와 상대계로 나눌 수 있다. 절대계는 고정되어 있고, 영원하며, 눈에 보이지 않는다. 반면에 상대계는 볼 수 있고, 현상으로 나타나 있으며, '변화하는 속성'을 가지고 있다. 상대계에는 거친 것도 세련된 것도 있으며, 단명하는 것도 장수하는 것도 있지만, 아무튼 언제나 절대계에 기초를 두고 있다.

이러한 명제를 받아들이게 되면, 마음과 물질의 문제는 풀리게 된다. 그 해답이란, 그 둘 사이에 근본적인 차이점은 없다는 것이다. 지금까지 우리는 마음과 의식을 쉽게 연결시킬 수 있었다. 왜냐하면 마음은 추상적이고 만질 수 없기 때문이다. 반면에, 물질은 견고하고 단단하며 뜨겁거나 차가우며, 겉보기에는 마음이나 의식과는 매우 다르게 보인다.

실체는 두 가지 성분으로 구성되어 있다. 그 하나는 불변의 기준선 또는 배경이 되는 성분이고, 다른 하나는 그 성분의 역동적이고 진동하는 속성이다. 이 사실을 알면 마음과 물질이 같은 기본 재료로 만들어졌다는 것을 알게 된다. 그 둘 사이의 차이점은, 딱딱한 물질은 크고 느린 파동 또는 물결로 만들어졌기 때문에 절대계의 에너지를 보다 적게 포함하고 있다는 것이고, 부드러운 마음은 작고 빠르며 보다 세련된 파동 또는 물결로 구성되어 있어서 절대계의 에너지를 보다 많이 가지고 있다는 것이다.

사념(思念)이 곧 물질이고, 물질이 곧 사념이라는 통찰은 동양사상, 특히 불교의 한 계파인 탄트라밀교의 현자들에 의해 피력되어 왔다.

여기에 대한 좋은 비유는 자연계에서 발견되는 물질의 다양한 상태일 것이다. 딱딱한 물질을 얼음에 비유하고, 마음이나 의식은 증기나 수증기에 비유할 수 있다. 둘 다 다른 형태이긴 하지만 같은 재료로 이루어져 있다. 둘 다 현상으로 나타난다. 왜냐하면 그것들은 변화하고 있기 때문이며, 이 변화는 절대계의 바다를 기준으로 측정될 수 있다. 이 절대계의 바다가 물질과 배경 양쪽을 형성하고 있다.

이제 물질을 다스리는 마음의 재주에 대해 놀라워할 필요가 없다. 마음이 물질을 지배하는 능력에 비하면 마음이 마음 자체의 다양한 측면을 지배하는 능력이 훨씬 크다.

우리는 다양한 차원의 존재계를 그것들이 갖고 있는 상대적인 성분의 크기에 따라 분류할 수 있다. 상대계를 나타내는 파동은 크고 거칠며 저(低)진동수를 가지고 있으며 낮은 차원의 존재를 의미한다. 반면에 절대계에 가까운 파동은 성분이 매우 섬세한 고(高)진동수를 가지고 있으며 높고 세련된 실체를 나타낸다. 이것을 영적인 존재라고 부르기로 하자. 이것을 사람에 대해서 적용해 보자. 모든 사람은 상대 성분과 절대 성분으로 구성되어 있으며, 어떤 사람들은 다른 사람보다 더 절대적인 반면 어떤 이들은 상대적이다. 그렇기 때문에 사람마다 지혜의 정도가 다르게 나타나는 것이다.

그러면 진동운동이 일어나기 전의 존재들의 실상은 어떤 것이었을까? 분명한 것은 진동하지 않는 상태가 진동하는 상태의 근본이며, 진동운동이 일어나면서 우리의 존재들이 모습을 나타낸다는 것이다. 이 진동하지 않는 근원은 절대계의 기초공간(원공간) 또는 원질료라고 부를 수 있을 것이다.

약간 복잡한 설명이긴 하지만, 절대계 역시 무한히 미세하게 진동하는 상대계로 정의내릴 수 있다. 이 절대계는 물결의 크기가 매우 작고 진동수는 매우 크기 때문에 눈에 보이지 않는다. 이렇게 본다면, 물의 표면은 조용하고 잔잔한 것처럼 보이나 실제로는 엄청난 에너지를 담고 있으며 창조적인 잠재력으로 가득 차 있다. 이것이 절대계에 대한 실제적인 정의이다. 동시에 그것은 지성(知性)을 겸비한 고도의 창조적인 에너지이다. 이 지성은 모든 창조물에게 자기 조직 능력을 부여해 준다.

그러므로 상대계의 물결은, 겉으로는 잔잔하게 보이지만 실제로는 거대한 창조에너지를 잠재한 채 진동하는 절대계의 표면 위에 나타나고 있는 것이다. 파동의 진폭이 작을수록 표면에 포함된 에너지는 더 크다. 파동이 아주 작아져서 파동의 정지점인 산과 골짜기가 서로 가까워져서 겹치게 되면, 그때 정지 상태가 얻어지며, 그때의 운동은 단지 잠재적인 운동이 되며 그것의 에너지는 무한히 커지게 된다.

　절대계란 대립되는 개념이 통합되어 하나가 되는 상태이다. 운동과 정지가 하나로 융합되는 것이다. 우리 역시 진동하는 실체이다. 소립자에서 원자, 분자, 눈에 보이는 차원에 이르기까지 모두가 진동하고 있다. 모두가 두 정지 상태 사이를 진동하고 있다. 그리고 모두가 소리 즉 파동을 내고 있다.」

2. 절대계와 상대계의 통합된 시스템인
　　우리 우주와 나의 역할

　우리는 절대계의 실체를 들여다볼 수는 없을까?
　직접적인 방법은 아직 발견되지 않았으나 우리는 간접적인 현상을 통하여 이를 추측할 수 있다.
　씨앗을 보자. 씨앗은 매우 독특한 구조를 가지고 있는데 씨앗 속에는 시간과 공간이 압축되어 저장되어 있으며 그것이 전개될 적당한 객관적인 시간을 기다리고 있다고 볼 수 있다.
　씨앗은 '변형되고 더 높은 의식상태' 속에서 나무를 대표하는 것이다. 그러므로 씨앗은 주관적인 시간과 공간 속으로 이동한 하나의 나무라 할 수 있다. 그 속에서 일상적인 시간과 공간의 의미는 사라진다. 나무와 관련시켜서 말하는 한 씨앗은 '시간이 정지된' 상태이다. 나무의 이러한 상태가 외관상 객관적으로 형상화된 것이 씨앗이다. 나중에 객관적인 조건이 좋아지면 나무는 씨앗이라는 명상적이고 동면하는 상태에서 깨어나 성숙한 나무로서 객관적인 시공간 속에서 성장하는 것이다. 달리 말하면 씨앗은 그 특질상 절대계에 더욱 가깝기 때문에 나무보다 훨씬 기본적이며 추상적인 구조를 이루고 있다. 만일 누군가 씨앗의 속에 들어갈 수 있다면 작은 껍질 속에 갇혀 있음에도 불구하고 씨앗은 스스로를 완전히 자란 나무로 생각하고 있다는 사실을 발견하고는 놀라움을 감추지 못할 것이다. 바로 씨앗은 추상(抽象)이 본질인 절대계의 특성을 그 껍질 안에 간직하고 있다가, 외부환경이 싹을 틔울 수 있는 환경으로 변하면 그 껍질을 깨고 나와 상대계인 현상계의 특성인 나무로 구체(具體)화하는 것이다.

씨앗으로 고대 식물을 되살려 낸 사례로 가장 오래 된 것은 이스라엘 마사다에서 발견된 2천 년 전 야자 씨앗이며, 일본 과학자들은 1천 9백 년 전 연꽃 씨앗으로 꽃을 피워내기도 했다는 보고가 있었다.

그런데 2012년 초 영국 BBC 뉴스와 라이브사이언스 닷컴은 미국립과학원회보 PNAS 최신호를 인용하여 더욱 놀라운 사실을 보도한 바 있다.

"최근 3만여 년 전 시베리아 지역에서 다람쥐가 굴속에 감춰놓은 덜 익은 열매가 과학자들의 혁신적인 실험으로 다시 꽃을 피우고 열매를 맺었다." 이 보고서를 보면 매머드 화석 유적지인 시베리아의 콜미아강 둑에서 석죽과 식물 실레네스테노필라(Silenestenophylla)의 열매를 발견한 러시아 세포생물물리학 연구소 과학자들은 이 열매의 조직을 이용해 꽃을 피우고 번식력 있는 열매를 맺게 하는 데 성공했다. 연구진은 3만 년 전 표토층이었던 지하 20~40m 지층에서 동결 상태를 유지해 온 다람쥐굴 70여 개와 그 안에 저장된 수많은 씨앗과 열매를 발견했다. 방사선 연대측정 결과 이들 식물의 연대는 3만 2천~2만 8천 년 전으로 나타났다. 학자들은 처음엔 씨앗을 이용해 옛 식물을 되살리려고 노력했으나 실패하자 동물로 치면 '태반조직'과 같은 열매의 조직을 채취해 배양액

3만년 만에 꽃피운 석죽과
식물 Silenestenophylla

함안에서 발견된 700년 된
연 씨에서 발아한 아라홍련

에서 키웠다. 이 열매 조직의 세포들은 식물의 모든 부위로 자랄 수 있는 능력을 갖고 있다. 배양액 속에서 조직이 싹을 틔우자 연구진은 이를 일반 토양에 옮겨 심었고 묘목은 잘 자라 꽃을 피우고 번식력 있는 열매까지 맺었다. 연구진은 대부분의 식물 씨앗은 몇 년 안에 죽지만 연꽃이나 S.스테노필라처럼 생명력이 강한 종들은 식물의 DNA를 보존하거나 수리하는 자체 메커니즘을 갖고 있어 오랜 기간이 지나도 싹을 틔울 수 있다고 지적했다.

3만 년 전의 씨앗이 싹을 틔웠다는 것은 무려 3만 년이나 시간과 공간이 멈춘 채(이는 명상상태로 비유할 수 있고 절대계 근접상태이다)로 그 생명의 신비를 간직할 수 있었다는 증거이다. 이러한 사실은 시간과 공간을 멈출 수 없다는 우리의 고정관념을 여지없이 깨는 것이다. 씨앗의 상태는 시간과 공간이 완전히 멈추지는 않았으나 거의 멈춘 상태(움직임을 완전히 멈춘 상태는 죽음을 뜻한다), 즉 시간과 공간이 '한 덩어리인 상태'로 존재하는 것이다. 즉 씨앗은 상대계에 존재하는 절대계에 가장 근접한 형태의 하나의 예다.

여기서 우리는 다음과 같은 우주의 연결성을 추정할 수 있다.

「우리가 사는 세상인 상대계는 눈에 보이는 계인 거시세계와 눈에 보이지 않고 숨겨진 계인 미시세계가 상호작용 하면서 생명이라는 현상과 작용을 조정하고 있는 융합세상으로 본질인 절대계를 지향하고 있다.」

과학계는 일반적으로 거시세계와 미시세계를 인정하고 두 세계에 모두 적용할 수 있는 이론을 찾고 있다. 최근 양자역학을 보다 발전시킨 이론으로 각광받고 있는 끈 이론에 의하면, 무한확대 과정에 있는 거시세계인 4차원과 무한축소 과정을 거치고 있는 미시세계인 6차원 혹은 7차원이 공존하고 있다고 한다.

또한 종교계의 견해를 보면, 불교에서는 욕계, 색계, 무색계가 존재한다고 하고 있고, 기독교나 천주교 그리고 이슬람교에서는 천국과 지옥이 존재한다고 하고 있으며, 영성학계에서는 눈에 보이는 현상계보다 차원이 높은 보이지 않는 계인 아스트랄계, 멘탈계, 직관계, 영계가 있다고 주장하는 등 제반 경전의 기록과 주장을 통해서 세상의 계층구조를 말하고 있다.

이러한 여러 견해들을 종합해 보면, 결국 과학계, 종교계, 영성계는 모두 우주의 계층구조를 대체로 인정하고 있는 듯하다.

그런데 '계층구조' 해석에 있어서는 매우 유의할 사항이 있다. 우리 일반 사람들은 보통 계층구조를 해석할 때 현상계인 물질계를 판단기준으로 하므로 시간과 공간이 분리된 구분된 차원이나 공간으로 이들 계를 생각하고 있다. 그래서 우리 보통 사람들은 이들의 존재를 믿는다 해도 5차원 이상의 계나 불교의 무색계, 기독교 등의 천당이나 지옥, 영성계에서 주장하는 계들은 살아서는 그 체험이 불가능하고 죽은 후에나 어쩌면 가볼 수 있는 세상이 아닐까 생각한다. 그러나 그동안 많은 구루들, 영적 능력자들, 영매, 임사체험자들은 이들 계층이 우리가 사는 세상과 중층구조를 이루고 있는 세상으로서 시공을 초월하거나 우리가 생각하는 시공과는 전혀 다른 세상임을 이야기하고 있다. 미국의 유명한 영매로 정부에 협조하여 불가사의한 여러 사건들을 해결했던 것으로 유명한 실비아 브라운은 "지상에서 불과 10cm 위에 죽은 영혼들이 사는 세상이 존재하며, 죽은 후에 지나가는 터널이나 요단강 등도 모두 수평이지 저 위인 하늘을 향하는 것이 아니다."라고 말하면서 영혼은 유사파동의 영혼끼리 중첩하여 존재한다는 주장을 하고 있다.

만약 위에서 말하는 다른 차원(계층)이 시공에 제약을 받으며 계층적으로 존재한다면, 폐쇄되고 분리된 계층구조이기 때문에 이들 계와 우리가 사는 세상은 전혀 정보를 주고받을 수 없을 것이다. 그런데 다른 계와 접촉했다고 볼 수 있는 수많은 체험담 등을 고려할 때, 만약 이들 계층이 있다면 이들 계층은 중층구조를 가진 각 계가 시공을 초월하여 상호 결합된 상태를 유지하는 소위 '융합계(融合界)'일 가능성이 있다는 것이다. 따라서 이들 계는 저 먼 어딘가에 존재하는 것이 아니라 우리가 사는 세상과 함께 존재하면서 상호 파동의 감응을 통하여 정보를 주고받고 있는 공존계라고 보아야 하지 않을까 하는 것이 필자의 견해이다.

그 이유는 과학계의 위대한 발명들이 잠든 사이나 마음을 비웠을 때 번개처럼 찾아왔다는 점, 영매나 선각자들의 진술, 임사체험자들의 체험담 등이 우리와 사는 세상과 다른 세상(다층 구조계)에 갔다 왔다고 진술하는 점 등에서 일치하는 부분이 있고, 이들이 체험한 그곳은 시공을 완전히 초월했는지 여부는 알 수 없으나 분명히 우리가 사는 세상보다는 훨씬 시공의 영향을 적게 받는 세상인 것 같다는 점 때문이다.

이러한 필자의 생각을 뒷받침하는 시간에 관한 과학적 견해를 살펴보자. 영국의 위대한 과학자인 스티브 호킹 박사는 《시간의 역사》라는 저서에서 "시간은 사분면의 좌측에서 우측 수평선으로 뻗어나가는 우리가 시간이라고 부르는 실수시간 외에 상하로 뻗어나가는 허수(i)시간을 인정하여야 한다."고 하면서 "아마도 특이점이나 경계도 없는 허수시간이 실제로는 더 근본적이며 우리가 실시간이라고 부르는 것은 우리가 생각하는 우주의 모습을 기술하기에 편리하도록 고안한 인위적 개념에 불과할지도 모른다."고 기술하고 있다.

이러한 생각들을 받아들인다면 이들의 계층구조는 중층구조를 가지고 있어 우리가 사는 세상에 함께 융합적으로 존재할 수도 있음을 의미한다. 이것을 사실로 확인할 수 있는 사례는 바로 '식물의 씨앗'이다. 어떤 식물의 씨앗을 심으면 자연환경과 작용하여 그 종류에 해당하는 채소나 나무의 형태로 이 세상에 모습을 드러낸다. 그러나 씨앗의 겉모습에는 어디에도 이러한 채소나 나무의 모습이 없다. 그리고 씨앗은 시간과 공간에 구애를 받지 않는다. 바로 시공을 초월하여 채소나 나무의 설계도를 정보의 형태로 가지고 있는 것이다. 우리는 이 우주의 본질은 순수의식 또는 정보임을 살펴보았다.

즉 4차원 현상계에도 6차원 이상의 비물질계가 상존함을 보여 주는 것이다.

이런 점에서 볼 때 기독교나 천주교, 이슬람교에서 주장하는 천국이나 지옥, 끈 이론의 6-11차원, 영성계에서 주장하는 아스트랄계, 멘탈계, 직관계, 영계, 불교에서 주장하는 욕계, 색계, 무색계와 화엄경에서 이야기하는 천상계는 별도의 공간과 시간에 존재하는 것이 아니라 바로 여기 우리가 사는 세상에 공존하는 것으로 봄이 보다 합리적이 아닐까 하는 생각이다. 이는 최근 물리학에서 힘을 얻어가고 있는 다중우주론의 입장과도 일치하는 생각이다.

끝으로, 필자는 수학자들이 모든 시대를 통틀어 가장 아름다운 방정식이라고 뽑은 오일러공식을 바라보면서 이 공식에는 놀라운 사실이 숨겨져 있다는 것을 직감하고 이 공식이 함유하고 있는 의미에 대해 이야기하고자 한다.

오일러의 공식은 가장 단순한 숫자 0과 1, 그리고 초자연수라 일컫는 원주율 π, 허수인 복소수 i, 자연상수로서 오일러상수라 명명된 E(2.718…의 무리수이다)의 결합을 수학식으로 풀어낸 공식이다.

$E^{i\pi} + 1 = 0$ 이라고 나타낸다.

1750년 레온하르트 오일러는 이 공식을 발견한 후 충격과 환희에 몸을 떨며 "이것은 창조주의 언어다."라고 중얼거렸다고 한다. 유명한 양자론자인 리차드 파인만은 이 공식을 두고 "우리의 보석!"이라고 감탄했고, 스탠포드대학의 수학자 데블린(Keith Deblin)은 "오일러의 공식은 흡사 사랑의 정수를 포착한 셰익스피어의 소네트나 혹은 인간 육체의 아름다움을 표면적 차원 이상으로 표현한 화학작품 같이 존재의 가장 근원적인 곳을 파헤치고 있다."라고 혀를 내둘렀다고 한다. 이 공식은 자연의 5가지 기본상수만을 사용한 가장 간단하면서도 우주의 원리를 내포한 공식임이 분명하다고 생각한 많은 수학자들의 연구에도 불구하고 이 공식의 의미는 지금도 영원한 미지수로 남아있는 공식이다.

그런데 필자는 우주의 본질인 대칭성을 대표하는 수 π를 연구하던 중 오일러의 공식의 존재를 확인하고 이 수학공식 속에 내포된 의미를 알아내기 위해 연구와 명상을 지속하면서 놀랍게도 이 공식이 필자의 주장을 요약하고 있다는 사실에 전율하였다.

이 공식이야말로 필자가 과학적 분석을 근거로 주장하는 「순수의식(절대계, 신, 원리)이 깨어나 "나는 누구인가?"라는 질문을 던지자 빅뱅현상이 초래되고 대립되는 두 힘이 작용하면서 원심력의 힘은 영원히 팽창하는 우리가 사는 4차원의 거시세계를 만들었고, 구심력의 힘은 영원히 축소되는 미시세계를 만들었으며, 우리가 사는 세상은 바로 거시세상과 미시세상이 서로 영향을 주고받으며 본질인 절대계를 향해가는 상대계의 세상이다.」라는 것을 가장 간단한 공식으로 증명하고 있음을 발견한 것이다!!

절대계(0)와는 단절(원심력에 의해 본질에서 점점 멀어지는 성질)된 세상인 눈에 보이는 우리가 사는 거시세계(항성, 금속, 흙, 생물과 식물 등)를 상징하는 '1'과 절대계의 성질을 대폭 함유하고 있어 절대계(0)로 회귀하려는 성질을 가진 미시세계(미립자, 원자, 분자, 세포 등)를 의미하는 $E^{i\pi}$이 상호 조화를 이루면 바로 본질인 절대계로 회귀된다는 사실을 보여주고 있는 가장 단순화된 공식이라는 직관적 깨달음이다.

이 공식에서 오일러상수 E는 자연상수로 무한수이자 자연에 존재하는 수이고 E 위의 두 숫자인 $i\pi$는 허수와 무리수로 시공의 초월을 의미하는 수로서 절대계인 본질을 의미하는 수이다. $i\pi$가 자연상수 위에 위치하는 것은 거시세계가 1에 수렴하는 반면 미시세계는 0에 수렴하는 상대계임을 의미하는 것이다. 즉 거시세계는 미시세계에 의해 지배되면서 종국에는 절재계로 회귀함을 의미하는 매우 심오한 의미를 담고 있는 그야말로 '신의 공식'인 것이다. 바로 창조의 본질은 펼쳐진 거시세계인 물질계와 접혀진 미시세계인 비물질계가 조화를 이루는 세상이라는 사실을 보여주는 공식이 오일러의 공식이다. 우리가 사는 세상인 여기가 바로 우리가 추구하는 지복의 세상이요, 천국이라는 것을 이 공식은 함유하고 있다고 필자는 감히 주장한다.

오일러는 18세기 스위스 바젤에서 태어나 평생 동안 수학, 천문학, 물리학 분야뿐만 아니라 의학, 식물학, 화학 등 많은 분야를 통섭한 그야말로 그 시대의 천재 중의 천재였다. 그는 후에 시력을 잃은 시각장애인이 되었으나 천부적인 기억력과 강인한 정신력으로 연구를 계속한 끝에 세기에 남을 위대한 공식인 '오일러의 공식'을 탄생시킨 바 있다.

그에게 커다란 경외심을 보낸다.

- 이 세상을 '거울세계'라고 보는 입장의 현실에 대한 두 단면을 요약 정리하여 독자들의 사고 폭을 넓히고자 하였으니 참고하시기 바랍니다.

두 단면	특성	의식수준	과학적 증거
보이는 (펼쳐진) 세상 =상대계	물질 공간 (삼라만상) 입자	현재의식, 내부의도	– 미립자는 파동. 입자의 이중성을 가지고 있다. – 진공 속에서 양자가 생성과 소멸을 거듭하는 현상은 물질계와 비물질계의 경계(border) 충돌에 의해 발생하는 현상이다.
보이지 않는 (접혀진) 세상 =절대계	무한정보장 (진공) 파동 Matrix	무의식 (영혼) 외부의도	– 미립자는 파동. 입자의 이중성을 가지고 있다. – 진공 속에서 양자가 생성과 소멸을 거듭하는 현상은 물질계와 비물질계의 경계(border) 충돌에 의해 발생하는 현상이다.

– 현상계보다 무한정보장에 가까운 중간계에 그 기반을 두고 있는 영혼과 우리의 현재의식이 일치할 때 우리는 무한정보장에서 우리가 원하는 것을 선택해서 자신의 현실에 물질화할 수 있다. 바로 자신의 현실은 자신 스스로 의도적으로 창조해 나가는 것이다.
– 모든 존재는 절대계와 상대계의 양 경계선 위에 서 있다. 육체와 현재의식은 물질계인 상대계에 대부분의 발을 담그고 있고, 무의식(영혼)은 무한정보장인 절대계에 대부분 발을 딛고 있는 것이다.

● **현상계에 그대로 비치는 거울의 법칙**

① 세상은 그에 대한 당신의 태도를 거울처럼 그대로 반영해 준다.
② 그 반영은 무의식과 현재의식의 일치에 의해 형성된다.
③ 이중거울은 뒤늦게 반응한다. 그러므로 거울 속에서 슬라이드를 오랫동안 체계적으로 상영해야 한다.
④ 거울은 오로지 태도의 내용에 주목할 뿐 그 방향이 긍정적이든 부정적이든 상관하지 않는다.
⑤ 원하지 않고 피하고 싶은 것은 생각하지 마라. 원하고 성취하고 싶은 것만 생각하라. 그대로 현상계에 비친다.
⑥ 집착을 버리고 세상이 정보장의 흐름에 따라 움직이도록 허용하라. 현실을 조종하기를 포기하고 관찰자의 눈으로 주변을 보라.
⑦ 심지어 가장 불리한 상황이 오더라도 모든 반영(거울에 비춰진 그림)을 긍정적으로 인식하라. 에디슨은 99번의 실패를 발판 삼아 1번 성공이라는 큰 성취를 이루었다. 실패횟수가 늘어날수록 최종적으로 다가오는 성공의 크기는 엄청나다.
⑧ 거울 '지니'에게 명령. 간청. 동정을 구하는 것은 부질없는 짓이다. 자신의 의도를 선언하라. 마법의 거울(지니)이 저절로 움직여 당신을 자기운명의 진정한 지배자로 만들어 줄 것이다.

제4부

확률이 지배하는 우주와 나

제1장

고전역학의 종언과 양자역학의 태동

 그동안 물리학에서 일반적으로 받아들여지던 결정론적 고전역학은 거시우주에는 맞으나, 미시우주에는 맞지 않는 것으로 나타나 많은 물리학자들이 당혹스러워 했다.
 그러나 최근에 들어 고전역학은 양자역학의 특수한 한 형태의 발현이라는 사실이 밝혀졌다.
 우주와 인간의 운명은 신에 의해 정해져 있다는 기존의 우주관(결론론적 우주관)은 확률론적 우주관으로 대체되었다.

1. 고전역학의 종언

 고전역학(古典力學, Classical Mechanics)은 눈에 보이는 거시세계에 존재하는 물체에 작용하는 힘과 운동의 관계를 설명하는 물리학으로 갈릴레오 이래 여러 물리학자를 거쳐 아이작 뉴턴의 1687년 저서 《프린키피아》에서 그 대미를 장식한다. 뉴턴은 위 저서에서 뉴턴의 운동 제1법칙으로 명명된 관성의 법칙과 뉴턴의 운동 제2법칙으로 명명된 가속도의 법칙, 그리고 뉴턴의 운동 제3법칙으로 명명된 작용반작용의 법칙을 주장하면서 만물은 서로 끌어당기는 힘을 가지고 있다는 만유인력의 원리를 세상에 처음으로 알렸다.

고전역학은 일상생활에서 일어나는 현상들을 매우 정확하게 설명하고 예측할 수 있어서 비교적 최근인 20세기 초까지도 많은 지지자를 가지고 있었다. 그러나 매우 빠른 속도로 움직이는 계와 원자단위와 같은 극히 미세한 스케일의 계에서는 상대성이론, 양자 역학에 자리를 내주게 되었다.

결정론적 세계를 지지하는 고전역학은 아인슈타인의 상대성이론을 마지막으로 종언을 고하고, 확률론적 세계를 지지하는 양자역학과 소립자물리학으로 그 축이 옮겨짐에 따라 거시세계와 미시세계를 지배하는 물리법칙의 괴리를 해소하고자 하는 노력이 계속되고 있다. 이것을 통일장이론이라고 하며, 상대성이론과 양자역학에서 다양한 시도가 있었으나 완전한 성공을 거두지는 못하고 있다. 중력의 문제가 걸림돌로 작용하였기 때문이다. 중력의 문제를 무리 없이 그 이론의 틀 안에 끌어안은 초 끈 이론이 유력한 통일장이론으로 부각되는 가운데 2012년에는 유럽입자물리연구소가 중력을 부여하는 입자인 힉스입자와 유사한 성질을 가진 입자의 존재를 확인하였다고 발표함에 따라 과연 표준모형이 완성될 것인가에 대해 물리학계의 초미의 관심을 끈 바 있다. 그러나 4년이 지난 2016년 초 힉스입자보다 질량이 6배나 큰 입자가 발견되면서 힉스입자의 존재여부는 아직 미해결되었다는 점을 시사하고 있으며, 힉스입자의 존재를 부정하던 호킹 박사를 필두로 한 물리학자들도 그들의 의견을 여전히 철회하지 않고 있다.

2. 상대성이론과 양자역학의 부상

2.1. 상대성이론

현대물리학은 크게 두 축으로 구성되어 있다. 하나는 거시우주를 설명하는 상대성이론이고 다른 하나는 미시우주를 설명하는 양자역학이다.

상대성이론은 특수상대성이론과 일반상대성이론으로 구성되어 있는 데, 특수상대성이론은 빛의 속도가 시간이나 공간과 관계없이 늘 일정하다는 것에서 착안한 것으로, 그런 빛을 매개로 시간과 공간을 엮어 놓은 것이다.

여기서 한걸음 더 나아가 아인슈타인은 '중력이란 질량을 가진 무엇이 행사하는 힘'이라는 것에서 착안하여 질량과 에너지의 관계를 풀어낸다.

그 관계는 '$E=MC^2$'이라는 유명한 식에 따르는데, 보시다시피 질량과 에너지의 관계에도 '빛'이 매개요소로 작용하는 것이다. 아인슈타인은 이것을 단서로 하여 '시공간'과 '질량 – 에너지' 마저도 통합했고, 이것이 바로 중력장방정식(중력장, 아인슈타인 방정식)으로 정리한 일반상대성이론이다.

다시 말해, 빛을 매개요소로 하여 '시간 – 공간 – 에너지 – 물질'의 관계를 하나의 논리체계로 엮어 놓은 것이다. 하지만 이 대단한 연구를 주도했던 아인슈타인은 자신의 결과에 만족하지 못했다.

망원경으로 관찰할 수 있는 우주는 상대성이론으로 그 움직임을 잘 예측할 수 있었지만, 그것으로 현미경으로 보는 우주를 설명할 수는 없었기 때문이다. 그런 미시우주를 설명하는 논리는 당연하게도 원자규모의 세계를 연구하던 학자들에 의해 정리되었고, 그것이 바로 상대성이론과 함께 현대 물리학의 다른 한 축을 구성하고 있는 양자역학인 것이다. 물리학계에서는 일반적으로 상대성이론이 결정론적 세계를 지지한다는 이유로 상대성이론까지를 고전물리학으로 분류한다. 아인슈타인은 양자론이 불확실한 우주를 상정하는 것을 매우 못마땅하게 여겨 "신은 주사위놀이를 하지 않는다."라고 말하기도 하였다.

2.2. 양자역학의 태동

요즘은 모든 학자들이 당연한 것으로 받아들이는 양자역학과 소립자물리학은 자연이 보여 주는 거시적 이치만이 아닌, 그런 변화를 주도하리라 예상되는 주체가 되는 기본 물질에 대한 아이디어에서 출발한다.

이 세상의 변화를 주도하는 기본물질에 대한 탐구는 고대부터 지금까지 지속되어 왔다. 고대 인도에서는 지(地) – 수(水) – 화(火) – 풍(風)을 자연계의 기본 구성 물질로 보았고, 중국에서는 주역의 음양론과 이에 영향을 받은 음양오행설(불 – 물 – 나무 – 쇠 – 흙(火水木金土))에 의해 자연계를 설명하였으며, 서구에서는 인도철학의 영향을 받아 물, 불 혹은 '물 – 불 – 흙 – 공기'가 자연계의 기본 구성성분이라고 생각해 왔다. 이러한 견해 이외에도 에테르나 플로지스톤과 같은 가상의 물질을 상정한 사람들도 있었다. 이런 아이디어들은 오랜 기간 묻혀 있다가 산업혁명 시기에 본격적으로 발굴되어 재검토된다(플로지스톤은 17세기 말의 이론임). 그 덕택에 현대에는 백여 개에 달하는 원자가 자연계의 기본구성 물질임을 알게 되었다.

하지만, 원자를 더 자세히 들여다보기를 원했던 일부 학자들에 의해 '자연계의 기본구성 물질로서의 원자'는 해체된다. 독립적으로 존재할 줄만 알았던 원자들에서 전자와 양성자, 중성자와 같은 공통성분이 발견된 것이다. 그 사실에 흥분한 학자들은 일련의 연구를 진척시켰고 그 결과 지금은 그 원자를 구성하는 미립자들을 정리한, 새로운 주기율표인 '표준모형(Standard Model)'을 거의 완성한 상태이다.

그것에 대해 더 얘기하기 전에 잠시 다른 측면을 살펴보면, 근대에 이르러 (연금술에 심취하기도 했던) 뉴턴은 지구상에서의 물질의 운동방식과 지구 밖 행성들의 운동방식이 동일함을 밝혀내 그 질서를 '만유인력'으로 정리했고, 맥스웰은 전기력과 자기력이 동일한 힘의 다른 측면이라는 사실을 '맥스웰 방정식'으로 풀어냈다. 그렇게 정리된 중력과 전자기력은 우리가 흔히 경험하는 힘으로 자연계의 기본 힘에 해당된다. 그런데 미시세계를 연구하던 학자들은 중력과 전자기력만으로는 원자 내에서 벌어지는 현상을 설명할 수 없음을 알게 되는데, 그래서 새로이 상정한 힘이 핵력이다. 원자핵에는 양전하를 갖는 양성자가 아주 좁은 공간에 밀도 있게 뭉쳐 있다. 하지만 같은 양전하를 가지고 있음에도 그것들이 서로 뭉쳐 있는데, 그것은 중력이나 전자기력으로는 도저히 설명할 수 없는 현상이어서 학자들은 전자기력에 의한 척력을 극복하고도 남을 정도로 원자핵을 단단히 묶어 주는 또 다른 종류의 힘을 상정하였고 그것이 바로 '강한 핵력(이하 강력)'인 것이다.

사실 전자기력은 중력에 비하면 엄청나게 강한 힘인데 이는 지구 전체가 중력으로 끌어당기는 클립을 아주 작은 자석 하나로 다시 끌어올릴 수 있을 정도이다. 하지만 양성자들을 묶어 주는 핵력은 그런 전자기력보다도 강해서 그것을 강한 핵력이라고 부른다. 그런데 그토록 강한 힘을 가지지만 그 힘이 이웃한 다른 원자의 핵에 미치지는 못한다. 중력과 전자기력의 영향력이 거리의 제곱에 반비례한다면, 핵력(강력과 약력 모두)의 영향력은 거리의 6제곱에 반비례하기 때문이다. 조금만 멀어져도 그 힘이 매우 약해져 말 그대로 '핵' 내부에서만 그 힘이 드러날 정도여서 당연히 우리는 그 힘을 경험하기 힘들었던 것이다.

하지만 재미있게도 그토록 강한 힘에 의해 뭉쳐 있는 원자핵도 아주 가끔은 붕괴된다는 것이다(반감기). 이 과정에 관여하는 힘을 '약한 핵력(이하 약력)'이라고 하는데, 이렇게 두 개의 핵력이 추가되어 현재 우리는 '만유인력, 전자기력, 강력, 약력'을 우주의 4가지 기본 힘이라고 말한다. 그것들을 힘의 크기에 따라 나열하면, '강력 〉 전자기력 〉 약력 〉 중력'순이다.

오늘날 이론 물리학의 중심을 이루는 도전이 바로 이 네 가지 힘을 하나의 힘으로 통합하는 것이다. 그런데 아원자장(원자를 구성하는 입자 사이에 작용하는 힘)의 방정식들은 아인슈타인의 중력장 방정식과 어째서 그렇게 크게 달라 보이느냐 하는 것이다. 다시 말해 왜 핵력은 중력과 전혀 다르게 보이느냐 하는 것이다. 물리학의 위대한 지성들이 이 문제에 뛰어들었지만 모두 실패하였다. 아인슈타인 이래 20세기 물리학의 대가들은 이런 통일장이론을 발견하고자 노력하였지만 모두 실패하고 말았던 것이다.

그런데 소립자물리학과 같은 양자역학을 연구하는 학자들에게는 다소 진전이 있어서 핵력과 전자기력을 통합하는 데 성공한다.

앞서 언급한 '궁극의 주기율표인 표준모형'에서 다뤄지는 여러 소립자들의 상호작용을 통해서 강력과 약력 그리고 전자기력이라는 힘이 드러난다는 것을 밝혔던 것이다. 그런데 통합작업이 한계에 부딪쳤는데, 이는 중력이라는 힘이 너무나 약해서 미시우주에서는 그 효과가 거의 드러나지 않는다는 것이다. 그러다 보니 중력이 다른 힘과 연계되어 있다면 그것을 '매개하는 무엇(힉스입자)'이 존재할 것이고 이는 '어떤 성질을 가지고 있을 것이다'라고 추정하게 되었다. 이것이 소위 '신의 입자'라 불리는 힉스입자인 것이다.

하지만 그 통합의 과정에서 문제가 되는 '중력'의 작용방식은 상대성이론을 통해서는 잘 설명되어 있으며, 학자들은 블랙홀에 주목하고 있다. 그것은 상대성이론을 통해 그 존재가 예측되었는데, '특이점'이라고도 부를 정도로 그 규모가 매우 작다. 그렇기 때문에 블랙홀이 거시우주와 미시우주의 특징을 모두 가지고 있으리라고 예상하고 있다. 그런 블랙홀을 연구함으로써 표준모형의 한쪽 구석에 빈자리로 남아 있는 '힉스입자'라고 불리는 무엇을 발견해 낼 수 있을 것이라는 기대로 인류는 10조 원이라는 큰돈을 들여서 유럽에 거대입자가속기를 만들었고, 그 실험을 수행하고 있는 것이다.

2.3. 양자역학의 놀라운 성과

그동안 뉴턴을 필두로 하는 고전물리학은 우주를 움직이는 법칙이 결정론이라는 점을 추호도 의심하지 않았다. 그런데 보어와 하이젠베르그를 필두로 하는 양자역학자들은 원자가 관찰자의 개입 여부에 따라 입자 또는 파동으로 그 모습을 바꾸는 이중성을 가지고 있다는 사실을 밝혀냈다. 바로 원자가 '자유의지'를 가지고 있음을 밝혀낸 역사적 사건이었다. 왜냐하면 뉴턴의 이론에 기반을 둔 고전물리학에서는 우주란 신이 만들어 낸 기계장치로서 이에 인간이 개입할 여지는 전혀 없다는 결정론을 굳게 믿어

왔었는데, 원자가 자유의지를 가졌다는 것은 신의 창조물도 창조할 수 있는 능력이 있다는 것으로 이는 기존의 믿음을 여지없이 뒤집어엎는 엄청난 주장이었기 때문이다. 즉 인간의 의식이 과학에 도입되는 첫 시도인 것이 바로 양자역학인 것이다.

미시세계는 거시세계와 달리 의식의 개입 없이는 설명할 수 없었다. 이를 하이젠베르그는 '불확정성의 원리'라고 불렀고, 코펜하겐학파는 그 원리를 아래와 같이 정리하였다.

(1) 모든 에너지는 양자(quanta)라고 하는 불연속 다발로 이루어져 있다(빛의 양자는 광자이고 약력의 양자는 W, Z보손이며 강력의 양자는 글루온, 중력의 양자는 중력자이다. 단, 중력자는 아직 발견되지 않았다).
(2) 물질은 점입자로 표현되지만 입자가 발견될 확률은 파동으로 주어진다. 그리고 이 파동은 슈뢰딩거 파동방정식을 만족한다.
(3) 관측이 행해지기 전에 물체는 모든 가능한 상태에 '동시에' 존재한다. 이들 중 어떤 상태에 있는지 확인하려면 관측을 해야 하고, 관측 행위는 파동함수를 붕괴시켜서 단 하나의 상태만이 관측결과로 얻어진다. 즉, 관측이 행해진 후에야 물체는 확고한 실체가 되는 것이다. 파동함수는 물체가 특정한 상태에서 발견될 확률을 나타내기 때문에 일정 지점에서 파동함수의 값이 크다면 전자가 그곳에 나타날 확률이 크다는 것이다. 이러한 발견은 그동안 고전물리학자들과 신학자들이 믿고 있던 결정론에 타격을 가하고, 인간의 자유의지를 고양시키는 시발점을 마련해 준 바 있다. 그러나 대부분의 물리학자들은 '관찰자 효과'라는 양자역학의 난해한 역설에 손사래를 쳤다.

이에 대하여 노벨상수상자인 유진 위그너는 자신의 저서를 통해 "관측자의 의식을 도입하지 않으면 양자역학의 법칙을 일관된 논리로 표현할 수 없다. 외부세계를 탐구하다 보면 궁극적인 진리는 의식에 담겨 있다는 결론을 내릴 수밖에 없다."라고 주장하였다.

유진 위그너

그리고 양자역학을 집대성한 리처드 파인만은 뉴턴의 고전역학으로 구한 경로는 유일하게 가능한 경로가 아니라 무한히 많은 경로들 중에서 가장 확률이 높은 경로라는 것을 수학적으로 증명하여 미시세계와 거시세계의 물리법칙이 다른 것이 아니라는 사실을 밝혀냄으로써 그동안 양자역학의 이론과 실험 결과가 정확히 일치함에도 불구하고 거시세계

리처드 파인만

와는 전혀 어울리지 않는 많은 문제들로 인하여 골머리를 앓아 왔던 물리학자들의 고민을 해결해 주었다.

하지만 파동함수의 붕괴라는 철학적으로 난해한 문제는 물리학에 의식의 개입을 꺼리는 물리학자들을 비롯한 많은 물리학자들에게 여전히 골치 아픈 문제였다.

1970년 독일의 물리학자 디터 제(Dieter

디터 제

Zeh)는 '결맞음과 결 어긋남'이라는 개념을 도입하여 이 문제의 해결을 시도하였다.

고양이가 상자 안에 들어 있다면 상자를 열어 보기 전에는 죽은 고양이와 살은 고양이가 병존하며 오직 상자를 열어 보아야 고양이가 죽었는지 살았는지 확인할 수 있다는 주장을 우리는 일반적으로 '슈뢰딩거의 고양이'라 부른다. 이에 대해 디터 제는 "현실세계에서는 고양이와 주변 환경을 분리시킬 수 없다."는 점을 지적하였다. 고양이는 주변의 공기분자와 상자, 그리고 심지어는 우주에서 날아오는 우주선(cosmic ray)과 끊임없이 접촉하고 있으며, 이 접촉을 완전히 차단할 방법이 없으므로 주변 환경과 완전히 고립된 고양이는 있을 수 없다는 것이다. 고양이와 주변 환경의 상호작용은 그 강도가 아무리 작다 해도 파동함수에 근본적인 변형을 일으킨다는 것이다. 디터 제는 "단 하나의 분자가 고양이를 교란시켜도 고양이의 파동함수는 살아 있는 고양이와 죽어 있는 고양이로 분리되며, 일단 분리된 파동함수는 서로에게 영향을 미치지 않는다."는 사실을 증명했다. 다시 말해서, 상자뚜껑을 열기 전에도 고양이는 공기분자와 상호작용을 하고 있으므로 이미 죽었거나, 혹은 살아 있거나 둘 중 하나라는 것이다.

디터 제는 살아 있는 고양이와 죽어 있는 고양이가 병존하려면 산 고양이의 파동함수와 죽은 고양이의 파동함수가 거의 동일한 모드로 진동하고 있어야 한다는 사실을 지적한다. 이러한 '결맞음(coherence)' 상태는 현실세계에서 만족될 가능성이 거의 없다. 그러므로 현실에서는 '결 어긋남' 상태가 일반적이라는 것이다.

이 논리에 의하면 파동함수는 의식에 의하여 붕괴되는 게 아니라 외부세계와 무작위로 상호작용을 받으면서 붕괴된다는 것으로서 양자역학에 의식의 개입을 배제시키는 데는 성공하고 있으나, 두 개의 파동함수 중 어떤 것이 선택될지는 여전히 미지수로 남는다.

휴 에버렛 3세(Hugh Everett Ⅲ)는 죽은 고양이와 살아 있는 고양이가 각각 다른 우주에 존재한다는 가정을 도입하면서 이 문제를 해결하였는데 이는 '다중우주'를 가정한 것이다.

에버렛의 다중우주 해석에 의하면 상자의 뚜껑을 여는 순간에 우주는 두 갈래로 갈라져 운행된다. 이들 중 하나의 우주에서 고양이는 살아 있고, 다른 우주의 고양이는 죽은 채로 존재한다. 이는 임의의 관측이 행해질 때마다 양자적 분기점이 형성되면서 우주는 끊임없이 갈라지고 있다는 가정에서 출발한다. 단지 하나의 가능성만 존재하더라도 그 사건이 발생하는 우주는 반드시 존재하며, 이 모든 우주들은 우리가 살고 있는 우주만큼 현실적이라는 것이다.

이 논리에 따르면 양자역학의 세 번째 가정인 파동함수의 붕괴를 도입할 필요가 없다. 왜냐하면, 지구에서는 죽은 고양이가 발견된다면 다른 우주에는 죽은 고양이가 존재하기 때문이다. 이처럼 수천, 수백만 갈래로 갈라지는 우주를 받아들이기만 하면 '관측과 파동함수의 붕괴'라는 골치 아픈 문제로부터 해방될 수 있다.

다중우주론을 지지하는 앨런 구스는 "엘비스가 아직도 살아 있는 우주는 존재한다."고 말했고, 프랭크 윌첵은 "나와 조금 다른 무수히 많은 인간들이 평행우주에 살고 있으며, 그들이 무언가를 관측할 때마다 또 다른 내가 생겨나서 각자 다른 미래를 경험하고 있다."고 말한다. 이와 같이 상상할 수 있는 모든 가능한 우주들이 동시에 진행되고 있다는 주장은 마치 공상과학소설처럼 우리의 흥미를 자극하지만, 현실로 받아들이기엔 다소 황

당한 구석이 있다.

다중우주는 과연 존재할 것인가?

노벨상 수상자인 스티븐 와인버그는 다중우주론을 라디오방송에 비유해서 말한다.

"지금 이 순간에도 당신의 주변 공간은 먼 거리에 있는 방송국으로부터 송출된 수백 종의 전파로 가득 차 있다. 사무실에서 일을 하고 있건, 거실의 소파에 앉아 있건, 또는 자동차를 운전 중이건 간에 수백 종의 라디오 전파는 언제 어디서나 당신을 따라다니고 있다. 그러나 당신이 라디오를 켜면 그들 중 단

스티븐 와인버그

하나의 전파만을 수신할 수 있다. 주파수가 맞지 않는 다른 전파들은 결어긋남 상태에 있기 때문에 각기 다른 위상을 갖고 있으며, 그 결과 당신의 라디오는 한 번에 단 하나의 방송만을 듣게 되는 것이다. 이와 마찬가지로, 우리가 살고 있는 우주는 물리적 진실과 일치하도록 진동수가 세팅되어 있다. 평행우주는 다들 비슷하게 생겼지만, 함유하고 있는 에너지의 양이 서로 다르다.

각각의 우주는 무수히 많은 원자들로 이루어져 있으므로, 에너지의 차이도 매우 클 것이다. 그런데 파동의 에너지는 파동의 진동수에 비례하기 때문에 각 우주를 나타내는 파동들은 진동수가 서로 달라서 상호작용을 하지 않으며 서로에게 영향을 줄 수도 없다."

놀랍게도 과학자들은 이를 이용하여 파동함수의 붕괴를 전혀 고려하지 않은 채 코펜하겐학파가 얻은 결과를 고스란히 재현하는 데 성공했다. 이는 다중우주론이 이 현실세계에 위배되지 않는다는 것을 의미한다. 보어가 제안했던 파동함수의 붕괴는 '주변 환경에 의한 교란'과 수학적으로 동등한 의미를 갖는 것으로서 이는 슈뢰딩거의 고양이를 공기분자와 우주선 등 모든 주변 환경으로부터 완전히 고립시킬 수 있다면, 고양이는 살아 있는 상태와 죽은 상태로 동시에 존재할 수 있다는 뜻이다. 그러나 현실적으로는 주변 환경과의 완전차단이 불가능하고, 이 두 가지 상태로의 동시 존재는 불가능함은 물론이다.

이 평행우주의 개념은 양자컴퓨터와 양자적 공간이동(quantum teleportation)에도 응용되고 있다.

아인슈타인과 그의 동료들은 양자역학의 한계를 지적하기 위해 시행한 역설적인 실험(이를 EPR역설이라 한다)을 통해 양자역학이 근본적으로 비국소적인 특성을 가지고 있으며, 한곳에 가해진 교란은 다른 곳으로 '즉각적으로' 영향을 미친다는 것을 증명하였다. 이것은 모든 것은 빛의 속도를 초과할 수 없다는 공리에 어긋나고, 이 우주가 국소적이어서 우주의 한 부분을 교란시키면 그곳을 중심으로 영향이 파급되어 나간다는 당시의 생각에 어긋나는 것이었다. 따라서 아인슈타인은 이것을 '원거리유령작용'이라고 부르면서, 상식적으로 말도 안 되는 결과라고 치부하였다. 그러나 1964년 물리학자 벨은 정교한 실험을 통해 양자역학의 가정이 옳음을 증명하였고, 그 후 여러 차례 실험을 통하여 어떤 특정한 형태의 정보는 빛보다 빠르게 전달되고 있음이 확인되었다. 그러나 벨의 실험이 빛보다 빠른 정보의 입수가 가능하다는 것을 증명하였지만, 텔레파시를 빛보다 빠르게 전송할 수 있다는 뜻은 아니다. 왜냐하면 전자의 스핀은 측정할 때마다 무작위로 달라지기 때문에 EPR전송장치는 무작위 신호만을 전송할 수 있을 뿐이다. 다시 말해서, 우주 반대편에 있는 은하의 정보를 즉각적으로 수신할 수는 있어도, 유용한 정보를 이런 식으로 교환할 수는 없다는 것이다. 정보를 '알아내는 것'과 '전송하는 것'은 전혀 다른 행위이기 때문이다.

다만, 한 가지 확실한 것은 우리 스스로를 우주로부터 완전히 격리시킬 수 없다는 것이다.

우리의 몸을 이루고 있는 모든 원자들과 우주 저편에 있는 원자들은 '우주적으로 얽혀 있는' 관계에 있는 것이다. 우주의 모든 만물은 빅뱅이라는 하나의 사건으로부터 탄생했으므로 우리의 몸을 이루고 있는 원자들은 모종의 '우주적 연결망(cosmic web)'을 통하여 우주 저편에 있는 원자들과 어떻게든 연결되어 있을 것이다. 양자적으로 얽혀있는 입자들은 천문학적 거리에 걸쳐 일종의 탯줄(파동함수)로 연결되어 있는 쌍둥이라고 할 수 있다. 이들 중 한쪽에 어떤 일이 일어나면 다른 한쪽에 그 영향이 즉각적으로 전달되며, 한 입자에 대한 정보가 알려지면 다른 입자의 정보도 즉각적으로 알려진다. 양자적으로 얽혀있는 한 쌍의 입자들은 그들 사이의 거리가 아무리 멀다 해도 마치 하나의 물체처럼 행동한다. 기존의 우주관은 이렇게 수정되었다.

"모든 사물은 혼자서는 존재할 수 없다."

1993년 EPR 얽힘을 이용해 양자적 공간이동장치가 고안된 이래 1997년과 1998년에 칼텍과 덴마크 오르후스대학, 웨일스대학의 과학자들은 광자 하나를 책상 너머로 공간이동 시키는 데 성공했다.

그 후 양자적 공간이동 기술은 빠르게 발전하고 있는데 2003년 스위스 제네바의 과학자들은 광케이블을 이용하여 광자를 약 2km 거리까지 공간이동 시키는 데 성공하였으며, 2004년에는 미국표준기술연구소의 과학자들이 원자 하나를 통째로 공간이동 시키는 데 성공했다. 이들은 세 개의 베릴륨(Be)원자를 양자적으로 얽히게 만든 후, 한 원자의 특성을 다른 원자에 복사하여 전체적인 공간이동을 실현시켰다. 보다 큰 물질에 공간이동 기술이 적용될 수 있다면 그 응용분야는 무궁무진하고 인류는 제4의 도약대를 마련하게 될 것이다.

많은 물리학자들이 평행우주론에 지지를 보내고 있지만 이 이론에 회의적인 존 휠러는 "모든 존재는 정보에 뿌리를 두고 있다. 달이나 은하, 원자 등을 바라볼 때 존재의 본질은 그 안에 저장되어 있는 정보에서 비롯된다. 단, 이 정보는 우주가 자기 자신을 관측했을 때 비로소 현실적인 존재로 드러난다. 우주를 구성하는 물질들(it)이 존재하게 된 것은 우주의 정보(bit)가 관측되었기 때문이다."라고 주장한다. 이 주장은 「모든 존재는 정보에서 비롯되었다(It from bit).」는 주장으로서 요즈음 떠오르고 있는 이론으로 지지자들을 넓혀가고 있다.

양자역학은 "아무리 기이하고 터무니없는 사건이라 해도, 발생확률이 0이 아닌 한 반드시 일어난다."는 아이디어에 기초하고 있다. 이 아이디어는 빅뱅을 설명해 주는 인플레이션 이론의 핵심 아이디어이기도 하다. 이 이론에 의하면 빅뱅이 처음 일어나던 순간에 우주가 갑자기 엄청난 규모로 팽창하는 양자적 전이가 일어났기 때문에 지금과 같은 우주로 진화되었다는 견해로서, 지금 이 순간에도 우리의 우주에서는 발생확률이 지극히 적은 양자적 도약이 수시로 일어나고 있다고 본다. 실제로 컴퓨터와 CD 등에 들어있는 전자들은 규칙적으로 사라졌다가 다른 장소에서 갑자기 나타나곤 한다. 만일 전자가 두 개의 장소에 동시에 존재할 수 없다면 현대문명은 당장 와해될 것이다.

하나의 전자가 이곳저곳에 존재하면서 미시세계를 종횡무진 누비고 있다면, 우주라고 해서 그러지 말라는 법이 어디 있겠는가? 빅뱅이 일어나기 전의 우주는 전자보다 작았지 아니한가?

양자역학에 입각하여 전자를 생각해 보자. 전자는 오직 하나밖에 없어도 원자핵 주위의 다양한 장소에 존재하는 상태가 공존하고 있다고 보는 것이 양자론의 입장이다. 이것은 A의 장소와 B의 장소의 "어느 쪽에 존재하고 있다."고 정해져 있는 것이 아니라, 어느 쪽에 존재하고 있는 상태가 '공존'하고 있는 것이다. 바로 확률적으로만 말이다.

이 '공존의 방식'을 '공존도'라고 하는데, 이것은 다양한 가능성을 가지고 있지만 제멋대로는 아니다. 원자핵 주위의 전자의 경우, 원자핵에 가까운 위치에 있는 상태일수록 공존도가 높고, 멀어질수록 공존도는 0에 가까워진다. 어떠한 공존 방식이 허용되는지를 결정하는 것이 양자론의 기본법칙이다. 그리고 허용되는 각각의 공존방식에 대응하여 그 전자가 가지는 에너지가 결정되고 있다.

이와 같은 양자론의 생각이 어떻게 빛(전자기파)에는 적용될까?

전자의 경우, 여러 장소에 있는 상태가 다수 공존하고 있다고 설명하였다. 전자기파의 경우는 파동이므로 장소가 퍼지고 있는 것은 당연하다. 전자기파를 양자론에서 생각할 때 문제가 되는 것은 장소가 아니라 파의 진폭이다. 진폭이란 파의 높이이다. 예를 들어 수면파를 생각해 보자. 그것이 1m 높이의 파인가, 2m 높이의 파인가의 차이는 눈으로 보면 알 수 있으며, 더욱 미세한 차이라도 정밀한 기계를 사용하면 조사할 수 있다.

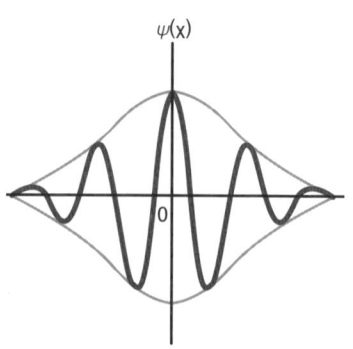

그러나 미시의 수준이 되면 그렇지가 않다. 파는 하나의 진폭만을 진동으로 하고 있는 것이 아니다. 다양한 진폭을 가진 파가 공존하고 있다. 전자기파의 경우도 마찬가지이다. 매우 세밀하게 조사하고 나서야 알 수 있는 일이지만, 반드시 다양한 진폭의 파가 공존하고 있다.

공존 방식은 전자기파에 대한 양자론에 의해 정해진다. 그렇다고 해서 하나로 정해지는 것은 아니다. 다양한 공존 방식이 있고 각각에 대하여 그 에너지가 정해진다. 그 에너지의 크기에 의하여 전자기파에 광양자가 얼마나 포함되고 있는가가 정해지도록 되어 있다.

예를 들면 사방 10cm(가로, 세로, 높이가 각각 10cm)의 상온(약 20도)의 용기 안에는 수천억 개의 광양자가 존재한다. 그러나 용기의 온도를 떨어뜨리면 이 수도 급격히 줄어드는데, 만일 $0°K$라는 이상적인 상태가 실현된다면 광양자의 수도 0이 된다. 광양자의 수가 0이라는 것은 어떤 상태를 의미할까? 극히 미시의 수준에서 보면, 전자기파의 진폭에는 다양한 크기의 것이 공존하고 있다. 공존의 방식도 다양한데, 그중에서 가장 에너지가 작은 것이 광양자가 0이라는 상태에 대응하고 있다. 파의 에너지가 그 진폭과 관계가 있다는 것은 누구나 알고 있을 것이다. 파의 산이 높으면 그 에너지도 크다.

그렇다면 에너지가 가장 작은 상태의 경우는 어떠한가?

양자론이 등장하기 전이라면, 진폭이 완전히 0(즉, 파가 아주 없는 상태)일 때 에너지도 최저라고 생각했을 것이다. 그러나 불확정성 원리에 따르면 입자의 위치에 대하여 이야기한 것이 파의 진폭에서도 일어난다. 만일 어떤 시간에 진폭이 완전히 0이 되었다면, 다음 순간에는 모든 진폭의 파가 공존하는 것이 되어 버리는 것이다. 즉, 파의 진폭을 될 수 있는 대로 작게 억제하려면 처음부터 어느 정도의 미세한 진폭의 차가 공존하고 있다는 것을 인정해야 한다.

그렇게 하면 공존하는 파가 서로 영향을 미쳐, 진폭이 그 이상 커지지 않도록 작용한다. 이 미세한 파를 '0점 진동(zero point wave)'이라고 부른다. 진폭이 0인 상태의 주변에서 일어나는 사소한 움직임이라는 의미이다.

광양자가 전혀 없는 상태란, 전자기파가 전혀 없는 것이 아니라 이 양자론적인 0점 진동이 충만해 있는 상태인 것이다. 그리고 사실 이것은 광양자에 한정된 이야기는 아니다. 전자이거나 양성자이거나 모든 입자의 0점 진동이 이 공간에는 가득 차 있다(정확히 말하면, 전자 등은 각 상태의 공존도가 0인 0점 진동이다).

결국 진공이란 결코 아무것도 없는 상태가 아니라 이러한 '0점 진동'이 충만해 있는 것이다.

양자이론에 따르면 입자들은 장(Field)이 양자화한 것으로 보기 때문에 진공에서의 입자들의 생성, 소멸은 자연스러운 현상이다. 만물은 소립자에서 출발하는 전자나 원자 등으로 구성되어 있으므로 물질이란 결국 공간에 있는 '장'으로 이루어진 것이며, 물체는 장이 양자화 되어 생성된 소립자들의 들뜬 집합체이다. 물체를 이루는 입자들이 소멸되지 않고 계속 존재할 수 있는 이유는 영점장의 파동과 공진(共振)하면서 계속 에너지를 공급받기 때문이다.

결국 만물이란 우주를 이루는 장이 요동치면서 만들어 내는 모습에 불과한 것이며, 그 에너지원은 영점장(zero point field)이다. 이 말은 부처님이 현실을 마음이 만들어 내는 환상이라고 일갈하신 것과 일맥상통한다.

결국 장 그 자체가 우주의 존재근원이고 생명인 것이다.

'장'의 특성은 '연결'이고 입자의 특성은 '분리'이다. 소립자 크기의 미세영역에서는 결맞음(비국소성) 현상이 일반적이고, 물질세계인 거시영역에서는 결 어긋남(국소성) 현상이 일반적이다.

장과 소립자는 절대계의 특성을 가지고 있고, 입자와 물질은 상대계의 특성을 가지고 있는 것이다.

끝으로 필자는 코펜하겐학파의 주장 (3)항과 관련하여 독자들의 보다 깊이 있는 이해를 돕기 위하여 아래의 견해를 밝히고자한다.

바로 관찰자효과에 관한 것이다.

필자가 생각하건대, 관찰자 효과란 관찰하는 관찰자의 파동이 안개처럼 퍼져 있던 전자의 파동과 일치할 때 그 전자의 파동이 관찰자의 파동과 감응하여 파동의 형태를 관찰자 생각과 유사한 형태로 변화시키는 효과를 말하는 것이다. 이 말은 절대계의 특성을 대부분 그대로 갖고 있어 '추상(抽象, abstract)' 상태로 구름처럼 머물던 전자가 관찰자의 파동과 만나면서

'구체(具體, concrete)'화되어 하나의 파동으로 나타나 물질화되는 것을 의미하는 것으로, 이 말은 신이 아니라「우리의 생각이 물질을 창조한다.」는 아주 충격적인 의미이다.

다시 말하면, 미립자에서 세포에 이르기까지의 미시세계의 존재들은 추상적 성분을 많이 가지고 있는 소위 '설계도 상태(추상)'의 존재라고 할 수 있으며, 이 존재들이 외부환경(이에는 '의식'이 포함된다)의 변화에 감응을 통해 분화와 결합을 하여 '물질상태(구체)'의 존재로 구체화되어 더 나아가 암석, 미생물, 식물, 동물, 인간 등의 형태를 띠고 이 세상에 현현하는 것이 존재인 것이다.

원자가 다른 원자와 부딪칠 때 뉴턴의 법칙을 따른다면 원자는 원자핵과 전자로 산산이 부서질 것이다. 그러나 다행히도 전자는 하나의 점이나 공이 아니라 원자핵의 주변에 구름처럼 퍼져 있으면서 다른 원자와의 결합을 유지하고 있기 때문에 이러한 끔직한 사건은 일어나지 않는다. 원자들이 굳게 결합하여 하나의 안정된 분자를 이룰 수 있는 것은 하나의 전자가 여러 장소에 '동시에'

존재할 수 있기 때문이다. 이와 마찬가지로 우주가 분해되지 않는 것은 전자가 동시다발적으로 존재할 수 있기 때문이다.

제2장

이 세상의 본질은 끈들의 파동이다

우주를 구성하는 최소단위가 입자가 아니라 파동이라는 이 이론은 물질이 본질이 아니라는 이야기와 다름없다.

그러면 과연 이 우주의 본질은 무엇이란 말인가?

바로 끈들의 파동이 본질이다.

1. 초 끈 이론

1.1. 초 끈 이론

질량을 부여한다고 추정되는 힉스입자를 찾는 데 노력을 기울이는 과학자들이 있는 반면, 힉스입자의 존재를 부정하고 질량이란 이 우주의 본질에서 나타나는 현상이라는 점을 증명해 주고 있는 이른바 초 끈 이론이 있다.

이 이론은 실험적으로 검증할 수가 없어서 지적유희라는 비판도 종종 받고 있으나, 필자는 이 우주의 본질을 가장 정확하게 설명해 주는 이론이라는 확신을 갖고 있다.

기본물질을 아무런 물리량도 갖지 않는 '점' 입자로 가정하게 되면, 수식 중에 '± ~/0(기본입자의 물리량인 '0'이 분모에 들어간 경우)'이라는 항이 적어도 하나는 있기 마련이며, 그러면 언제나 전체 수식을 계산한 값은 '±∞'가 된다. 사실상 의미가 없는 값이 도출되는 것이다. 학자들은 그래서 이 문제점을 해결하기 위해서(물리량을 갖지 않는 점 입자가 아닌) 최소한의 물리량(플랑크시간, 플랑크길이 등)만을 갖는 무엇을 상정하게 되었고, 결국 지금 '초 끈(10차원)'이라고 부르는 것을 가정했을 때, 여러 관련 이론들을 통합하면서도 계산상에 문제가 없어진다는 것을 알게 되었다. 지금 이 이론은 하나의 차원을 더한 '막 또는 면'이론(M이론, 11차원)으로 발전하고 있는 중이다.

초 끈 이론을 보다 상세히 살펴보면, 우주를 구성하고 있는 최소단위가 점같이 생긴 입자가 아니라 끊임없이 진동하는 매우 가느다란 끈이라는 것이며 그 끈은 흔히 우리가 보는 원자, 분자로 이루어져 있는 끈이 아니라 더 이상의 세부구조를 갖고 있지 않는 가장 기본 단위라는 것이다.

끈 이론의 가장 큰 매력은 상대성이론과 양자역학의 충돌을 무마시킬 수 있는 가능성을 지녔다는 것인데 쉽게 예를 들면, 바이올린 줄이 어떻게 진동하느냐에 따라 음색이 달라지듯이, 만물의 근원인 끈의 진동세기와 패턴에 따라 다른 질량을 가진 소립자와 다른 힘을 가진 입자의 모습을 보인다는 것이다.

아인슈타인의 특수상대성이론에 의하면 질량과 에너지는 야누스의 얼굴을 지니고 있다. 질량과 에너지는 근본적으로 서로 같은 존재이지만 서로 다른 형태를 가지고 있다. 바이올린의 끈을 세게 퉁기면 격렬하게 진동하지만 약하게 퉁기면 부드럽게 진동하듯이 끈의 진동이 격렬하면 에너지가 많다는 뜻이고 거기에 똑같이 대응해 질량의 무게가 커지는 것이고, 끈의 진동이 약하면 에너지가 작다는 것이고 거기에 대응해 질량의 무게가 작다는 것이다. 이것은 끈의 진동세기에 의해서 힘의 크기가 결정되고, 끈의 진동패턴(모양)이 변함에 따라 힘의 종류(중력, 전자기력, 약력, 강력)가 결정된다는 것으로 끈 이론은 상대성이론과 양자역학의 충돌이 되는 중력문제를 해결하는 실마리를 제공하고 있다.

끈 이론이 아름답게 여겨지는 이유는 음악과 일맥상통하는 부분이 많기 때문이다. 우주는 미시적 규모나 거시적 규모에서 음악과 비슷한 특징을 가지고 있다. 끈이 연주하는 멜로디는 화학법칙에 해당하며, 우주를 지배하는 물리법칙은 수많은 끈들이 동시에 진동하면서 만들어내는 거대한 교향곡에 비유될 수 있다.

세계적인 바이올리니스트인 예후디 메뉴인의 말을 빌리면 "음악은 혼돈 속에서 질서를 창출하는 능력이 있다. 리듬은 다양한 대상에 일치감을 부여하고, 멜로디는 불연속적인 대상에 연속성을 부여한다. 그리고 화성(和聲)은 판이하게 다른 것들 속에서 화합을 이끌어 낸다."

일찍이 칼루자와 클라인은 고차원이론을 연구하면서 아인슈타인의 방정식을 5차원으로 확장시킨 후 다섯 번째 차원에 해당되는 부분을 골라내서 보니, 맥스웰의 방정식과 거짓말처럼 일치함을 발견하였다. 이는 맥스웰의 전자기이론이 5차원의 아인슈타인의 방정식에 자동으로 포함되어 있었다는 뜻으로 우리는 다섯 번째 차원을 볼 수 없지만 이곳에서 형성된 파동이 바로 빛의 형태로 우리 눈앞에 나타나고 있다는 이야기가 되는 것이다. 사실 칼루자의 이론은 아름답고 심오한 대칭의 위력을 보여 주고 있었으나, 양자 중력 이론과 마찬가지로 무한대와 비정상성을 포함하고 있으며 왜 고

차원을 볼 수 없는가에 대한 문제점을 안고 있었다.

끈 이론은 칼루자의 가정을 수용하여 4차원 세계만을 다루던 물리학에서 벗어나 10차원 공간을 도입함과 아울러 끈의 위상(topology) 과 초대칭성을 전제조건으로 받아들임으로써 상대성이론과 양자역학의 모순을 말끔히 해결 하였다. 끈 이론에 의하면 이 우주는 원래 모 든 힘들이 한 종류로 통합되어 있는 10차원 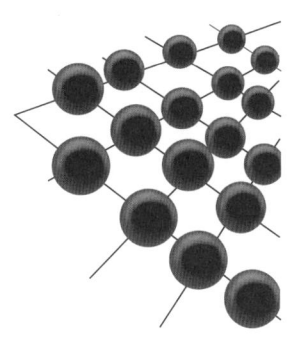 의 객체였는데 이 10차원 공간은 매우 불안정한 상태였으므로, 빅뱅이라는 거대한 사건을 겪으면서 여섯 개의 차원은 아주 작은 영역 속으로 말려 들 어가고 지금과 같이 4차원의 시공간만 남게 되었다는 것이다. 말려 들어간 여섯 개의 차원은 너무나 작은 곳에 숨어 있기 때문에 눈이나 정밀한 관측 도구로도 볼 수 없으며 그 안에 어떤 다른 객체도 존재할 수 없다고 한다.

그동안 수많은 끈 이론학자들이 배출되어 칼라비(다우 다양체)를 분석해 내면서 숨어 있는 6차원 공간의 위상이 쿼크와 렙톤의 특성을 결정한다는 사실을 확인하는 등 커다란 성과를 거두고 있다.

에드워드 위튼

특히 1994년에는 프린스턴의 에드워드 위 튼과 케임브리지대학의 폴 타운센트가 이 세 상은 끈이 아니라 막(membrane)에 기초하 고 있으며, 10차원의 끈 이론은 11차원의

레너드 서스킨드

브레인이론의 근사적인 서술에 지나지 않는다는 혁명적 아이디어를 발표하였는데 이를 M이론이라 부르고 있다.

또 다른 부류의 초 끈 이론을 이끌고 있는 스탠퍼드대학교의 이론물리학자인 레너드 서스킨드(Leonard Susskind)는 그의 최근 저서《우주의 풍경》에서 우주의 정의를 "실재하는 메가 버스로 채워진 가능성의 풍경"이라는 한마디로 정의하면서 다중우주론을 지지하고 있다.

1.2. 힉스장

레너드 서스킨드는 힉스장에 대하여 아래와 같이 말한다.

"'힉스장이 입자들에게 질량을 부여한다.' 도대체 이것이 의미하는 것은 무엇인가? 만약 힉스장 또는 힉스입자가 등장인물에서 빠진다면 표준모형을 기술하는 양자장이론의 수학은 모든 입자들이 마치 광자처럼 질량이 없을 때에만 정합적이 된다. 전자, 쿼크, W 보손, 그리고 Z 보손과 같은 입자들의 실제 질량은 힉스 입자들의 흐름을 통과할 때 그것이 어떻게 운동하는가에 따라 결정된다. 힉스의 흐름인 힉스 유체가 입자들의 운동에 저항한다는 것이다. 그러나 그 저항은 운동하는 입자들을 느리게 해서 결국은 멈추게 하는 마찰력과는 다르다. 대신 그것은 속도의 변화에 대한 저항, 즉 관성 또는 질량을 의미한다. 통상 알고 있는 진공 상태에 비해 힉스장은 약간 다르다. 텅 빈 공간에서 그것의 평균값은 0이 아니다. 그것은 마치 공간을 가득 채우고 요동치는 가상 입자의 바다에 힉스 입자들로 이뤄진 끊임없는 흐름이 더해진 것과도 같다. 어떤 미친 과학자도 힉스장을 쓸어버리지는 못할 것이다. 1세제곱센티미터의 공간에서 그것을 없애는 데에만 태양이 100만 년 동안 내놓는 에너지가 필요하다. 하지만 약 140억 년 전에는 우주의 온도가 너무 높아서 우주 전체에서 힉스장을 제거할 수 있었다. 나는 온도와 압력이 엄청나게 높았던, 대폭발 직후의 아주 초기의 우주에 대해서 이야기하고 있다. 물리학자들은 우주가 힉스장이 0이었던 곳, 즉 언덕 위(특이점)에서 출발했다고 믿고 있다. 호주머니우주는 식으면서 경사면을 굴러 내려와 우리가 지금 '살고' 있는 계곡에 도착했다. 이것이 현존하는 우주의 풍경이다."

서스킨드는 힉스입자를 인정하는 듯한 태도를 보이고 있으나 그 실제 의미에서는 진공 그 자체를 힉스장이라는 용어를 사용하여 설명하고 있는 것으로 보인다.

힉스입자 존재를 인정하는 과학자들은 진공을 아무것도 존재하지 아니하는 상태라고 결론내리고 이를 0이라고 하여 동양의 무(無), 서양의 'nothing'과 같은 의미로 이해하고 있으나, 불교에서 공(空)을 나타내기 위하여 창안한 0이라는 숫자는 백지상태를 의미하는 것으로 신이 마음대로 그림을 그릴 수 있는 그릇인 무소부재를 의미하는 것이다. 따라서 진공에서의 양자요동을 가짜진공 또는 양자진공이라는 이름을 붙이고 이 요동의 실체에 대해 힉스가 중력을 부여하는 입자라고 제안한 일명 힉스입자라고 규정하고 이론을 전개하고 있으나, 앞에서도 여러 번 언급한 것처럼 중력의 실상은 힉스입자의 개입이 아니라 순수의식인 진공의 충동이라고 필자는 생각한다.

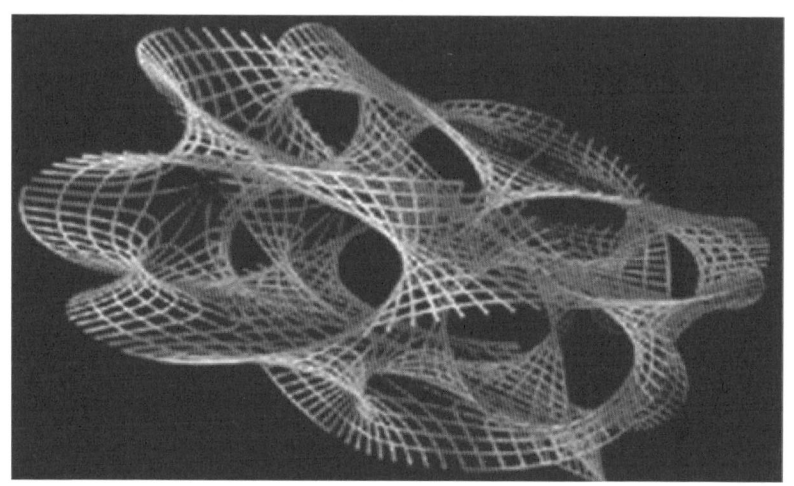

"칼리비-야우 공간Calabi-Yau Space"

2. 초대칭성(Supersymmetry)

자연은 대칭성을 선호한다. 모든 근본적인 자연법칙은 세상의 밑바닥에 놓인 대칭성의 발현에 불과한 것으로 여겨진다. 대칭성이란 대상에 무슨 일을 한 후에도 아무 변화가 없는 특징을 일컫는다. 대칭성이 가장 강하게 나타나는 곳은 허공이다. 허공은 0을 뜻하므로 결국 우주는 공(空)에서 시작되었음을 뜻하는 것이다. 물론 오늘날 세상에서는 자연의 대칭성 일부가 흠이 나서 다소 깨졌는데, 그 이유는 우주는 가장 대칭적인 상(相)인 0(사실 0을 우리는 무(無)라고 알고 있지만 이는 서양교육 탓이다. 0은 무가 아니라 불교에서 말하는 공(空)을 뜻하기 위해 불교에서 창안해 낸 숫자로서 공이란 원융을 뜻하고 그 속에는 무한 정보를 담을 수 있는 그릇을 의미하는 것이다)인 상태에서는 매우 불안정하므로 대칭성이 깨져 보다 안정적인 유(有)의 세상(이를 수의 시작인 1로 표시할 수 있다)으로 바뀐 것이다. 물리학자들은 빅뱅이라는 타는 듯이 뜨거운 불덩이 안에서는 대칭성이 권력을 휘둘렀다고 믿고 있다. 이러한 믿음의 증거는 높은 온도에서는 구조가 보다 단순해진다는(보다 대칭적이라는 말이다) 관측결과에 있다.

가령 얼음은 여기저기 거품이나 금, 틈이 있으나 물이 증발한 수증기는 이러한 불규칙성이 사라진다. 온도가 올라갈수록 보다 대칭적이 되는 것이다. 우주에는 네 가지 힘이 존재하는데 이 힘들은 빅뱅 최초의 순간처럼 극도로 높은 온도에서는 중력을 제외한 모든 힘들이 하나의 힘인 '초힘(superforce)'으로 융합되는 것이 CERN의 실험결과 밝혀졌다.

그러나 핵력과 전자기력이 하나의 힘으로 합쳐지려면 입자들의 질량이 0이어야 하나, 이들을 질량을 가지고 있어 무엇이 이들의 질량을 0으로 만든 변수인가가 초미의 관심사였으며, 질량을 부여하는 입자의 존재를 주장한 힉스의 이름을 따 힉스입자(또는 힉스장)라고 부르게 되었다. 힉스장은 입자에 질량을 부여한다고 알려져 왔고, 이에 의해 부여된 질량을 '정지질량'이라고 부르고 있었다. 그러나 힉스입자는 아직까지도 발견되지 않고 있어 표준모형은 미완성인 채 남아 있다. 필자는 앞에서도 여러 번 힉스입자의 존재를 부인하고 질량이란 이 우주 창조력인 순수의식의 충동이 만들어 낸 것이라는 주장을 펼친 바 있다. 장(場)이라면 모르겠지만 어떻게 입자가 질량을 만들어 낸다는 것인지 필자는 이해할 수가 없다. 힉스장이라고 부르는 장이 존재한다면 그것은 바로 본질인 진공 자체라는 생각이 필자의 생각이다. 2012년 힉스입자를 발견하였다고 떠들썩하다가 2016년 힉스입자라고 추정했던 입자의 질량보다 6배나 되는 입자가 존재함이 밝혀지면서 힉스입자에 대한 최종결론은 오리무중인 상태에 있다.

이런 상황에서 초 끈 이론은 초대칭성이란 개념을 도입하여 힉스장의 도입 없이도 표준모형을 증명해 냄으로써 통일장이론을 완성할 수 있는 길을 열어주었다는 데 그 의의가 크다.

자연에는 표준모형의 입자들마다 초 대칭 짝들이 각각 존재한다. 원래 입자가 보존이면 그 초 대칭 짝은 페르미온이고, 원래 입자가 페르미온이면 그 초 대칭 짝은 보존이다. 초대칭성이 있으면 힉스입자의 질량에 기여하는 양자효과를 없앨 수 있다. 이는 아직 발견되지 않고 있는 중력을 부여하는 것으로 추정되는 힉스입자의 존재를 전제하지 않고도 기본모형을 완성할 수 있다는 것을 뜻한다. 초대칭성은 아직 발견되지 않았음에도 불구하고 우주의 구성을 끈 이론으로 설명하는 물리학자들은 초대칭성이 존재할 때 끈 이론이 우리 우주를 너무나 잘 기술할 수 있기에 초대칭성의 존재를 인정한다.

끈 이론은 초대칭성 연구의 계기가 되었으며, 중력을 포함한 초대칭성이론인 초중력 이론을 연구함으로써 실제 세계를 설명할 가능성이 있는 끈 이론의 제1후보인 초 끈 이론이 등장할 수 있었다. 1976년 세 명의 물리학자 페라라, 댄 프리드먼(Dan Freedman) 그리고 페터 반 뉘벤후이젠(Peter van Nieuwenhuizen)은 중력과 상대성이론을 포함하는 복잡한 초대칭성 이론인 초중력(supergravity)이론을 구축하고 이 문제를 해결했다.

초대칭성이론의 장점은 암흑물질과 암흑에너지의 후보를 포함하는 점이다. 암흑물질과 암흑에너지는 우주에 널리 퍼져 있는 빛을 내지 않는 물질 또는 에너지로, 중력효과에 의해 발견되었다. 우주의 에너지 중 약 96%가 암흑물질과 암흑에너지에 저장되어 있지만 우리는 암흑물질이나 암흑에너지가 무엇인지 아직도 밝혀내지 못하고 있다. 만약 붕괴하지 않으면서 적당한 질량과 상호작용 세기를 갖는 초대칭성 입자가 있다면 그것이 암흑물질의 후보가 될 것이다. 가장 가벼운 초대칭성 입자는 광자의 초대칭 짝인 포티노(photino)이고, 다음이 중성미자들이다. 우리 우주에 있는 입자들을 보면 기본입자인 페르미온 12가지와 힘인 보존 4가지로 나눠지고, 페르미온들은 쿼크와 렙톤으로 나눠진다. 보존은 빛, W, Z 보존, 글루온, 중력자가 있다. 그리고 각각의 입자들은 모두 각각의 반입자를 갖고 있어서 그 종류가 두 배로 늘어나게 된다.

초대칭성은, 이 모든 입자에 초대칭 짝(Super Partner)이 있다고 하는 가정이다. 즉, 페르미온은 보존 짝들이 있고, 보존은 페르미온 짝이 있다는 것이다. 우리가 아는 힘을 전달하는 게이지 보존들의 초대칭 짝들은 뒤에 ino를 붙인다. 즉, Photino, Wino, Zino, Bino, Gluino, Gravitino

라고 한다. 반대로, 우리가 아는 입자들의 초대칭 짝들은 앞에 s를 붙인다. 즉, squark, sup, sdown, scharm, sstrange(?), stop, sbottom, slepton, selectron, smuon, stau, sneutrino 등등.

사실 우리가 '물질'이라고 부르는 모든 것은 페르미온으로 되어 있고, 우리가 '힘(power)'이라고 부르는 모든 것은 보존으로 되어 있다. 그런데, 모든 페르미온에 보존 짝이 있고, 모든 보존에 페르미온 짝이 있다면, 물질은 힘(에너지)이고 힘은 물질이라는 이야기가 된다.

대칭 짝의 원리를 확장하면 왜 만유인력이 작용하고 있는데 이 우주는 계속 확장되고 있는지에 대한 의문을 해결할 수 있다. 중력인 만유인력은 끌어당기는 힘인 구심력이 밀어내는 힘인 척력보다 클 때 발생하는 힘으로 물질에 질량을 부여해 주는 것이다. 그러므로 끌어당기는 구심력인 중력(만유인력)이 있다면 그 짝인 밀어내는 원심력인 척력(압력)이 있어야 하고, 이 힘이 우주를 계속 팽창시키는 힘으로 그 힘은 이 우주의 96%를 차지하고 있는 미지의 암흑물질과 암흑에너지에서 나오는 것으로 추정하고 있다.

색불이공 공불이색(色不異空 空不異色) 색즉시공 공즉시색(色卽是空 空卽是色)이다. 세상은 본디 짝을 이루면서 새로운 것을 만들어 내었다는 것을 미립자의 대칭 짝들은 설명해 주고 있다.

3. 초대칭의 흔적을 밝혀줄 중력파

물리학자들에게 거대 강입자가속기(LHC)와 같은 실험에서 생겨난 부스러기에 숨어 있는 어떤 것을 가장 발견하고 싶은지 물어보면, 아마도 '초대칭성(supersymmetry)'이라고 말할 것이다. 그 이유는 초대칭성이 오늘날의 이론에 남아 있는 여러 자질구레한 문제들을 해결할 가장 좋은 후보이기 때문이다. 알려진 모든 입자들과 그 상호작용을 설명하는 입자 물리학의 일반적인 모델은 몇 가지 문제를 겪고 있다. 예를 들면, 왜 약한 핵력이 중력보다 10~32배나 더 강한지를 설명할 수 없다. 알려진 개별 입자들이 '초 짝(super-partner)'을 가지는 초대칭성은 그러한 문제들에 대한 해결책이다. 입자 짝들은 뜨거운 초대칭의 시공간이 대칭성이 없는 시공간으로 바뀌기 전인 고온의 초기 우주에서만 존재했을 것이다.

우주 창조의 비밀을 탐구하는 많은 모델들에는 진공의 대칭성이 사라지는 서로 다른 가능한 상태들이 무수히 존재한다. 그 결과로 우주는 하나의 상태에서 또 다른 상태로 '상전이(相轉移)'를 겪은 뒤 오늘날의 형태로 자리 잡았을 것으로 보고 있다. 이러한 전이가 일어나는 동안, 새로운 진공의 거품들이 오래된 진공 속에 나타나 빠르게 팽창하고 합체하여, 전체 시공간을 새로운 진공 상태로 바꾸었을 것이다. 물리학자 크레이그는 매 상전이가 일어나는 동안에 팽창하는 거품들이 충돌함으로써 '중력파'라고 부르는 시공간 구조의 물결이 발생되었을 것이라는 것을 입증하였다. 그는 이러한 충돌로 인해 그 당시 우주를 구성하고 있던 플라즈마 입자들이 휘저어졌을 것이고, 그 결과로 더 많은 중력파가 발생되었을 것이라고 예상한다.

크레이그의 계산 결과는 이러한 중력파들의 분포에 많은 증거가 들어 있다는 것을 보여준다. 그것은 모든 주파수에서 중력파를 발생시켰을 것이고, 중력파의 세기는 초대칭성이 깨지는 온도에 의존하는 주파수에서 최고조에 달했을 것이며, 우주가 팽창함에 따라 이러한 중력파들이 길게 늘어나 오늘날의 최고조 주파수는 0.01~10,000헤르츠 사이에 있게 되었을 것으로 추정된다. 만일 이 중력파들이 존재한다면, 현재 진행 중인 레이저 간섭계 중력파관측기의 업그레이드가 완료되고 나면 관측이 가능할지도 모른다. 검출할 수 있는 신호가 있다면, 신호의 형태는 이러한 극적인 우주 사건들에 관한 새로운 정보를 제공할 것이다. 중력파는 우주의 역사에 걸친 공간을 자유롭게 통과할 수 있기 때문이다.

천체물리학자인 프린스턴대학교의 프랭크 윌첵과 스탠저는 말한다. "결국 설명해야 할 것은 아무것도 없다. 우주는 단순히 무를 조직화하고 재구성했을 따름이다. 우리 자신과 우리 주변의 모든 것은 그저 허공의 패턴이다."

프랭크 윌첵

이 말은 우주는 0이 본질인 절대계에서 1이 본질인 상대계로 이행했다는 말과 다름없는 정의이다.

● 우주탄생시기별 대칭성과 상의 변화

탄생시기	존재유무	상相	온도	대칭정도 (안정성)
태초우주	0=空	기체	초고온	초대칭 (극히 불안정)
일정기간 경과	有	기체, 액체	중간온도	중간대칭 (다소 안정)
현재	有	고체, 액체, 기체	저온	비대칭 (안정)

㈜ 이해를 돕기 위하여 편의상 플라스마 상태는 고려하지 아니함.

* 빛 입자인 광자는 정지중량이 0이다. 따라서 빛은 가만히 서 있을 수가 없다. 빛은 광속으로 움직이게끔 만들어졌으며, 전체 에너지가 운동에너지이다.
* 운동에너지 역시 에너지의 한 형태이기 때문에 입자는 운동할 때 정지해 있을 때보다 큰 질량을 갖는다.

4. 다중우주를 예측하는 끈 이론

우주는 계속 팽창한다. 그런데 허블망원경 같은 성능 좋은 천체망원경을 써서 현재 인류가 우주를 관측할 수 있는 최대 거리는 410억 광년이다. 관측한계인 '우주 지평선' 너머에 어떤 우주가 있을지 현재로서는 알 길이 없는 셈이다. 그래서 우주라는 단어가 갖는 의미도 '세상에서 우리가 보거나 접할 수 있는 일부분'이란 뜻으로 변했다. 과거에 우주는 세상 모든 것 그 자체였다. 《멀티 유니버스 'The Hidden Reality'》의 저자인 미국 컬럼비아대 수학과 및 물리학과 브라이언 그린 교수는 여기서 한 발자국 더 나간다. 그가 던지는 질문은 사뭇 도발적이다. 우리의 우주는 유일한가. 우주는 하나가 아니라 여러 개가 아닐까. 이런 의문에서 나온 게 다중 우주론이다. 다중우주(멀티 유니버스)란 하나의 우주(유니버스)와 대비되는 개념으로, 이 이론은 어딘가에 또 다른 우주가 있을 거라고 상정한다.

이 책에는 누벼 이은 다중우주, 인플레이션 다중우주, 홀로그램 다중우주 등 이제껏 나온 9가지 다중우주론이 일목요연하게 설명돼 있다. 저자는 다중우주론이 지난 10년 사이 크게 주목을 받기 시작했고, 현대 물리학을 대표하는 이론 안에 다중우주론의 근거가 들어 있다고 말한다.

그중 하나가 초 끈 이론이다. 이 이론에서 우주를 이루는 최소 단위는 점이 아닌 끈이다. 끈의 진동에 따라 원자, 양성자, 중성자 등 물질을 구성하는 입자가 생겨났다는 게 이 이론의 핵심이다. 저자는 초 끈 이론이 홀로그래피 다중우주론을 뒷받침한다고 설명한다. 홀로그래피 다중우주론은 현재 일어나는 모든 현상을 특정 경계면에서 일어난 일이 우리 세계에 투영된 결과라고 본다.

그러나 저자는 또 다른 우주가 실제로 있을지에 대해선 "결과를 아는 사람은 아무도 없다."며 최종 판단을 유보했다. 대신 "광대한 진리를 찾으려면 합리적인 이론을 끊임없이 추구해야 한다."고 덧붙였다.

제3장

요약과 통찰

 뉴턴의 역학이론이 발표된 후 수세기 동안 이 세상을 지배한다고 믿어왔던 기계적 우주론과 결정론은 막을 내리고, 이 우주는 운명론이 지배하는 것이 아니라 주체인 각 개개인의 의사가 우주의 정보와 작용하면서 이 세상을 창조한다는 확률적 우주론으로 바뀌었다. 거기에는 양자론과 끈 이론이 혁혁한 공로를 세웠으며, GPS 등 기술혁신의 단초를 제공한 바 있다.

 이러한 양자론과 끈 이론은 4차 기술혁신을 이끌고 있고 이 세상에서 인간이 창조하지 못하는 것은 아무것도 존재하지 않는다는 것을 보여주고 있다. 21세기에 들어선 지 불과 십여 년이 지났지만 인공심장, 인공장기, 인공지능(AI), 가상현실(VR)을 포함하여 공기에서 연료를 뽑아내는 기술 등 폭발적인 기술력 향상이 계속되고 있다.

 인간은 신의 영역에 도전하고 있으며 이는 인간의 능력이 과연 어디까지인지 가늠할 수 없는 지경까지 와 있다.

 인간이 신의 영역인 순수의식에 도전을 계속하고 있는 것이다. 이것은 무엇을 말해주는 것인가?

 필자는 앞에서 과학적 발견 등을 토대로 인간 자체가 신 그 자체라는 주장을 펼친 바 있는데, 이런 주장을 하는 필자도 인간이 이루어 내고 있는 기술혁명이 이제 물질의 영역에 머물지 않고 신의 영역이라고 치부해 왔던 마음의 영역으로 성큼 다가서고 있는 데 놀라움을 감출 수가 없다.

도대체 어디까지가 인간의 영역이고 어디까지가 신의 영역인가?

분명한 것은 우리 인류라는 생명체는 최근 불과 수십 년 동안에 지난 수만 년에 이루지 못한 진보를 이루어 본질인 진리에 바짝 다가가고 있는 것이다.

한 가지 덧붙이고 싶은 것은 우리 우주가 창조된 지 137억 년이 지났다면, 그 이전에는 무한기간 동안 그야말로 혼동의 상태가 지속되고 있었다고 보기보다는 일정한 기간을 두고 우리 우주와 비슷하거나 전혀 다른 우주가 지속적으로 창조되는 상태가 지속되고 있었고 이러한 상황에서 우리 우주도 창조되었다고 봄이 보다 합리적이지 않을까 하는 생각이다. 왜냐하면 본질이 무한한 수십억 겁 동안 아무런 움직임이 없다가 무구한 기간에서 보면 찰나에 불과한 겨우 137억 년 전에야 우리 우주 하나만을 창조하고 그 활동을 멈추었다고 보는 것은 직관적으로 생각해도 이해하기 어려운 견해이다.

불교에서는 이 우주의 본질은 여여하고 다만 변화만 있을 뿐이라고 본다는 것은 앞에서 언급한 바 있다. 그리고 양자론과 끈 이론을 지지하는 물리학자들은 이러한 불교의 가르침이 일리가 있다고 보며, 이렇게 보는 것이 최근 지지자를 넓히고 있는 다중우주론과도 일치하는 견해이다.

제5부

진공의 놀라운 비밀 - 우주와 나를 구성하는 본체

최근까지 진공은 우주에서 아무런 작용을 하지 않는 것으로 무시되어 왔었다.
그런데 양자역학이 진전됨에 따라 놀랍게도 진공은 텅 빈 공간이 아니라 양자가 쉬지 않고 요동치고 있는 진동의 바다임이 밝혀졌다.
그곳에는 쉬지 않고 양자 짝들이 태어났다 사라지는 창조와 소멸의 파노라마가 펼쳐지고 있다.
이제 우리는 이 진공의 속성이 마음의 속성과 어떻게 유사한지 그리고 마음과 어떠한 연결고리를 갖고 있는지 탐구하게 될 것이다.

제1장

진공이란 무엇인가?

우리가 알고 있는 진공은 텅 빈 곳이 아니라 양자가 끊임없이 생성과 소멸을 지속하는 요동치는 바다이다.

바로 허공이 생명창조의 장인 것으로 밝혀지고 있다.

1. 고전역학에서의 진공

고전역학에서는 진공이란 아무것도 없는 공간을 말한다. 따라서 진공에는 어떠한 물질도 존재할 수 없다. 이 말은 현대 양자역학에서 물질의 가장 최소단위로 알려진 전자 등 소립자조차도 없는 공간을 말하기 때문에 각각의 소립자들끼리 작용하는 힘조차도 존재하지 않는다는 것을 의미하는 것이다.

그러므로 이곳을 통과하기 위해서는 매질이라는 물질의 존재를 상정하지 않을 수 없다. 바로 물질을 이동시키는 매질의 존재가 필요한 것이다. 예를 들어 소리는 공기라는 매질을 통하여 전달되고 빛은 '에테르'라고 부르는 매질을 통하여 이동한다고 믿었던 것이다.

바로 이러한 생각이 고전역학의 정통적 학설이었다.

그런데 미국의 물리학자 마이켈슨(Albert Abraham Michelson, 1852-1931)과 몰리(E. W. Morley, 1838-1923)는 빛을 전달하는 매질이라고 믿었던 에테르가 존재하지 않는다는 사실을 실험적으로 증명함으로써, 어떻게 빛이 매질 없이도 진공에서 마음대로 이동할 수 있는가에 대한 해답을 찾기 위해 과학계는 모든 노력을 경주하였다.

마이켈슨

2. 양자역학에서의 양자 진공

2.1. 진공상태에서의 양자요동 - 생명창조의 장

고전역학이 상정한 진공에서 매질 없이도 빛이 이동한다는 것은 이 진공에서도 무엇의 작용인지는 알 수 없으나 전자기파가 발생하고 그에 따른 전기장과 자기장이 형성됨을 의미한다.

그 무엇의 존재를 밝힌 대표적인 학자로는 그 시기에 태동하고 있던 양자역학의 기초를 놓은 영국의 천재 이론물리학자인 폴 디랙(Paul Adrian Maurice Dirac, 1902-1984)을 들 수 있다.

폴 디랙

그는 1928년 그의 디렉 방정식을 통하여 진공 상태는 아무것도 없는 공간이 아니라 음(-)의 에너지가 가득 찬 공간(이를 '디랙의 바다'라고 부른다)이라는 주장을 제기하면서, 반입자(전자와 질량은 같고 전하는 반대인 쌍극자)의 존재를 예상한 바 있다. 그러나 디랙의 이론은 실험적 증거가 결여되어 있었기 때문에 많은 물리학자들의 관심을 끌지 못하다가 미국의 물리학자 앤더슨(Carl David Anderson, 1905-1991)이 전자파를 연구하던 중 양(+) 전하를 가진 전자를 관측해냄으로써 디랙의 이론을 뒷받침해 준 바 있다.

몇 년 후인 1933년 캐시미르(Hendrik Casimir)도 진공에 어떠한 힘이 존재한다는 것을 증명하였는데 이 힘을 '캐시미르 힘'이라고 부른다.

그는 두 개의 평행판을 아주 가까운 거리에서 마주보도록 놓아두었을 때 이들 사이의 좁은 공간보다 그 뒤쪽에 가상입자가 더 많이 생성됨을 관찰하였다.

이것은 입자들이 균일한 빈도수로 평행판과 충돌한다면, 평행판이 서로 가까워지는 쪽으로 미약한 힘이 작용함을 의미하는 것이다. 이것은 대전되지 않은 평행판에서도 에너지가 생성될 수 있음을 의미하는 것으로 대전되지 않은 채로 서로 마주보고 있는 두 개의 평행판은 아무런 사건도 일으키지 않는

캐시미르

다는 당연한 상식을 깨트리는 결과였다. 그러나 캐시미르의 힘이 확실하게 인정받은 것은 10년 이상이 지난 1948년경 그의 주장이 실험으로 확인되면서부터이다. 바로 이 시기에 이르러서야 아무런 움직임이 없는 것으로 생각되는 진공상태에서도 에너지(또는 질량)가 아주 짧은 시간 동안 나타났다가 사라질 수 있음을 인정하게 된 바 있다.

이 효과는 그 후로도 여러 차례 증명된 바 있는데 비교적 최근인 1996년에도 로스앨러모스과학연구소의 스티븐 라모르에 의해 매우 정밀하게 관측된 바 있다.

사실 하이젠베르크(Werner Karl Heisenberg, 1901-1976)가 주창한 '불확정성원리'를 설명한 방정식에는 어느 공간의 에너지가 순간적으로 매우 높아질 수 있으며, 이때 발생한 순간에너지는 소립자를 만들어 낼 수 있음을 내포하고 있었다(물론 이때 소립자는 전하가 다른 쌍극자가 거의 동수로 만들어져 찰나적으로 존재하다 상호충돌로 소멸하여 전기적 중성

상태는 계속 유지되는 것이다).

그밖에 어떤 힘의 존재를 예정하지 않고는 설명되지 않는 현상인 수소원자 스펙트럼의 램 천이나 반데스 발스의 힘, 양자잡음 등은 모두 진공에서의 양자요동의 영향에 의해 나타나는 현상인 것으로 밝혀졌다.

양자 진공(Quantum Vacuum)이란 용어는 고전역학의 진공과 구별하기 위하여 붙여진 이름이다. 위에서 살펴보았듯이 진공은 아무것도 없는 곳이 아니라 양자가 요동치는 바다라는 사실이 밝혀지면서 이 명칭이 쓰이게 된 것이다. 고전역학의 진공을 '진짜 진공'이라면 양자진공은 그야말로 '가짜 진공'인 것이다.

양자물리학자들은 진공에 대하여 연구를 계속해 오면서 진공의 놀라운 사실을 발견한다. 즉 아무것도 존재하지 않아야 할 진공이 더 이상 내려갈 수 없는 절대온도인 $0°K(-273°c)$의 진공에서조차도 뭔가로 꽉 차 있으면서 요동을 계속하고 있음이 관찰된 것이다.

모든 생명체가 소멸되는 절대온도에서도 소립자들은 요동을 치고 있었던 것이다.

진공은 겉보기에는 텅 비어 움직임이 없는 것처럼 보인다.

그러나 자세히 들여다보면 요동치는 장들이 변화무쌍하게 물결치는 바다이다. 미시세계는 파도치는 진공의 바다로서 모자에서 토끼가 튀어나오듯 끊임없이 마술을 부려 입자를 만들어 낸다. '가상입자'라고 불리는 이 입자들은 눈 깜짝할 사이보다 훨씬 짧은 시간에 튀어나왔다가 다시 사라지는 덧없는 존재들이다. 바로 찰나적 존재들인 것이다.

그런데 이들 입자에 요동치는 양자 진공이 충격을 가함으로서 미시적 입자들은 기이한 양자적 행동을 보인다. 여기서 입자란 자연의 기저에 있는 장(場, Field)들의 국부적 언덕(파도)에 불과하다.

요동치는 진공에서 가상입자가 춤추면서 튀어나온다. 그런데 이들 가상입자는 무작위로 튀어나오는 것이 아니다. 전기적으로 반대인 음양의 쌍이다. 바로 전자(-)와 양전자(+) 쌍이다. 이들 쌍은 펑 하고 나타나 극히 짧은 순간 이 세상에 머물다가 상호 충돌을 통해 소멸해 다시 펑 하고 사라진다. 이것이 그들의 운명이다.

이와 같이 관찰할 시간 여유가 없이 무수히 많은 입자들이 찰나적으로 생기고 사라지는 것을 스프가 끓으면서 거품이 생겨나고 사라지는 것에 비유하여 끊임없이 요동치는 스프라고도 부른다. 반대 전하인 전자와 양전자의 쌍인 쌍극자(dipole)들이 요동치면 전자기장이 생긴다. 이 요동에 의해 생기는 전자기장을 '영점장(zero point field)'이라고 부른다. 그리고 쌍극자의 요동에 의해 생성되는 에너지를 영점에너지(zero point energy)라 부른다.

● 진공에서 양자요동의 영향에 의해 나타나는 현상으로 과학적으로 밝혀진 몇 가지 예를 들었으니 관심 있는 독자는 참고하시기 바란다.

1) 수소원자 스펙트럼의 램 천이
디랙은 양자역학을 바탕으로 수소의 스펙트럼선이 초미세 구조를 갖는다는 것을 예측하였는데 램이 1947에 새로운 기술을 개발하여 정밀하게 측정한 결과 1,000MHZ 근처에서 디랙의 예측과 미세한 차이가 있다는 것을 발견하였다.
이것을 램 천이(이동)라고 부르는데 진공의 영점 요동에 의해 유발되는 것으로 알려져 있으며 이에 의해 전자와 영점 에너지장의 상호 작용이 재정립되었다.

2) 반데스 발스의 힘

발데르 발스 힘은 발데르 발스가 발견한 미약한 힘으로서 원자나 분자 간에 인력, 혹은 척력으로 나타난다. 이 힘이 생기는 원인은 전하의 분포가 불균일하기 때문인 것으로 알려져 있는데 불균일 분포의 원인이 진공 요동에 의한 것으로 해석된다.

3) 양자잡음

진공 요동이 있음으로 인하여 형광등의 원자가 들뜨고 전자파 수신기에 잡음이 생기며, 액체에 표면장력이 생긴다.
전자기기에서 방송국이나 신호가 없는 주파수 대역에서 들리는 백색잡음의 원인도 진공요동 때문인 것으로 알려져 있다.
이 때문에 전자기기의 S/N 비(signal to noise ratio를 높이는 데 한계가 있다(S/N 비가 높을수록 주변 잡음 대비 신호가 강하다).

2.2. 가상입자의 실제입자로의 변신

양자 진공에서 가상입자가 실재입자로 변신하면 생명의 단초인 미립자가 탄생한다.

그러면 가상입자는 어떻게 영원한 생명을 얻어 실재입자가 되는가? 여기에는 블랙홀의 역할이 매우 중요하다.

스티브 호킹 박사의 블랙홀 이론에 따르면 블랙홀 주변의 엄청난 중력은 양자 진공을 뒤틀어 요동치게 하고 이 요동은 덧없는 가상입자를 실재하게 만든다. 결과적으로 진공으로부터 분수처럼 치솟는 속칭 호킹 복사는 입자들을 만들어 낸다.

가상입자가 우연히 블랙홀을 만나 블랙홀의 사건의 지평선 저편으로 입자 쌍 중 한 짝이 빨려 들어가면 자기가 가지고 있는 에너지를 블랙홀에 내어 준다. 그러면 블랙홀은 받은 에너지만큼의 자기 에너지를 합한 양의 에너지를 남아 있는 상대방에게 내어준다. 이때 내어주는 에너지의 전하는 남아 있는 짝의 전하와 동일한 전하로 전환된다. 그러면 남아 있는 한 짝은 자기가 가진 에너지의 두 배의 에너지를 추가로 얻음과 동시에 무상한 존재에서 벗어나 영구적으로 존재하는 실재입자가 된다. 바로 영구생명을 얻는 것이다!

블랙홀의 지평선 주변에서는 이런 식으로 끊임없이 가상입자가 양자 진공으로부터 생겨나고 사라지면서 에너지 분출현상인 호킹 복사가 일어나는 것이다. 이러한 현상이 지속되면 블랙홀의 중력장(블랙홀은 중력으로 인해 온도를 띄게 되어 매우 뜨겁다)은 생겨난 입자의 질량 에너지에 해당하는 에너지를 잃으면서 점점 약해지는 대가를 치르게 된다.

양자 진공에서 나타났다 사라지는 가상입자들은 놀라운 특성을 가지고 있다. 진공을 가로질러 일정한 속도로 날아다니면서 눈앞에서 가상 입자들이 나타났다 사라지는 것과 똑같이 뒤쪽에서도 가상입자들이 나타났다 사라지는 것이다.

겉으로 보기에는 움직임이 전혀 없는 잔잔한 바다로 보이지만 그 속은 무한한 움직임을 보이는 양자 진공의 속성은 등속운동을 하는 모든 관찰자에게 세상은 똑같이 관측된다는 아인슈타인의 특수상대성이론과 완벽하게 조화를 이룬다. 진공은 등속운동을 하는 관찰자에게는 어디나 똑같아 보이기 때문에 진공은 마치 없는 것처럼 여겨질 수 있다. 그러나 가속운동을 하는 관찰자의 입장에서 보면 진공은 그들에게 영향을 끼치는, 실제로 검출 가능한 것으로 바뀌는 것이다. 진공에서 가속운동을 하는 관찰자들은 뜨거운 열기에 휩싸이게 되는 등 진공의 영향을 크게 받게 되는 것이다.

자, 이제 우리는 아무것도 없다고 생각하여 이 우주 창조에 아무런 영향도 미칠 수 없는 텅 빈 공간으로만 생각했던 양자 진공이 세상의 창조에 절대적으로 중요하다는 사실을 알았다.

최근 입자가속기를 이용해 한 점에 아주 높은 에너지를 집중시킴으로써 입자와 반입자의 쌍을 만들어 낸 바 있는데, 이 입자 쌍들은 모든 특성은 동일하나 전하만 (+)와 (−)로 다른 쌍극자들이다. 이들은 찰나적으로 충돌하면서 에너지를 분출하면서 사라지는 것이 관찰되었다. 바로 이들은 쌍생과 쌍소멸을 반복하고 있는 것이다.

2.3. 가상입자의 쌍소멸과 우연한 탈출

> 에너지의 근원은 바로 가상입자의 쌍소멸이고 생명의 탄생은 쌍소멸을 우연히 모면한 가상 입자의 블랙홀 탈출이다.

만약 이 우주가 창조될 때 반입자 쌍이 모두 같은 숫자만큼만 만들어졌다면 이 우주는 생명체가 존재하지 않고 에너지만이 가득 찬 암흑의 세상이 되었을 것이다.

그런데 우리 우주는 어떤 이유인지는 몰라도 놀랍게도 탄생 초기 순간에 입자와 반입자 쌍이 다소 다르게 탄생했을 것으로 우주과학자들은 보고 있다. 예를 들면 반입자가 100억 개 탄생한 반면 입자는 100억 10개가 탄생했다는 것이다. 그래서 100억 개가 쌍 소멸되고 남은 10개의 입자가 확장과정을 통해 이 세상을 구성함으로써 '물질세상'이 되었다는 것이다(만약 반입자가 더 많았더라면 이 세상은 반물질의 세상이 되었을 것이다).

- 양자진공과 관련한 의문사항을 아래와 같이 요약하였으니 관심 있는 독자의 일독을 권한다.

1) 중력의 유래는 양자진공인가?
현재까지 정립된 학설은 없으나, 중력의 원천으로 생각되는 힉스장이 바로 진공 그 자체일 가능성도 부인할 수는 없을 것이다.
그리고 초 끈 이론은 힉스장의 도입 없이도 질량문제를 해결하고 중력의 본질을 규명한 바 있다.
여기서 우리가 관심을 가질 것은 2012년도에 힉스입자를 발견하였다고 하여 과학계가 들떠 있었으나, 2016년 유럽물리학연구소는 힉스입자보다 6배나 무거운 입자를 발견하면서 힉스입자의 존재는 여전히 미궁 속에 있다는 점이다.

2) 전자가 원자핵의 주위를 영원히 회전할 수 있는 이유는 무엇인가?
* 전자기역학에 따르면 원자의 주위를 도는 전자가 시간이 지남에 따라 속도가 줄어들면서 핵으로 떨어져야 하는데 그렇지 않은 이유는 무엇일까.
어떻게 원자핵 주위의 전자가 계속 회전하면서 존재하는가 하는 문제는 양자 이론에서도 풀리지 않는 문제 중의 하나이다.
보어는 전자가 가장 낮은 에너지 준위에서는 안정적이기 때문에 핵으로 떨어지지 않으며, 전자가 궤도 천이를 할 때만 영점장으로 전자기파를 방사하거나 흡수함으로써 에너지 상태를 유지하고 있어 전자가 핵으로 떨어지는 일은 발생하지 않는다고 설명한다. 원자가 영점장과 상호작용을 통해 에너지를 끊임없이 얻거나 잃으면서 동적 균형을 유지하고 있다는 것이다.
푸토프는 하전된 입자들의 운동에 의해 영점장이 생기고 반대로 이 영점장으로부터 하전 입자들이 진동에 필요한 에너지를 흡수한다고 본다.
이 이론에서 전자의 궤도는 최적 균형을 유지할 수 있는 위치에 해당하며 정상파를 이루는 조건이기도 하다. 영점장이 있어 수소 원자를 포함한 모든 물질의 안정성이 유지되므로 영점 에너지를 차단하면 원자는 붕괴된다는 것이다.

* 다른 하나는 중성자의 역할이다. 양성자의 숫자가 늘어나면 늘어날수록 동일 전하끼리 밀어내는 척력이 강해져서 이들을 붙들어 놓는 강력이 척력보다 작다면 이들 원자는 산산이 부서질 것이다. 그런데 특별한 경우를 제외하고는 그러한 현상이 일어나지 않아 과학자들은 매우 의아해 했었다.

그러던 중 전하를 가지지 않는 중성자가 왜 필요할까에 의구심을 가지던 과학자들은 양성자의 결합력을 유지시키는 데 중성자가 결정적인 역할을 함을 알아내고는 이 우주의 놀라운 질서에 감탄을 감추지 못하였다.

즉, 원자는 양성자의 숫자만큼의 중성자의 수를 가짐으로서 핵을 결합시키는 강력이 양성자수의 증가에 따른 척력의 증가를 상쇄시켜 접착력인 강력의 강도를 계속 유지시킴으로서 원자상태 유지의 결정적 역할을 한다는 사실을 밝혀낸 것이다.

2.4. 디지털 세상의 도래와 이를 넘어설 양자컴퓨터

디지털은 분리(물질화)의 끝자락이며, 완벽한 분리의 끝에는 통합(연결)이 있다. 디지털은 연결을 본질로 하는 비물질(마음)로 들어가는 문이다.

분리의 최상단부인 디지털 세상의 도래는 우리를 연결로부터 분리시켜 본질로부터 멀어지게 할 수 있다.

그러나 분리의 끝자락은 연결성과 이어지며 양자컴퓨터는 이러한 문제점을 해결하고 우리를 지복의 상태로 데려다 줄 4차 산업혁명의 꽃이다. 그러므로 우리는 4차 산업혁명의 정(正, +)의 효과와 부(負, -)의 효과를 정확히 인식하여 이에 적절히 대처하여야만 할 것이다.

디지털은 분리요, 아날로그는 연결이다. 절대계(순수의식)는 연결이 본질이요, 상대계(물질계)는 분리가 본질이다. 고대에서 지금까지의 문명의 진행과정을 살펴보면 연결에서 분리로 진행된 과정이었음을 이해하게 된다. 즉 고대에는 모든 생활이 연결에 의한 아날로그적인 생활인 씨족 및 부족생활에서 출발하여 1, 2차 산업혁명시기인 중세를 거쳐 3차 산업혁명과 자본주의 도입으로 급격히 문명이 진화하면서 디지털적인 분리 상태로 이행하고 있는 것이다. 즉 감성이 중요시되던 사회에서 지성이 중요시되는 사회로의 변화는, 우리가 고향을 떠나도 고향을 그리워하듯(회귀본능) 본질인 연결성에 대한 향수로 인한 허전함을 달래기 위하여 우리를 음악이나 영화라는 보다 아날로그적인 것에 빠져들게 유인하고 있는 것이다. 이제 21세기 기술혁신 시대에 들어선 우리는 컴퓨터 등 기술문명의 발달로 물질계의 최정상 부분에 접근해 옴에 따라 본질인 연결성에 오히려 가까워지고 있다. 이것은 분리의 끝은 연결성의 시작임을 단적으로 입증해주고 있는 것이다.

지금의 컴퓨터는 오직 0과 1만으로 정보를 처리하고 있어 디지털(digital)적인 정보처리에 머물러 있다. 그야말로 아날로그(analog)적인 음악이나 미술과 같이 감성을 표현하는 데에는 한계가 있는 것이다. 반면에 0과 1을 대표하는 동시에 0이면서 1 사이의 모든 상태를 세밀히 표현하는 양자컴퓨터는 바로 양자역학에 바탕을 둔 컴퓨터로서 정보처리 양이나 속도에서 엄청날 뿐만 아니라 디지털적인 지성(이를 정보(bit)라고도 할 수 있을 것이다. 그러나 이 정보는 무작위로 흩어져 있어 그대로는 쓸모가 없는 정보가 아니라 체계적인 틀(category)을 가진 정보이다)뿐만 아니라 감정과 같은 아날로그적인 요소도 함께 처리할 수 있을 것으로 기대되고 있다. 바로 양자컴퓨터는 내부에서 '결맞음'을 유지한 상태 그대로 컴퓨터의 다수 원자에 자취를 각인시키는 방식이다. 이는 양자 중첩을 통째로 주변으로부터 격리시켜야 함을 뜻하는 것으로 이의 달성 여부가 양자컴퓨터의 운명이 달려 있다고 할 수 있다. 만약 이러한 문제점을 해결하고 양자컴퓨터가 발명된다면 우리는 최상의 지상낙원을 만들어 모두 행복을 누리는 세상이 될지도 모른다.

최근 세계적 관심의 대상이 된 구글의 알파고와 이세돌 9단의 바둑대결에서 초보적 인공지능인 알파고가 이세돌 9단을 3승 1패로 이긴 바 있다. 만약 양자컴퓨터를 이용하여 감정과 지성을 모두 가지고 있는 인조인간을 만들어 낼 수 있다면, 인간의 지구상 절대적 지위는 잃어버리게 될지도 모른다. 이런 이유로 해서 인간성에 대한 확신이 없는 종교계나 영성계 등 인간의 정신세계를 중요시하는 분야에서는 우려의 목소리를 내고 있으나, 우리 인류가 분리의식에서 벗어나 공동체, 즉 뿌리가 같은 하나라는 의식으로 기본의식을 바꾸게 되면 이러한 문제는 얼마든지 윤리적 절차를 거쳐 해결할 수 있을 것이라고 필자는 생각한다.

그러면 우리 인간은 이 지상에서는 결코 이룰 수 없다고 생각해 왔던 '모두 함께하는 지복(至福)의 세상'을 맞이하게 될 것이다.

인간이 바로 신의 화신 즉 아바타라는 것을 우리 스스로 증명하는 날이 다가오게 되는 것이다.

앞으로 우리는 이러한 지복을 누리면서 신(순수의식)이 이 세상을 창조한 질문인 "나는 누구인가?"라는 질문의 답을 찾아 끝없는 항해를 계속하게 될 것이다.

필자는 관찰자 효과에 대응하는 개념인 '결맞음'과 '결 어긋남'이란 용어를 제재로 이해하면 관찰자 효과의 진정한 의미를 파악하는데 큰 도움을 얻을 수 있다는 판단에서 독자들에게 이를 간단히 부연 설명하고자 한다.

양자이론의 한 부류인 코펜하겐 학파는 관찰자효과를 주장함으로써 인간 의식의 개입을 물리학에 도입한 바 있다. 그러나 그 당시에는 자연과학에 '의식'을 도입한다는 것이 어불성설이라고 생각하는 많은 물리학자들이 있었고, 이들 중 일단의 학자들에 의해 도입된 것이 '결맞음'과 '결 어긋남'이라는 이론이었다. 이 이론은 물리학에 의식 대신 주위환경이라는 변수를 도입함으로써 신비한 양자적 현상을 적절히 설명해 주고자 하였다. 그 내용을 간단히 요약해 보자. 그들은 양자파동이 겹쳐서 서로 간섭을 일으키는 현상을 결맞음(coherence)이라 하고 이때는 여러 곳에 동시에 양자가 존재하게 되며, 어떤 양자적 물체가 안개상자나 또는 다른 환경에서 다수의 원자에 자취를 남기면 결맞음은 사라지고 결 어긋남(decoherence)이 나타나 우리의 일상세계가 낯익은 모습으로 나타난다고 한다. 이러한 양자의 신비를 이끌어 내는 결맞음은 물체가 주변 환경에 관측될 때는 사라지기 때문에 양자의 신비는 주위 환경으로부터 격리돼 있는 물체의 특성이라고 생각된다는 것이다. 바로 '격리'가 양자신비의 핵심이라는 것이다.

그런데 이러한 현상은 미시세계에서만 나타날 것이라는 널리 퍼진 생각과는 달리 커다란 물체라도 주변 환경과 격리하는 데 성공하기만 한다면 그 물체는 계속 기이한 양자적 물체처럼 행동할 것이라고 이들은 설명하고 있다. 이론적으로만 보면 사람도 두 개의 문을 동시에 통과하는 것이 가능하다는 것이다. 물론, 커다란 물체는 주변 환경과 격리시키기가 어렵다는 점을 고려하지만 않는다면 말이다.

최근 빈 대학의 자일링거가 이끄는 연구팀은 점점 더 큰 물체에도 양자적 결맞음 현상이 나타나도록 주변 환경과의 격리를 시도한 결과 탄소원소

60개로 구성된 축구공 모양의 분자를 동시에 두 곳에 있도록 하는 데 성공했다.

이러한 결과들을 확장해 생각해 보면, 이 현상계란 경기장에서 관중함성에 나의 소리가 파묻혀 들리지 않는 것처럼 주변 환경의 영향이 결 어긋남을 촉진하여 만들어진 것이 아닌가 하는 생각을 가지게 된다.

이러한 과학적 관찰결과 얻은 결론은 이 세상은 내가 어디에 관심을 기울이느냐에 따라 관심을 기울인 부분만 뚜렷이 그 모습을 드러내 보이고 이것이 나의 사물에 대한 '관점(가치관)'을 형성한다는 점을 의미한다는 것이다.

독자들이여. 관점을 바꿔라.

이 세상을 긍정적으로 바라보라.

그러면 당신도 모르는 사이에 당신이 바라는 성공에 한 발짝 다가가 있음을 알아채고 스스로도 깜짝 놀랄 것이다.

제2장

블랙홀과 화이트홀

블랙홀은 아직까지 정확히 그 정체가 밝혀지지 않고 있다.

그러나 블랙홀이 소립자와 동일한 특징을 가지고 있는 점, 생명(정보)의 소멸과 생성을 담당하고 있을 것이라는 추론들은 미니블랙홀의 집합이 진공을 이루는 것이 아닐까 하는 생각을 갖게 한다.

1. 블랙홀은 정보장이다

1783년 존 미셸이 "빛이 빠져나오지 못할 정도로 별의 덩치가 커지면 무슨 일이 벌어질 것인가?"라는 의문을 떠올린 이래 1990년대 초까지 블랙홀은 공상과학물의 소재쯤으로 생각했다.

물론 1990년대 이전인 1916년 독일의 물리학자 칼 슈바르츠실트는 질량이 큰 별의 중심이 '매직 스피어'라는 가상의 구형에 의해 둘러싸여 있다는 것을 수학적으로 증명하였으며, 이 매직 스피어의 반지름(이를 '슈바르츠실트 반지름'이라고 한다)도 계산하였는데, 태양의 경우 이 반지름은

3km이고 지구는 1㎝ 정도이다. 이는 태양의 경우는 3km 정도로 그 크기가 압축되면 블랙홀이 되고, 지구는 1㎝ 정도로 그 크기가 압축되면 블랙홀이 된다는 의미이다.

슈바르츠실트

1935년 아인슈타인과 그의 제자 네이선 로젠은 블랙홀에 대해 회의적인 생각을 갖고 있으면서도, 블랙홀 내부에는 소위 다른 차원으로 들어가는 벌레구멍이 존재할 수도 있음을 제기하였고, 오늘날 우주론학자들은 이 다리가 서로 다른 우주들을 연결하는 가교역할을 한다고 굳게 믿고 있다.

현재의 우주공간을 마음대로 돌아다니다가 우연히 블랙홀로 빨려 들어가면 화이트홀을 통해 반대편 우주로 나올 수 있다는 것이다. 그러나 블랙홀의 중심에서는 무한대의 중력이 주기적으로 작용하기 때문에, 누구든지 이곳으로 빨려 들어가면 모든 원자들이 산산이 분해되는 처참한 종말을 피할 길이 없다는 것을 알고 있었던 아인슈타인은 "웜 홀은 실제로 존재하지만, 살아 있는 생명체가 그곳을 탐사한 후 우리에게 여행담을 들려주는 것은 불가능하다."고 말하였다. 그 후 1963년 뉴질랜드의 수학자 로이 커는 물체가 그 속으로 빨려 들어가도 다른 블랙홀처럼 처참하게 분해되지 않고 아인슈타인-로젠의 다리를 거쳐 다른 우주로 이동하게 되는 회전하는 블랙홀의 존재를 수학적으로 증명하였다. 이러한 견해들은 1990년대 초반 블랙홀이 최초로 관측되기 전까지는 우주론학자들도 반신반의하는 이론에 불과하였다. 그러나 1990년대 초반 허블우주망원경과 찬드라 X-선 망원경, 초대형망원경 등이 잇따라 개발되어 블랙홀이 실재하는 것이 관찰되

제5부 **297**

면서 지금까지 무려 수백 개의 블랙홀이 관찰되었다. 이제 대부분의 천문학자들은 거의 모든 은하의 중심부에 블랙홀이 존재하는 것으로 믿고 있다.

이론에서 예견한 대로, 우주에서 관찰된 모든 블랙홀은 빠른 속도로 자전하고 있다. 무려 시간당 390만 회라는 가공할 속도로 회전하는 지구에서 2천 3백만 광년 떨어진 나선은하로 보이는 M106이라는 블랙홀이 관찰된 바 있다.

지금까지 관찰된 블랙홀은 크게 두 종류로 구분되는데, 하나는 별이 자체중력에 의해 수축되면서 만들어진 항성형(stellar) 블랙홀이며, 다른 하나는 거대한 은하나 퀘이샤의 중심부에 자리 잡고 있는 은하형(galactic) 블랙홀이다. 이들의 질량은 태양의 100만x100만 배 정도로 추정되며, 항성형 블랙홀보다 쉽게 발견된다.

현재 천문학자들은 우주 전역에 걸쳐 적어도 3억 개 이상의 블랙홀이 존재할 것으로 추정하고 있다.

아인슈타인 사후 그가 남긴 방정식이 시간여행이나 웜 홀 같은 이상한 현상들을 허용한다는 것은 일반적인 사실이 되었다. 그러나 대다수의 과학자들은 타임머신이나 시간여행이 이론상으로만 가능할 뿐, 현실적으로는 실현 불가능하다고 생각했기 때문에 아인슈타인 사후 수십 년간 뜨거운 이슈로 부각되지는 않았다.

그러다 1985년 천문학자 칼 세이건이 시간여행 소설 《콘택트Contact》를 발표하면서 학계뿐만 아니라 일반인들 사이에서도 커다란 관심을 끌게 되었다.

그는 물리학자 킵 손의 자문을 얻어 음(-)의 물질과 음 에너지를 이용해 웜 홀을 통한 우주를 마음껏 여행하고 돌아오는 주인공의 활약을 소설에 도입한 바 있다.

　최근 과학자들은 강입자충돌가속기(LHC)를 통해 미니블랙홀을 만들려고 실험을 계속하고 있다. 아인슈타인과 네이션 로젠은 블랙홀의 특징이 소립자의 특징과 매우 닮아 있다(블랙홀은 소립자의 특징인 스핀, 질량, 전하량만을 가지고 있다)는 데 착안하여 "전자는 미니블랙홀일 수도 있다."는 파격적인 주장을 펴기도 하였다. 그리고 블랙홀 연구의 거장 스티븐 호킹은 블랙홀의 에너지는 서서히 증발하면서 오랜 세월이 지나면 몸집이 점차 작아져 마침내 소립자와 비슷한 크기로 줄어든다고 생각하였다. 최근 모든 힘을 하나로 통합할 수 있는 가장 강력한 이론으로 부상하고 있는 끈이론은 이 우주에 말려있는 차원을 가지는 작은 압축공간이 존재할 수 있음을 이론적으로 증명하였는데 그 크기는 플랑크 길이인 10^{-33}cm 정도로 작고 6차원 칼라비-야우 다양체의 모습일 것으로 추측하고 있다. 그런데 프랑크 길이의 압축차원은 너무 작아 이 우주에 그처럼 작은 차원이 무한히 존재한다고 하더라도 우리의 과학수준으로는 이의 감지가 불가능하다.

　이러한 주장은 미니블랙홀의 존재를 예견하고 있는데 이는 다량의 물질이 자체의 중력에 의하여 응축되었다가 슈바르츠실트의 반지름 이내로 작아지면 블랙홀이 생성되는데 질량과 에너지는 서로 전환될 수 있으므로 에너지를 압축하면 블랙홀이 생성될 수도 있다고 본다면 숨겨진 6차원이 블랙홀 내에 숨겨진 것일 수도 있기 때문이다. 이러한 생각들은 두 개의 양성자를 빛의 속도로 충돌시켰을 때, 그로부터 나온 파편들 중 일부가 미니블랙홀로 전환될 수도 있다는 가능성에 큰 기대를 걸게 하고 있다.

　블랙홀로 빨려 들어가면 모든 정보가 소실된다고 주장했던 스티브 호킹은 2004년 "블랙홀로 빨려 들어간 책은 복사장을 교란시키며, 이 과정에서 책에 담긴 정보는 밖으로 유출될 수 있다."고 그의 견해를 바꾸어 정보가 유실되지 않는다고 믿는 양자역학의 주류에 합류한 바 있다.

2. 블랙홀의 유동성은 진공과 유사하다

지구는 초당 500m의 속도로 자전하면서 초당 31km의 속도로 태양주위를 공전하고 있다. 그리고 태양계는 초당 1.03km의 속도로 자전하면서 초당 230km의 속도로 우리 은하계를 공전하고 있다. 또 우리 태양계가 속한 은하계는 엄청난 속도로 자전하면서 우리 우주를 공전하는 것으로 짐작된다. 이러한 현상을 확장시켜 보면, 또 다른 우주가 있다면 우리 우주가 엄청난 속도로 자전하면서 보다 큰 우주의 주위를 보다 엄청난 속도로 공전하고 있을 것이라는 상상을 할 수 있다.

그러면 미시세계는 어떠할까? 지구의 생명체는 지구의 진동수와 유사한 진동수인 7HZ/sec(초당 예, 아니오를 7번 반복한다)로 진동하고 있으며, 세포는 1,000HZ/sec의 속도, 분자는 1억HZ/sec, 원자는 10조HZ/sec, 원자핵은 1해HZ/sec의 속도로 진동하고 있다. 즉 거시세계는 그 규모가 클수록 더욱 빠른 속도로 운동하고 있는 반면, 미시세계는 그 규모가 작을수록 더욱 빠른 속도로 운동하고 있는 것이다. 이는 무엇을 의미하는가? 지동설만 옳은 것이 아니라 천동설도 옳다는 반증인 것이다. 정말 경천동지할 결론에 이를 수 있는 놀라운 현상이다.

자, 우리는 이제 이 세상에 존재하는 것은 무생물, 생물 여부를 가리지 않고 모두 엄청난 운동을 하고 있다는 것을 알았다. 그것은 이 우주를 구성하는 모든 것은 그 속도에는 차이가 있으나 모두 회전을 하고 있다는 것을 의미하며, 이들 모두는 블랙홀의 성질과 매우 유사하다는 것을 알 수 있다.

아인슈타인과 네이선 로젠은 블랙홀이 소립자의 특성인 스핀, 질량, 전하만을 가지고 있다는 데 착안하여 전자는 미니블랙홀일 수도 있다는 주장을 폈다는 것을 앞에서 말한 바 있다. 블랙홀이 화이트홀과 연결되면서 생명탄생의 통로가 될 수도 있다는 물리학자들의 주장도 있다.

자, 우리는 진공의 본질을 파악하기 위해서 난해한 여러 과학적 주장들을 살펴보았다. 이러한 이론들을 종합해 보면 우리는 매우 놀라운 결론을 이끌어 낼 수 있다. 이 우주의 본질을 이루는 진공은 그 크기가 프랑크 길이인 10^{-33}cm 규모의 미니블랙홀의 무한 집합일 수도 있다. 왜냐하면 양자 진공을 자세히 관찰하면 아무것도 존재하지 않는 이곳에서 무한한 양자입자가 튀어나와 소멸과 탄생을 반복하는 것이 관찰되었기 때문이다. 바로 이 우주에서 우리가 진리라고 알고 있던 "공짜점심은 없다."라는 진리와는 전혀 맞지 않는 기괴한 현상이 관찰되는 것이다. 아무것도 없는 곳에서 무한한 생명의 단초가 탄생하고 소멸하는 현상이 지속되는 것이다. 바로 '공짜 점심'의 현상이 나타나는 것이다! 이러한 현상에 대한 설명은 블랙홀의 이론을 도입하면 설명이 가능하다. 이미 많은 학자들이 동의하였듯이 블랙홀로 끌려 들어가면 모든 것은 끝이 나지만 그 정보만은 사라지지 않고 남아있어 블랙홀이 화이트홀로 역할을 할 때 그 정보는 새로운 생명에 부여된다. 바로 블랙홀은 생명의 끝이자 시작인 것이다.

양자 진공을 숨겨진 6차원세계를 간직한 블랙홀의 집합으로 본다면 우리가 진공을 관찰할 때 아무것도 없는 것으로 보이는 것은 당연하다. 이러한 사고에 의하면 거시세계의 최상단부와 미시세계의 최하단부의 특징이 일치하는 것을 알 수 있다. 바로 0이 무한대임이 증명되는 것이다.

여기서 필자는 최근 관련 자료를 검토하다 정통과학은 아니나 종래의 연금술의 영향을 받아 영성적으로 우주의 본질을 연구하는 오컬트화학에서는 물질의 바탕이 되는 것으로 물리학에서 정의한 원자가 물질의 최초의 바탕이 아니라고 주장하고 있음을 알았다. 그들은 원자를 구성하는 쿼크를 보다 깊이 들여다보면 그 쿼크 내에는 최소단위의 물질(그들은 이를 '아누'라고 부른다) 여러 개가 활동하는 것을 볼 수 있다고 한다. 그들은 수련을 거쳐 영적 유체를 소립자 크기로 바꾼 후 직접 미시세계로 들어가면 물질의 최소단위까지 관찰할 수 있다고 한다.

그들은 이를 관찰한 결과 소위 '아누'라 부르는 물질의 최소단위의 형태는 굵은 3개의 선과 7개의 가는 선이 밧줄처럼 서로 꼬여 엄청 빠른 속도로 돌아가는 회전체로서 사과 모양을 하고 있으며 블랙홀과 화이트홀의 일체형상과 유사하다는 견해를 밝히고 있다. 필자는 2013년에 발표한 《허공의 놀라운 비밀》이라는 저서에서 허공은 미니블랙홀의 집합이 아닌가 생각한다는 견해를 밝힌 바 있어 오컬트화학에서 주장하는 것들이 필자의 견해와 매우 유사하다는 것을 최근에야 알았다.

제3장

양자진공과 마음의 유사성

우리는 진공의 성질을 알아가면서 매우 놀라운 사실을 발견할 수 있었다. 바로 진공의 성질이 우리의 마음과 너무나 유사하다는 것이다. 과연 진공이 마음의 본질일까?

1. 양자 진공과 마음의 유사성 비교

우리는 그동안 진공이 아무것도 없는 텅 빈 공간으로 알고 있었으나 최근 양자역학에서 분석한 진공은 놀랍게도 양자가 요동치는 진동의 바다인 것이 밝혀졌다. 이곳이야말로 진정한 생명창조의 공간이었던 것이다. 진공의 구성과 신비한 움직임은 우리 마음의 구성 및 움직임과 너무나 유사하다. 이러한 관찰을 통해 필자는 마음의 근원이 진공이라고 확신한다. 양자진공과 마음의 유사성을 비교를 통해 알아보자.

양자 진공의 성질 1

양자 진공은 세상의 창조에 절대적으로 중요하다. 진공은 겉보기에는 텅 비어 움직임이 없는 것처럼 보이지만, 자세히 들여다보면 요동치는 장들이 변화무쌍하게 물결치는 바다이다. 미시세계는 파도치는 진공의 바다로서 모자에서 토끼가 튀어나오듯 끊임없이 마술을 부려 입자를 만들어 낸다. '가상입자'라고 불리는 이 입자들은 눈 깜짝할 사이보다 훨씬 짧은 시간에 튀어나왔다가 다시 사라지는 덧없는 존재들이다.

마음의 성질 1

마음은 나의 삶의 진보와 변화에 절대적으로 중요하다. 마음은 겉보기에는 어둡고 텅 비어 움직임이 없는 것처럼 보이지만, 자세히 들여다보면 요동치는 여러 생각들이 변화무쌍하게 물결치는 바다이다. 마음은 파도치는 진공의 바다로서 모자에서 토끼가 튀어나오듯 끊임없이 마술을 부려 생각들을 만들어 낸다. '공상'이라 불리는 이 생각들은 눈 깜짝할 사이보다 훨씬 짧은 순간에 튀어나왔다가 다시 사라지는 덧없는 존재들이다.

양자 진공의 성질 2

새로 탄생한 가상입자에 요동치는 양자진공이 충격을 가함으로써 이 미시적 입자들은 기이한 양자적 행동을 통해 에너지를 얻는다. 여기서 가상입자란 진공의 기저에 있는 장들의 국부적 언덕(파도)이 만들어내는 물방울(입자)에 불과하다.

마음의 성질 2

이 공상에 요동치는 마음의 파도가 충격을 가하면 공상은 에너지를 얻어 보다 구체화된 생각으로 옷을 갈아입는다. 여기서 생각이란 마음의 바다에 파도가 쳐서 나타나는 물방울에 불과하다.

양자 진공의 성질 3

진공으로부터 튀어나오는 이들 가상입자는 항상 음전하(−)와 양전하(+)를 가지고 있는 입자의 쌍이다. 예를 들면 음전하를 지닌 전자와 양전하를 지닌 양전자 쌍이 반드시 함께 탄생하는 것이다. 이들 쌍은 '펑' 하고 나타나 극히 짧은 순간 이 세상에 머물다가 상호 충돌하여 전하가 0이 되어 다시 '펑' 하고 사라진다. 이것이 그들의 덧없는 운명이다.

마음의 성질 3

생각은 한 쌍, 즉 긍정적(+) 생각과 부정적(−) 생각의 쌍이 함께 마음속에서 튀어 오른다. 이들 생각들은 반드시 쌍으로 태어난다. 이들 생각 쌍은 '펑' 하고 나타나 극히 짧은 순간 마음속에 머물다가 상호 소멸해 다시 펑 하고 사라진다. 이것이 그들의 덧없는 운명이다.

양자 진공의 성질 4

진공은 무수한 미니블랙홀로 이루어진 블랙홀의 집합체이다. 탄생한 가상입자의 쌍 하나가 우연히 블랙홀의 사건의 지평선 안으로 빨려 들어가 자기의 에너지를 블랙홀에 내어주면 블랙홀은 받은 에너지만큼의 자기 에너지를 더한 양의 에너지를 전하를 바꾸어 남아 있는 상대 짝에 보태준다.

이제 상대방을 잃어버린 입자 짝은 무상한 존재에서 벗어나 종전보다 2배의 에너지를 가진 영구적으로 존재하는 실재입자가 된다. 영원한 생명을 얻게 되는 것이다. 블랙홀의 지평선 주변에서는 이런 식으로 끊임없이 가상입자가 양자 진공으로부터 생겨난다. 호킹 복사는 블랙홀이 남아 있는 입자에게 에너지를 공급하기 위해 다량의 에너지를 분출하는 현상이다.

마음의 성질 4

마음은 그 본질이 진공이며, 따라서 진공과 똑같이 블랙홀의 집합체이다. 마음속에 존재하는 블랙홀의 사건의 지평선 안으로 생각의 쌍 중 하나가 빨려 들어가면(여기서 우리가 주의하여 할 것은 대부분 긍정적 생각의 쌍이 블랙홀로 빨려 들어가 사라진다는 것이다. 그 이유는 인간은 생존을 위하여 유전자에 수백 년간 부정적 대처가 유리하다는 암호가 새겨져 있기 때문에 의식이 깨어있지 않으면 무의식적으로 부정적 쌍만 살아남게 되는 것이다), 상대방을 잃어버린 생각의 쌍(주로 부정적 생각의 쌍이다)은 사라진 상대방의 에너지와 그 양만큼의 블랙홀의 에너지를 합한 양의 에너지를 받아 무상한 존재에서 벗어나 반영구적으로 존재하는 실재의 생각이 된다(그러므로 부정적 생각은 크게 강화된다). 반대로 생각의 쌍 중 부정적 짝이 블랙홀로 사라지면 긍정적 짝은 반영구적으로 존재하는 실재의 생각이 된다. 그리고 동일한 과정을 거쳐 긍정적 생각은 크게 강화된다. 바로 잠재적 무한에너지를 함유한 지성이 감성의 작용(나는 누구인가? 라는 질문)으로 운동(열)에너지로 변화하여 실재하는 생각이 되는 것이다.

마음속의 블랙홀 지평선 주변에서는 이런 식으로 끊임없는 생각들이 솟구쳐 오르면서 생각의 탄생과 사라짐을 반복하는 것이다.

양자 진공의 성질 5

블랙홀은 중력으로 인해 온도를 띠게 된다. 블랙홀은 뜨거운 것이다. 양자진공은 등속운동을 하는 모든 관찰자에게 세상은 똑같이 관측된다는 아인슈타인의 특수상대성이론과 완벽하게 조화를 이룬다. 진공은 등속운동을 하는 관찰자에게는 어디나 똑같아 보이기 때문에 진공은 마치 없는 것처럼 여겨질 수 있다. 그러나 진공에서 가속운동을 하는 관찰자들은 뜨거운 열기에 휩싸이게 된다. 가속운동을 하는 관찰자의 입장에서 보면 진공은 그들에게 영향을 끼치는, 실제로 검출 가능한 것으로 바뀐다.

마음의 성질 5

마음이 파도치고 물결치면 잠재에너지인 지성은 운동에너지로 변하면서 감성을 동반하게 된다. 감성이 잠재에너지인 지성과 만나면 생각이 되고 그 생각은 엄청난 에너지를 얻게 되어 외부로 분출되기 위해 출구를 찾아 헤맨다.

이때 어떤 계기를 만나 에너지의 분출구를 만나면 생각의 에너지는 엄청난 힘을 분출구를 통해 뿜어낸다. 이때에 생각은 물질화의 초기단계까지 돌진하게 된다. 그러나 주변 환경의 영향을 받은 생각은 방향을 잃은 생각의 에너지를 이리저리 외부로 품어낸다. 바로 에너지가 낭비되는 것이. 그러면 나의 의지와는 상관없이 소모적인 행동을 유발할 수 있다. 그러므로 우리는 의식을 맑게 한 후 마음을 텅 비워주면 주변 환경의 영향이 배제된다. 이러한 상태에서 관찰자의 눈으로 그 움직임을 알아채면 생각은 즉시 물질화된다.

양자 진공의 성질 6

진공을 구성하는 암흑물질의 구성성분으로 추정되는 윔프(WIMP), 중성미자, 액시온(axion) 등은 경입자들로서 그 질량이 0에 가깝고 크기 또한 가장 작은 입자로서, 중력과 약한 핵력만을 통해서만 상호작용을 하며 전하량이 없어 물질과는 거의 상호작용을 하지 않기 때문에 납 등 모든 물질을 빛의 속도로 통과하고 그들 사이에는 마음대로 진동 변환하는 유령 같은 입자이다.

마음의 성질 6

마음의 구성성분을 유추해보면 검은 마음의 바다(흰 빛이 모이면 검게 보인다)는 우주의 진공을 연상시킨다. 또한 마음대로 공상의 성을 짓고 부술 수 있으며, 빛보다 빠른 속도로 모든 것을 통과하는 생각의 속성은 진공의 자식들이라 할 수 있는 미립자인 중성미자나 윔프를 닮았다. 그리고 생각의 근원인 마음의 본래상태는 잔잔한 바다에 비유되고 이러한 상태는 (+)나 (−)의 전하량이 없는 중성적 상태인 것으로 보인다는 점에서 중성미자나 윔프를 닮았다.

관찰자가 빛의 속도를 초월하면 과거, 현재, 미래가 통합된 양자적 현상에 직면한다고 한다. 마음은 빛의 속도를 초월하므로 만약 주위 환경에서 완전히 격리될 수 있다면 양자적 현상에 직면할 것이다. 이것은 명상상태에서 시공을 초월하는 경험과 일맥상통하는 것이다.

양자 진공의 성질 7

거시세계인 우리의 우주는 무거운 물질인 0.03%를 제외한 99.7%가 텅 빈 공간인 진공이다. 물질을 초고배율 현미경으로 들여다보면 세포는 없어지고 원자, 원자핵이 보이고 종국에는 딱딱해 보이던 물체는 온데간데없고 진동하는 에너지상태만이 차지하고 있는 진동상태에 도달하게 된다. 아무것도 없이 텅 비어있는 것이다. 바로 미시세계도 텅 빈 진공상태이다. 이러한 진공에서 생명이 탄생한다.

마음의 성질 7

마음은 텅 빈 공간이다. 마음의 크기를 생각해 보면 무한대이자 점으로 보인다. 바로 진공의 모양과 동일하다. 이 마음에서 생각이 일어나 감정을 강화하고 의도와 합치되면 행동으로 외부에 표출된다. 즉 마음에서 모든 생각들이 나오고, 이 생각이 행동으로 옮겨지면 물질화가 진행되는 것이다. 바로 마음이 다름 아닌 창조자임이 드러난다.

양자 진공의 성질 8

진공에 충만한 것이 에너지다. 에너지가 모이면 물질이 되고 물질이 흩어지면 에너지가 된다. 진공은 생명의 근원이요 대지혜의 본원인 의식체이다.

마음의 성질 8

마음에 충만한 것은 상념과 생각들이다. 생각은 에너지의 불꽃이다. 이 생각에 더 큰 에너지가 가해져 추동력을 얻으면 즉시 물질화가 촉진된다. 육체가 그 수명을 다하면 마음(영혼)은 본원인 진공으로 돌아간다. 마음은 생명의 근원이요 대지혜의 본원이다. 그것은 마음이 진공 그 자체이기 때문이다.

양자 진공의 성질 9

물질의 최소구성인자인 미립자는 양자 진공의 아들이기 때문에 영생한다. 별빛이 내 눈에 도달하는 데는 수백만 년간씩 걸리기도 한다. 미립자는 상상을 초월하는 긴 시간과 먼 거리를 날아오면서 살아 있다는 이야기다. 우주가 사라지더라도 바로 미립자는 그 생명을 다하지 않는 영생하는 존재이다.

마음의 성질 9

마음과 영혼의 본질은 진공인 것을 살펴보았다. 따라서 진공의 아들인 미립자가 영생하듯이 영혼은 영생하는 것이다. 영혼과 미립자는 아무리 세월이 흘러도 죽지 않는다.

2. 홀로그램적 성질을 가진 양자진공과 마음

우주는 홀로그램구조이다.
바로 진공은 홀로그램을 내장하고 있다.
이 세상에 보이는 모든 것은 홀로그램에 의해 표상된 것이다.
이 주장에 따르면 이 세상의 모든 것은 마음이 창조해 낸 환상이며, 오직 중요한 것은 마음이라는 불교의 가르침과 맞닿고 있다.

2.1. 우주는 유동하는 거대한 홀로그램이다

홀로그램(Hologram)이란 파동의 간섭무늬 형태로 물체의 형태에 대한 정보가 기록되어 있는 평면적인 사진필름을 말한다. 이 원리를 쉽게 설명하면 다음과 같다. 레이저 광원에서 나온 빛을 반투명거울에 비추면 두 부분으로 나누어지는데 한 부분은 아무것도 접촉하지 않고 본래대로 사진건판에 도착하는 순수한 기준광선이고, 다른 하나는 또 다른 거울에 반사된 후 도중에 물체를 만나 물체와 상호작용을 한 후 사진건판에 도착하는 작용광선이다. 작용광선은 건판에 도착하여 기준광선과 만나 도중에 물체와 부딪힌 사건을 말해줄 것이다. 따라서 두 광선은 서로 겹치면서 간섭무늬가 형성된다. 이 간섭무늬는 물체의 형태를 그대로 보여 주고 있지는 않지만 물체의 정보를 기록하고 있기 때문에 이 사진건판에 동조성 빛을 비추면 재구성된 그 물체의 3차원 영상이 나타나게 된다.

바로 이것이 홀로그램(Hologram)의 원리이다.

이 우주의 시공간이 거대한 하나의 홀로그램이라는 생각을 떠올린 주요 인물은 아인슈타인이 가장 총애했고 세상 사람들로부터 가장 존경받는 양자물리학자이며 런던대 교수인 데이비드 봄과 스탠퍼드대 교수이며 신경 생리학자인 칼 프리브램이다.

봄을 우주가 마치 홀로그램과 같은 구조로 되어 있다고 확신하게끔 이끌어 온 행로는 물질의 경계인 아원자 입자의 세계에서부터 출발했다.

데이비드 봄

이 양자들은 관찰되고 있을 때는 입자로 변신하지만 관찰되지 않을 때는 파동으로 존재한다. 특히 봄의 흥미를 끈 것은 양자의 성질 중에서도 서로 무관해 보이는 아원자들 간에 존재하는 상호 연결성이라는 기이한 상태였다. 버클리 방사선 연구소에서 봄은 플라스마에 대한 역사적 업적이 될 연구를 시작했다. 플라스마란 고농도의 전자와 양이온, 즉 양전하를 띤 원자를 품고 있는 가스다. 그는 놀랍게도 전자들이 일단 플라스마 속에 들어오면 개개의 독립체로 있는 것이 아니라 보다 큰 상호 연결된 전체의 일부가 된 것처럼 행동하기 시작한다는 사실을 발견했다. 전자들 개개의 움직임은 제멋대로인 것처럼 보였지만 매우 많은 숫자의 전자들은 놀랍도록 조직적인 효과를 만들어 낼 수 있었다. 플라스마는 마치 일종의 아메바처럼 계속 자신을 재생산해 내고 생물체가 이물질을 포위하는 것과 같은 방법으로 모든 불순물을 벽 속에 가두었다. 그것은 2개의 입자가 서로 상대 입자의 움직임을 아는 것처럼 행동하는 데서 그치는 것이 아니라 낱낱의 전자들이 나머지 수십억 개의 입자들이 무엇을 하고 있는지 알고 있기나 하듯이 행동하는 입자의 바다가 관련된 현상이었다.

봄은 이러한 전자의 집단적 움직임을 플라스몬(plasmon)이라 명명했고, 이것을 발견한 업적으로 그의 물리학자로서의 명성은 굳어졌다. 봄은 다음과 같이 이야기한다.

"전자는 뿔뿔이 분리되어 있는 것이 아니다. 왜냐하면 전체계가 양자장의 작용을 통해 조직성 없는 군중이 아니라 마치 발레의 무용수들처럼 조화롭게 움직이고 있기 때문이다. 이러한 움직임이 보여주는 양자적 전일성(완전히 하나로 통일됨)은 기계의 부품들을 조립하여 얻어내는 종류의 통일성이라고 보기보다는 오히려 생명체의 각 부위들의 작용이 보여 주는 유기적 일체성에 더 가깝다."

양자물리학에 대한 봄의 해석은 아양자 차원, 즉 양자장이 작용하는 차원에서는 위치라는 것이 더 이상 존재하지 않음을 시사했다. 공간 속의 모든 지점들이 다른 모든 지점들과 동등해졌으며, 어떤 것이 다른 어떤 것과 서로 분리되어 있다고 말하는 것 자체가 무의미했다. 물리학자들은 이러한 성질을 비국소성(非局所性, 초공간성: 공간을 초월한 성질)이라고 부른다.

양자장은 모든 공간 속에 스며들어 있으므로 모든 입자들은 초공간적으로 상호 연결되어 있다.

봄은 실린더 위에 달린 핸들을 돌리자 잉크 방울이 시럽과 같은 글리세린 속에 퍼져서 사라지는 것처럼 보였지만 핸들을 반대방향으로 돌리자 희미하게 사라졌던 잉크의 흔적이 서서히 다시 모여서 하나의 잉크 방울로 모습을 드러낸 원통 회전 실린더의 실험을 보고서 홀로그램에 대한 질서를 이해하는 새로운 방식을 깨닫게 되었다.

홀로그램 필름 위에 기록된 간섭무늬 또한 퍼져 있는 잉크 방울처럼 육안에는 무질서한 것처럼 나타났던 것이다. 그러나 플라스마 속의 질서가 외견상 무질서해 보이는 각 전자의 행동 속에 숨어 있는 것과 똑같은 방식으로 두 가지 모두가 숨겨진 혹은 안으로 접혀 들어간(깃든) 질서를 지니고 있다는 것을 깨달았다.

홀로그램에 대해 깊이 파고들수록 봄은 우주의 운행원리가 홀로그램의 원리를 채용하고 있음을 확신하게 되었다. 즉 우주는 자체가 일종의 거대한 유동하는 '홀로그램'이라는 것이며, 이 같은 깨달음이 그로 하여금 자신의 온갖 통찰들을 하나의 포괄적이고 응집력 있는 통일체로 결정화시킬 수 있게 만들었다. 그는 우주에 대한 자신의 홀로그램적 관점을 1970년대 초 논문으로 발표했고, 1980년에는 《전일성과 감추어진 질서》라는 저서를 통해 자신의 훨씬 숙성되고 정제된 사상을 개진했다.

봄의 가장 놀라운 주장 중의 하나는 우리의 일상 속의 감각적인 현실이 사실은 마치 홀로그램과도 같은 일종의 환영이라는 주장이다. 그 이면에는 존재의 더 깊은 차원, 즉 광대하고 더 본질적인 차원의 현실이 존재하여 마치 홀로그램 필름이 홀로그램 입체상을 탄생시키듯이 그것이 모든 사물과 물리적 세계의 모습을 만들어 낸다는 것이다.

봄은 이 실재의 더 깊은 차원을 감추어진(접힌) 질서라고 하고, 우리의 존재차원을 드러난(펼쳐진) 질서라고 부른다. 봄은 전자를 한낱 물체라고 믿지 않고 전 공간에 펼쳐진 하나의 총체, 혹은 조화체라고 믿는다. 어떤 장치가 하나의 전자의 존재를 탐지한다면 그것은 단지 전자의 조화체의 한 측면이 펼쳐졌기 때문이다.

한 장의 홀로그램 필름과 그것이 만들어 내는 입체상은 감추어진 질서와 드러난 질서의 한 예다.

필름은 감추어진 질서다.

왜냐하면 필름의 간섭무늬로 암호화된 이미지는 전체에 걸쳐 접혀 들어 있는 감추어진 총체이기 때문이다.

필름에서 투영된 홀로그램은 드러난 질서다. 왜냐하면 그것은 펼쳐진, 인식 가능한 형태의 이미지를 보여 주기 때문이다. 이것은 또 양자가 어떻게 입자나 파동의 형태로 나타날 수 있는지도 설명해 준다. 봄에 의하면 두 가지 측면 모두가 양자 조화체 속에 깃들어 있다.

다만, 관찰자가 그 조화체와 상호작용하는 방식의 어떤 측면이 펼쳐지고 어떤 측면이 접혀 있도록 할 것인지를 결정할 뿐이다.

홀로그램이라는 말은 일반적으로 정지된 이미지를 나타낼 뿐 매순간 창조해내는 영원히 살아 움직이는 역동적 우주의 성질을 담아내지 못하기 때문에, 봄은 우주를 홀로그램이라고 묘사하기보다 '홀로무브먼트(Holomovement)'라고 부르기를 더 선호한다.

이 견해는 스톡홀름학파에서 소위 '관찰자효과'라고 부르는 것이 무엇인지를 일목요연하게 설명해 준다.

2.2. 두뇌는 정보의 홀로그램적 저장장치이다

홀로그램 모델은 현재의 과학이 설명할 수 없는 영역인 텔레파시, 염력, 임사체험, 우주와 일체감등의 초상(일상적인 범주 밖의 정신, 심령현상) 현상도 이해될 수 있어서 새로운 우주관으로서 많은 과학자들로부터 연구의 대상이 되고 있다.

칼 프리브램은 1960년대 중반 사이언티픽 아메리카에 실린 홀로그램에 관한 기사를 보고 기억하는 능력이 두뇌 전반에 걸쳐 분산 분포되어 있다는 사실을 확신하게 되었다.

그들은 또 인간의 두뇌에서 모든 능력(기억, 인식, 연상 등) 역시 개별적으로 존재하지 않고 각 부분이 전체의 정보를 담고 있음을 밝혀냈다.

홀로그램을 이용한 가장 일반적인 기술은 홀로그래피라는 사진기술로서 빛의 파동의 간섭현상을 이용하여 만든 필름에 의해 나타난 3차원 영상을 말한다.

칼 프리브램

이 필름의 놀라운 점은 보통의 사진필름과 달리 모든 조각들이 필름 전체에 기록된 모든 정보를 담고 있다는 것이다. 하나의 필름은 그것을 무수히 잘라도 그 속에 각기 전체상이 있어서 자르지 않은 원판과 똑같은 입체상이 나타나는 것이다.

이처럼 우주는 홀로그래피적이라는 것이 그들의 결론이다.

이러한 견해를 받아들이면 우리라는 존재는 전체의 개별적 반영이며, 모든 물질의 영원성은 환상이기에 오직 우주의식만이 영원한 것으로 보아야 한다. 몸에 자극을 가하면 뇌파계가 움직이기 전에 근전도계가 움직이는데 이는 인간의 에너지장은 두뇌보다 빨리 자극에 반응한다는 것을 의미한다.

두뇌 속에서는 창조성, 상상력, 영성 등과 관계되는 마음측면을 찾아볼 수는 없다.

이런 점에서 두뇌에 마음이 존재한다는 뇌과학자들의 견해는 재고되어야 할 것이다.

2.3. 만물은 홀로무브먼트의 다른 측면이다

 데이비드 봄은 모든 것들은 홀로무브먼트의 다른 측면이기 때문에 의식과 물질이 상호 작용한다고 말하는 것 자체가 의미가 없다고 말한다. 어떤 의미에서는 관찰자가 관찰되는 것이다. 관찰자는 또한 측정 장치이자, 실험 결과이자, 연구소이자, 연구소 밖을 지나가는 산들바람이다. 봄은 의식이 좀 더 미묘한 형태의 물질이라고 믿는다. 형체에 활동력을 불어넣는 것은 마음이 지닌 가장 특징적인 성질이다. 그는 우주를 생물과 무생물로 나누는 것 또한 무의미한 일이라고 믿고 있다. 생물과 무생물은 불가분하게 서로 엮어져 있고 생명 또한 우주라는 총체의 전반에 깃들여 있다. 바위조차도 어떤 의미에서는 살아 있다. 왜냐하면 생명과 지능은 모든 물질뿐만 아니라 에너지, 공간, 시간, 전 우주를 이루고 있는 직물, 그리고 우리가 홀로무브먼트로부터 추상해 내어 분리된 사물로 오인하는 기타의 모든 것들 속에 존재하고 있기 때문이라고 봄은 말한다.

 홀로그램의 모든 부분들이 전체상을 담고 있는 것과 똑같이 우주의 모든 부분은 전체를 품고 있다. 마찬가지로 우리 몸의 낱낱의 세포들도 그 속에 우주를 품고 있다. 모든 나뭇잎과 빗방울, 티끌 또한 그러한 것이다. 공간은 꽉 차 있고 또한 비어 있다. 그것은 진공의 반대인 충만(充滿)이며 우리를 포함한 만물의 존재 기반이다. 우주는 그 표면 위의 한 물결, 상상할 수 없이 광대한 대양 속의 작은 파문이다.

 이 파문은 비교적 자생적이어서 안정적으로 비슷하게 되풀이하여 재현되는 다른 것들로부터 구분하여 인식할 수 있는 그림자를 현상계라는 3차원의 드러난 질서 속에 비추어 낸다. 다시 말하면 우주는 우리가 보듯이 그 분명한 물질적 성질과 엄청난 크기에도 불구하고 홀로 존재하지 않으며 그보다 훨씬 더 광대무변하고 표현할 수 없는 그 무엇의 산물이라는 것이다.

이 무한한 에너지의 바다도 감추어진 질서 속에 깃들여 있는 것의 전부가 아니다.

감추어진 질서는 우리 우주 속의 만물에 탄생을 안겨준 바탕이므로 그것은 또한 최소한 과거에 있었던, 그리고 앞으로 존재할 모든 아원자 입자들, 모든 형태의 물질과 에너지, 생명 그리고 가능한 형태의 모든 의식까지 모든 것을 담고 있다.

봄은 여기에서 한발 더 나아가 감추어진 질서가 사물의 종국이라고 믿어야 할 이유도 없다고 본다. 그 너머에는 상상하지 못한 차원들이 존재할지도 모른다. 끝없이 펼쳐지는 무한한 차원들…….

1982년 물리학자 아스펙트는 아인슈타인이 불가능하다고 선언한 초광속 교신이 일어났거나 두 광자가 초공간적으로 상호 연결되어 있음을 의미하는 실험에 성공했다.

아스펙트의 실험은 일반적으로 2개의 광자 사이의 연결성이 초공간적임을 사실상 증명한 것으로 받아들여져 이 양자계의 초공간성은 자연계의 보편적인 성질로 말해지고 있다. 아스펙트의 발견은 봄의 우주 모델이 옳음을 입증해 주지는 않지만 그 모델의 큰 뒷받침이 되었다. 사실 봄은 자

아스펙트

신의 이론을 포함한 어떤 이론도 절대적 의미에서는 옳다고는 믿지 않는다. 모든 것이 단지 진리의 근사치일 뿐이며 무한하고 분할할 수 없는 영

역에 발을 디딜 때 사용하는 한정된 지도일 뿐이라고 한다.

봄의 이론에 대하여 과학자들 중에는 두 그룹이 있다. 한 그룹은 그의 견해에 대하여 회의적이며, 한 그룹은 그의 견해에 공감하는 경우다. 그러나 그의 이론이 이제까지의 과학을 다루는 데 있어서, 지금까지의 이론 중에서 가장 진보적이며 과학이 다루기를 꺼려하는 많은 문제들 예컨대 심령, 의식, 초현상, 염력 등을 해석할 수 있는 가능성을 열어 놓고 있는 데 대해서는 많은 이들이 관심을 가지고 있다.

봄과 프리브램의 이론은 우주를 바라보는 새롭고 심오한 관점을 제공한다. 그들은 우리의 뇌에 대하여 아래와 같이 정리한다.

"우리의 뇌는 궁극적으로는 다른 차원, 즉 시간과 공간을 초월한 심층적 존재차원으로부터 투영된 그림자인 파동의 주파수를 수학적인 방법으로 해석함으로써 객관적 현실을 지어낸다. 두뇌는 홀로그램 우주 속에 감추어진 홀로그램이다."

이런 종합적 결론의 도출은 프리브램에게 객관적인 세계란 최소한 우리가 믿게끔 길들여져 있는 것과 같은 방식으로는 존재하지 않는다는 깨달음을 얻게 했다. 외부에 있는 것들은 파동과 주파수의 광대한 대양이며, 이 파동과 주파수가 우리에게 현실처럼 느껴지는 것은 단지 우리의 두뇌가 이 홀로그램 필름과 같은 간섭무늬를 이 세계를 이루고 있는 막대기와 돌과 기타 친숙한 대상들로 변환시켜 놓는 능력을 가지고 있기 때문이다. 그러나 그 렌즈를 제거할 수 있다면 우리는 그것을 하나의 간섭무늬로서 경험할 것이다.

어느 쪽이 현실이고, 어느 쪽이 환상인가? 프리브램은 말한다.

"나에게는 둘 다 현실이다. 아니, 달리 말하길 원한다면 둘 다 현실이 아니다."

우리 자신이 홀로그램의 일부이며, 우리는 시간과 공간까지도 지어낸다는 것이다.

3. 요약과 통찰

 필자는 양자진공이 마음의 성질과 너무나 유사하다는 직관적 깨달음을 얻은 후 물리학, 수학, 화학, 심리학, 동서양의 철학, 오컬트화학, 심령학 등등 여러 방면의 연구결과를 검토하여 이러한 사고가 과연 타당성이 있는 사고인지 다방면으로 검증해 보았다. 그 결과 분명 마음의 본질이 허공일 것이라는 심증을 재확인하는 결과를 얻었다.
 현재 물리학 등 자연과학에서는 마음의 본질을 찾아내지는 못하였으나 양자역학은 분명 마음이라는 요소를 배제하고는 이 우주를 설명할 수 없음을 인정하고 있다.
 필자는 자연과학자는 아니나 마음의 본질과 우주의 본질이 무엇인지를 오랜 기간 궁구하면서 허공이야말로 무수한 미립자인 '아누'라 부르는 미니 블랙홀로 이루어져 있고 이것이 모든 것의 본질이며 우리의 마음의 바탕인 순수의식이라는 결론에 다다른 것이다.
 그야말로 모든 것의 본질인 절대계가 "나는 누구인가?"라는 질문에 대한 답을 얻기 위해 절대계의 특성인 '추상성'에서 '구체성'으로 변화를 시작하는 최초의 물질입자 '아누'는 양자 진공 그 자체일 것이다. 이렇게 대부분의 추상성에 아주 적은 구체성의 초보단계를 거쳐 계속 구체화하는 진화과정을 거치면서 나를 범주화해 나가는 것이 바로 내가 누구인지를 알 수 있는 단계이고 이것이 바로 우주인 것이다.

 즉, '나'란 내가 스스로 나를 범주화하면(범위를 정하면) 그것이 바로 내가 되는 것이다.

그러므로 우주는 유동하는 거대한 홀로그램이고, 만물은 홀로무브먼트의 다른 측면이며, 나란 내가 홀로그램으로 범주화하는 것이 내가 되는 것이다.

제6부

우주가 가르쳐주는 깨달음

우주를 바로 알고 나면 우주 자체가 바로 '나'임을 이해하게 된다.
우주가 나고 내가 우주이다.
나는 변방을 떠도는 그저 무가치한 먼지가 아니라 이 우주의 중심이다.
크게 성공한 사람들의 이야기를 들어 보면, 그들 스스로 우주의 중심이라고 느낄 때 인류의 역사를 새로 쓴 엄청난 변화들을 이루어 냈음을 알 수 있다.
이 우주에 주체(주인, 이를 '신'이라 부를 수 있을 것이다)는 따로 있고, 나는 오로지 신의 명령에 따라 행동하는 객체(종)라는 고정관념을 모조리 털어버려라.
그 시점부터 당신의 인생은 새로 시작될 것이다.

제1장

새로운 시작을 알리는 깨달음

1. 마음의 영원성과 나의 주체성

마음만이 영원한 것이며, 미래의 운명은 정해져 있는 것이 아니라 스스로 창조하는 것이다.

우리의 모든 실체는 모두 끊임없는 비교를 통하여 구성되며, 우리가 어떤 것을 자각한다는 것은 곧 그것과 다른 것의 차이(이것은 바로 파동의 차이인 것이다)를 자각한다는 것에 지나지 않는다. 즉 물질의 영원성은 환상이며, 마음의 본원인 오직 우주의식(순수의식)만이 영원한 것으로 보아야 한다. 몸에 자극을 가하면 뇌파계가 움직이기 전에 근전도계가 움직이는데 이는 인간의 에너지 장은 두뇌보다 빨리 자극에 반응한다는 것을 의미한다. 두뇌 속에서는 창조성, 상상력, 영성 등과 관계되는 마음측면을 찾아볼 수 없다. 이것은 우리의 두뇌는 단지 훌륭한 안테나를 포함한 컴퓨터라는 증거이며, 마음은 두뇌 속에 존재하는 것이 아니라 에너지 장에 널리 존재한다는 의미이다.

현재 3차원 공간에서 벌어지는 모든 일상사들은 정말로 그곳에서 일어나고 있는 사건이 아니라, 아주 먼 곳에 있는 2차원 평면에서 진행되는 사건들이 우리 눈앞에 투영된 결과라고 끈 이론가인 레너드 서스킨드는 말한다.

마음은 내가 의식이 있다고 자각할 때(관찰자로 관찰할 때로 한 생각에 집중할 때)는 입자의 성질을 갖게 되는데 이것은 '나'라고 하는 틀(스스로 한정 짓는 범주(category)) 안에 의식이 한계 지워지기 때문이다.

반대로 내가 의식하지 못할 때(의식이 있음을 내가 관찰하지 않을 때로 명상, 기도, 멍한 상태를 의미하며, 이는 주변 환경과 격리된 상태를 의미한다) 마음은 파동과 같은 성질을 갖게 되고, 이때는 우주에 있는 유사 성격의 다른 파동과 공명하여 원격적인 효과를 창출해 낸다. 염력(마음이 물질 대상에 전달되어 공명하는 현상), 텔레파시(마음과 마음간의 공명현상), 원격투시(물질 대상으로부터 마음으로 의미가 전달되어 공명하는 현상), 초능력 발휘(붉게 달구어진 뜨거운 숯불 위를 걸을 때 '설선 설산' 하고 외치며 발아래를 내려다보지 않고 걸으면서 1,000도의 불에도 발바닥에 전혀 화상을 입지 않는 놀라운 체험을 필자는 직접 경험하였다) 등이 이때 가능하다.

물리학자 해럴드 푸토프와 러셀타그는 모든 사람들이 그저 몸과 마음을 이완시킨 후 마음속에 떠오르는 이미지를 그대로 묘사하기만 하면 원격투시가 가능하다는 것을 증명하였으며, 다른 일군의 심리학자들은 최면에 걸린 사람 중 두 명 이상이 동일한 환상 현실을 훌륭히 만들어 낸다는 사실을 입증하였다. 이는 만물이 우주로부터 떨어져 존재하는 사물이 아니라 만물의 상호연결성의 일부가 되어 그것과 접촉하는 모든 사람들의 생각과 연결되고, 그 존재와 인연의 옷깃을 스친 모든 동물과 사물 속에 편재해 있는 의식과 연결된다는 것이다. 즉, 우주만물은 깊은 차원에서 상호 연결되어 있음을 시사하는 것이다.

홀로그램이론에 따르면 아카식 레코드(일명 우주도서관)는 일정 장소에 있는 것이 아니라 시공을 초월한 모든 곳에 존재한다는 것으로 설명된다.

주어진 실제 홀로그램은 고정되어 있으나 의식은 이 홀로그램을 다른 것으로 대체할 수 있다. 즉, 사과나무를 배나무로 바꿀 수는 없으나 사과나무 영역에서 배나무 영역으로 의식이 이동할 수는 있는 것이다. 이것을 '홀로그램 도약'이라고 부른다.

미소냉전시대에 미국의 가장 유명했던 심령가로 텔레파시를 이용한 적의 정보 캐치 등에 영향을 준 심령가 잉고스완의 다음 말은 귀를 기울일 만하다.

잉고스완

"미래란 결정화되고 있는 가능성(추상성)으로 이루어져 있다."

사람은 자기의 의식에 의해 홀로그램을 선택하는 것이며, 어떤 홀로그램을 선택할 것인가는 본질적으로 미래를 창조하는 행위와 같다는 점에서 미래의 운명은 정해져 있는 것이 아니라 나 스스로 창조한다는 생각이 진실임을 설명해 주고 있는 것이다. 즉, 아직 설계도의 윤곽만 있는 나의 추상성을 내가 어느 형태, 어느 수준으로 모델화 또는 범주화(category)하는지(구체화 과정)에 나의 범위와 수준이 결정된다는 말이며, 그것이 바로 '나'

라는 말이다.

 이 말은 나란 존재는 내가 스스로 창조해 나가는 것이기에, 나를 틀에 가두는 환경이나 운명은 존재하지 않는다는 의미이다. 즉 자유의지를 가진 '나'라는 존재 자체가 본질(이를 '신'이라고 부른다면 신)이라는 말이다.

2. 보이지 않는 미시세계의 중요성

> 우주는 거시세계와 미시세계로 나누어진 상대계의 모습으로 드러나 있
> 지만, 그 본질은 통합인 절대계임을 보여주고 있다.

물리학자들은 이 우주가 탄생 초기에는 완전한 대칭성을 가지고 있었던 것으로 여기고 있으며, 이를 초대칭성이라고 한다.

그런데 빅뱅 이후 이 우주가 형성되는 과정에서 이 대칭성은 서서히 깨지기 시작하여 현재의 우주는 오히려 비대칭성이 일반적인 것이 되었다. 대칭성 중 가장 중요한 요소는 절대계의 성질과 상대계의 성질의 대칭성을 들 수 있을 것이다. 왜냐하면 절대계란 빅뱅 이전의 상태인 공(空)의 성질인 비물질계이며, 상대계란 바로 우리 우주에 현현하는 성질인 물질계이기 때문이다.

이 우주는 빅뱅 직후 절대계의 요소와 상대계의 요소를 동일하게 가지고 있었는데 우주가 형성되어 가면서 이 대칭성이 서서히 깨져 절대계의 요소는 숨겨져(말려 있다고도 볼 수 있다) 버리고 상대계의 요소만 이 우주에 나타나게 된 것이다. 그러므로 절대계적 요소는 관찰이 불가능한 반면, 상대계의 요소는 겉으로 드러나 쉽게 관찰이 가능하게 된 것이다. 그렇다고 해서 절대계의 요소(그야말로 우주의 본질)가 완전히 사라진 것이 아니라 숨겨져 존재하고 있을 뿐이다. 이런 이유 때문에 눈으로 쉽게 관찰할 수 있는 거시세계를 위주로 관찰을 시도해서 그 법칙을 탐구했던 고전물리학과 우주론에서는 상대세의 요소만을 중심으로 관찰하여 물리법칙을 정립하여 왔고 이 법칙들은 거시세계에서는 아주 잘 맞아떨어졌던 것이다.

그러나 과학적 탐구가 진전됨에 따라 이 거시세계를 이루는 물질의 본질에 관심을 갖게 되면서 미시세계로 관심을 돌리게 되었고 이 이론을 대표하는 것이 양자론인 것이다. 양자론자들은 연구의 깊이를 더해가면서 지금까지 고전물리학에서 정립한 물리법칙들이 미시세계에서는 더 이상 맞아떨어지지 않음에 당황해 하면서도 연구를 거듭해 감에 따라 그들이 미시세계에서 발견한 물리법칙들이 오히려 이 우주를 지배하는 근본법칙들이고, 고전물리학에서 정립한 법칙들은 특수한 곳에서만 성립하는 법칙들이라는 결론을 내리게 되었다. 그러나 아직도 고전물리학을 추종하는 학자들도 많이 있는데 바로 중력을 매개하는 입자로 알려진 힉스입자를 찾으려는 노력을 들 수 있다. 힉스입자는 이 우주는 바로 국지적이라는 바탕 하에 제안된 것으로 비국소성을 그 바탕으로 하고 있는 양자이론과는 배치되는 가정이다.

최근 많은 물리학자들이 양자역학에서 발견한 비국소성이라는 물리법칙에 동의하고는 있으나, 거시세계를 지배하는 법칙과 미시세계를 지배하는 법칙 간의 심한 괴리 현상을 연결해 줄 통일장이론은 아직도 미완의 상태이다. 모든 물리학자들은 만약 이 이론을 발견한다면 그 사람은 노벨물리학상의 제1번 타자가 될 것임을 누구도 의심하지 않고 있다.

양자론이 태동되던 1930년대에는 대부분의 물리학자들이 우주의 국소성을 굳게 믿고 있었다. 심지어 상대성이론을 제안하여 물리학 발전에 한 획을 그은 천재 물리학자인 아인슈타인조차도 우리 우주의 국소성(局所性)을 믿어 EPR역설("양자론이 비국소적이론임을 증명하여 이 이론에 따른다면 본인이 주창한 어느 것도 빛의 속도를 초과하지 못한다는 정리에 어긋나므로 양자론은 잘못된 이론이다."라고 한 주장이다)로 불리는 실험을 실시하여 비국소성을 부인하려 하였으나 오히려 양자론의 주장인 비국소성을 입증하는 결과를 도출하고는 당황한 바 있다. 그 후 양자론자들은 입자들의 행동은 어떠한 경우에는 빛의 속도를 초과한다는 증명을 하여 "물질은 항상 빛의 속도를 초과하지 못한다."는 아인슈타인의 주장을 뒤엎었고, 아인슈타인도 이에 굴복한 바 있다. 그러나 거시세계에는 여전히 국소성 원칙이 적용되고 있고 이에 대해 양자론자들도 누구나 설득당할 수밖에 없는 정확한 이론을 제시하지 못하고 있다.

 필자의 견해로는 이 우주를 분석함에 있어서는 절대계의 성분과 상대계의 성분을 모두 고려해야 올바른 결론에 도달할 수 있다고 본다. 왜냐하면 이 우주는 그 본질인 절대계 성분을 근본으로 하나 이는 감추어져 있고, 나타나 있는 것은 모든 상대계 성분이기 때문이다. 그러나 상대계 성분이 그 능력을 발휘하기 위해서는 반드시 절대계 요소가 함께 작동되어야 한다. 이것이 오묘한 이 우주의 원리가 아닐까 생각된다.

 필자는 대칭성과 관련 있는 원주율 파이(π)를 궁구하다가 오일러의 공식이란 수학공식을 접하게 되었다고 밝힌바 있다. 그리고 이 공식은 거시세계와 미시세계가 합일되면 본질인 절대계와 같다는 것을 간단한 수학식으로 나타낸 것이라는 직관적 깨달음(오일러 사후 이 공식의 의미를 밝혀내려 노력하였으나 아직까지 구명되지 않고 있는 공식이다)을 얻었다고 이야기한 바 있다. 오일러의 공식이 필자의 전작인 《허공의 놀라운 비밀》에서 주장한 이 우주의 구성에 대한 생각들과 정확히 일치함을 발견하고 놀라움을 금치 못하였다.

 아인슈타인은 국소성 원리에 대한 사고실험에서 이 우주에 지구와 태양만 있다고 가정하고 태양이 어느 순간 사라진다면 휘어진 시공간의 곡률에 따라 운동하는 지구는 바로 궤도에서 이탈하지 않고 빛이 지구에 도달하는 시간만큼 지난 후 궤도에서 이탈할 것이라고 하였다. 바로 이 이론에 따라 뉴턴이 주장한 중력은 중력을 보내는 주체가 어디에 위치하든 즉시 그 힘이 상대에게 전달된다는 중력의 법칙의 폐기를 의미하는 것이었다. 왜냐하면 뉴턴의 중력(만유인력)법칙에 의하면 태양이 사라지는 그 순간 지구는 그 궤도를 바로 이탈하여야 하기 때문이다.

그런데 이를 이중성(二重性)의 측면에서 다시 생각해 보면 전혀 다른 결론이 도출된다. 뉴턴의 물리법칙들은 원래 국소성의 원칙에 바탕을 두고 있었고, 아인슈타인이 활약하던 1900년대 초반까지는 이는 흔들릴 수 없는 원칙이었다. 그렇기 때문에 중력의 무한 속도를 용인한 뉴턴의 중력이론은 이 원칙에 정면으로 위배되는 것인데 어떻게 이러한 주장을 했는지 불가사의하다.

그러나 뉴턴이 예외적으로 비국소성을 중력에 인정한 것이라면 양자역학의 발견인 비국소성과 맞닿아 있다고 볼 수 있다.

원자 이하의 세계에서는 비국소성이 일반적인 성질이라는 것이 양자론에서 밝혀졌고 이제는 이것이 일반적으로 받아들여지고 있는 것이다. 즉 이 우주공간은 국소적인 성질만 가지고 있는 것이 아니라 비국소성 성질도 동시에 가지고 있다는 것이 밝혀진 것이다.

만약 우주공간이 국소적 성질만 가졌다면 질량을 가진 물질은 절대로 빛의 속도를 초월할 수가 없다.

그렇기 때문에 고전물리학에 익숙한 우리는 빛을 초과하는 신호나 물질은 아무것도 없다고 알고 있는 것이다. 그러나 양자물리학의 비국소성이론을 받아들인다면 질량을 가진 물질도 빛의 속도를 초월할 수가 있다는 놀라운 사실을 상상할 수 있다.

비국소성은 정보나 물질의 성질이 우주의 양 끝에 있더라도 어떤 경우에는 즉시 전달될 수 있다는 것을 의미하기 때문이다.

특수상대성이론을 따르면 빛보다 빠른 물질은 음의 질량이나 음의 에너지를 가진 물질을 의미한다고 볼 수 있으며, 이 말은 숨겨진 공간인 다른 차원의 존재를 가능케 하는 것이다. 바로 이런 점에서 보면 빅뱅에 의해 우주가 창조될 때 두 가지 근본적인 힘이 역동적으로 상호작용하여 이 우주가 창조되었는데 그 하나는 외부로 팽창하려는 경향이 있는 원심적(hylotropic)인 힘으로 물질지향성을 갖고 있어 물질계를 창조(4차원)하였고, 그와 반대로 또 하나의 힘은 전체지향적인 구심적(holotropic)적인 힘으로 블랙홀을 만들어 그 속에 원형질을 보관하는 방법을 통해 비물질계를 창조(7차원)하였다고 주장하는 끈 이론(대표적으로 M이론)과도 부합된다.

이중성을 고려하면 현재 물리학계의 화두 중 하나인 "과연 중력을 매개하는 입자로 알려진 힉스입자가 존재하는가?" 하는 질문에도 답을 얻을 수 있을 것 같다. 왜냐하면 힉스입자의 제안은 이 우주가 국소성이라는 바탕 위에 성립되고 있다는 점을 고려할 때, 만약 비국소성이라는 측면을 용인한다면 그 유용성이 사라질 것이기 때문이다. 왜냐하면 비국소성의 측면에서 보면 힉스입자의 개입 없이도 중력이 빛의 속도를 초과하여 전달될 수 있음을 증명할 수 있기 때문이다. 이 이론이 바로 M이론이다. 비국소성 관점에서 보면 중력의 근원은 다름 아닌 바로 진공일 것이라는 추정이 가능하며, 이것은 힉스장이 바로 진공 그 자체일 가능성도 농후한 것으로 생각된다. 많은 물리학자들이 빅뱅 시 발생한 엄청난 속도의 팽창을 설명할 때 빛보다 엄청 빠른 속도로 이 우주가 팽창했다고 주장하고 있으며, 만약 팽창이 물질이라면 이는 아인슈타인의 빛의 속도를 초과할 수 있는 물질은 아무것도 없다는 대원칙에 위배되기 때문에 물질이 팽창한 것이 아니라 공간이 팽창한 것으로 보는 것이 보다 타당하다는 점에서도 그러하다.

유럽입자물리연구소에서 진행하고 있는 입자가속기(LHC)를 이용한 입자 충돌실험에서 빛보다 빠른 중성미자가 발견되었다든가, 힉스입자로 추정되는 입자가 발견되었다고 하는 보도(2011.07, 2012.07)가 있었으나 2016년 입자가속기(LHC)에서 힉스입자보다 6배나 무거운 입자가 발견되는 등 수년이 지나도 '힉스입자 추정물질'이라는 가정에서 벗어나지 못하고 있다.

질량의 근원이 공간인가? 아니면 물질인가 하는 문제에 대해 생각해 보자.

그동안 양자론자들은 아스펙트의 실험에서 나타난 빛보다 빠른 입자가 존재할 수 있다는 증명을 통해 빛보다 빠른 중성미자를 인정하는 대신 고전학자들이 이 우주를 구성하는 힘으로 인정하는 표준모델의 구성요소의 하나인 힉스입자의 존재를 부정해 왔다.

그러나 만약 우주공간의 국소성과 비국소성을 동시에 인정한다면 힉스입자와 빛보다 빠른 중성미자가 공생할 수가 있지 않을까 하는 생각이다. 이 말은 질량의 근원을 공간(파동적 성질)과 물질(입자적 성질)이 동시에 제공한다고 인정하는 것이다.

그러면 힉스입자는 없거나 무수히 많을 수 있고, 이는 또 있는 것도 아니고 없는 것도 아닐 수 있다. 실험에서 힉스입자의 흔적만 발견되는 것은 이런 이유 때문이 아닐까? 이러한 성질이야말로 바로 진공의 고유성질이다.

국소성과 비국소성이라는 우주공간의 이중성을 인정한다면 이는 중력의 이중성도 인정하는 것으로 중력이 5차원 이상의 차원으로 확장될 수 있음을 뜻하는 것이다. 이 말은 10차원 초 끈 이론에서 하나의 차원이 더해진 11차원의 M이론에서 초중력이 제기되는 이유가 된다.

3차원 공간과 시간(1차원)이 합쳐진 4차원 시공간은 중력에 의해 휘어진다는 것은 일반 상대성이론의 핵심인 등가원리로 설명된다.

4차원 시공간의 휘어짐을 설명하기 위해서는 필연적으로 중력이론을 5차원으로 확장해야 하며, 5차원으로 확장된 중력은 가속에 의한 관성력(또는 원심력)과 같은 것이다. 즉 관성력(원심력)은 5차원에서 온 중력에 의해 발생한 힘으로 가상적인 힘이었던 것이다.

4차원 시공간을 휘게 하는 5차원 중력은 가속에 의한 관성력(또는 방향을 바꾸는 원심력)과 같아야만 하는 이유는 그것은 우주공간이 가지고 있는 근본적인 속성 때문이다.

이는 우리가 버스를 타고 갈 때 급 가속할 때 뒤로 잡아당기는 힘, 급정거할 때 앞으로 튕겨나가거나 달리는 버스에서 뛰어내렸을 때 또는 버스가 회전할 때 발생하는 관성력(원심력)은 우주공간이 가지고 있는 근본적인 속성 때문에 발생한 힘이며 바꾸어 말해 5차원에서 온 중력에 의해 발생한 힘이라는 것이다.

우리가 사는 4차원의 세계란 입체적 기하 속에 시간과 공간이 있고 전자나 빛이 활동하는 세계이다. 모든 정보를 입자로 변환하여 인식하는 세계인 것이다.

우주가 펼쳐지기 전의 본원적 공간(기준광선이 존재하는 공간)을 기준으로 하여 이를 '1차적 현실'이라는 관점에서 본다면, 우주의 모든 정보를 우리의 오감으로 수신하여 인식되는 우리의 4차원의 세계는 기준광선과 작용광선(기준광선이 어떤 사건을 만나 반영된 광선)이 만나 만들어 내는 홀로그램인 '2차적 현실' 세계인 것이다. 바로 2차적 현실인 4차원 세계에 내가 있고 가정이 있고 나라가 있으며, 또 물질이 있고 분화된 우주만물이 있는 것이다.

이 4차원 세계는 에너지가 결빙된 물질계를 뜻하며 눈에 보이는 상대계이다. 바로 모든 형이상학적 기하인 우주의 정보가 형이하학적 기하인 입자로 모습을 바꿔 형형색색 분리 독립된 만상이 전개되는 세상인 것이다.

불교에서는 우리의 현실세계를 기준이 되는 1차적 현실세계가 아니라 바로 홀로그램으로 나타난 2차적 현실세계라고 가르치고 있으며, 그렇기에 본질세계가 아닌 거울에 반영된 현실세계는 무상하다고 보고 환영(착각)이라고도 한다.

이와 같이 불교철학은 절대계(의식계)를 1차적 현실로 보고 우리가 살고 있는 상대계(물질계)인 이 세상을 2차적 현실로 간주하고 있기에, 이 세상에 몸담고 있는 근기가 낮은 우리들과 같은 보통 사람들이 보기에는 이해할 수 없는 난해한 이론이거나 터무니없는 요설로 비춰질 수 있는 이유이기도 하다. 한마디 덧붙이자면 불교경전을 대하는 많은 승려들조차도 여기에 대한 이해가 부족하여 경전에 대한 무조건적인 믿음을 강조하는 경우가 허다하고 이런 이유로 깊은 신앙을 가진 신자조차도 진정한 부처님의 가르침을 이해하지 못하는 경우가 대다수라는 사실이 매우 안타깝다 하겠다.

이 세상이 환상일 뿐이라는 가르침을 곧이곧대로 받아들이면 현실 도피적 허무주의에 빠질 염려가 있다. 엄연히 우리가 발 딛고 있는 현실을 인정한 바탕 위에 부처님이 가르치는 진정한 의미를 받아들일 때만이 이 세상을 어떻게 살아가야 하는지를 깨달을 수 있다. 이 세상이 홀로그램이라는 것이 사실일지라도 이 현상계에 발 딛고 있는 우리에게는 우리가 살아 있는 동안 겪어야 할 사건은 엄연한 현실인 것이다.

중국의 주역의 천지인(天地人)사상에서는 의식계를 확장시켜 형이상학적 관점의 하늘(천)이라 하여 형이하학적 물질계보다 우위적 위치를 설정했는데 모든 물질적 형상은 형이하학적인 음(−)이라 하고, 모든 비물질적 형상은 형이상학적인 양(+)이라 했다. 그렇다고 해서 음양을 완전히 분리해서 본 것은 아니다. 음양은 상호 침투되어 상호작용을 하여 생명(인)을 창조하고 그 관계를 유지 또는 변화시키며 상호 순환하는 관계로 설정하였다. 즉, 무극−태극−분열(음, 양)−사상(태양, 소양/태음, 소음)−팔상(팔괘) 등으로 분화되어 그 상호관계를 유지하는 것으로 보고 있다. 다시 말해 음(−) 속에는 그 강도에 따라 음양(태음—음, 소음—양)이 있고 양(+) 속에도 그 강도에 따라 음양(태양−양, 소양 −음)이 상호 침투되어 있다는 것이다. 이러한 음양 위에 오행이라는 우주의 다섯 가지 기운이 작용하여 우주만물을 형성해 나가고 운영해 나간다는 것이며, 이 오행은 개성이 뚜렷하여 상호 상생하기도 하고 상호 상극하기도 하는 것이다.

이러한 오행의 성질을 의식으로 보고 이 의식들의 작용으로 우주만물은 스스로 생성소멸하며 순환하는 것이라고 보았다. 불경인 화엄경의 영향을 받아 발전된 마음(의식)을 탐구하는 동양의 또 한 부류인 이기론(理氣論)이 있는데 이는 남송의 주희가 이를 완료한 이래 통칭 '주자학'이라는 이름으로 유교와 접목되면서 동양의 각국에 전파되어 학문적 연구의 대상이 된 바 있다. 이 이론은 우주의 본질(체, 體)은 이(理)이고 이의 작용(용, 用)을 기(氣)라고 하여 이기의 상호관계를 연구하였다. 이기론은 이 세상의 본질을 정(正)과 선(善)에 두고 이를 현실에 적용하려 했던 유교와 결합되면서 4단(인(仁), 의(義), 예(禮), 지(智))를 이(理)에 배정하고 7정(희(喜), 노(怒), 애(哀), 구(懼), 애(愛), 오(惡), 욕(慾)을 기(氣)에 배정하여 이의 관련성과 옳고 그름을 연구하였다. 그러나 이 이론은 인의예지라는 부분을 우주의 본질이라고 보는 점에서 볼 때 이미 선악을 구분하는 상대계의 판단근거를 절대계를 기반으로 한 본질의 성격으로 규정한 오류가 있는 탐구로 보인다. 왜냐하면 4단 칠정 모두 지성과 감성이 혼합된 개념으로서 이를 체용으로 구분함은 본질을 잘못 오해한 판단을 근거한 학문이기 때문이다(이 견해는 필자의 생각이다. 참고하시기 바란다).

예에서 보듯이 동양철학은 대부분 우주의 근원을 탐구함에 있어서 물질계인 현상계 보다 의식계(마음)에서 그 해답을 구하려고 노력해왔다는 것을 알 수 있다. 결국 동양철학이 주목한 것은 물질계를 있게 한 본질적 차원(즉, 5차원 등 보다 높은 다차원 세계)이라는 것을 알 수 있는 것이다.

이러한 불교나 동양철학의 우주관은 최근 양자론에 의해 하나하나 증명되어 가고 있다.

자, 그러면 펼쳐진 세상인 우리의 4차원 세상보다 높은 차원인 5차원 이상의 세상은 어떤 세상인지 살펴보자.

5차원 세상은 전자나 빛이 초시간적 초공간적으로 활동하는 초입체적 세상을 말하며, 이는 모든 정보가 파동으로 상호 침투되어 공존하는 세계로 비국소성이 주도하는 세상이다.

우주의 모든 정보를 입자화하여 오감으로 수신하는 4차원의 세계와는 달리 5차원의 세계에서는 파동으로 상호 공명하여 우주의 정보를 수신하며, 나는 존재하나 우주의 어느 부분과도 분리 독립할 수 없는 상호연결성, 상호침투성으로 인하여 전일성을 주로 하는 세상으로 요즈음 부상하고 있는 홀로그램우주론, 다중우주론과도 일맥상통하는 세상이다. 5차원 이상의 세상은 현상계가 아닌 눈에 보이지 않는 세계로서 이를 미시세계 또는 유사 절대계(비물질계)라 부를 수 있는데, 불교에서는 이를 무색계라 하고 공(空)과 같은 의미로 사용한다. 바로 여기가 불교에서 말하는 진리의 세계, 부처님이 계시는 세상인 진정한 현실 세상인 것이다. 불교는 절대계를 1차로 고려해야 할 현실 세상으로 보고 있는 것이다. 절대계는 그야말로 형이상학적 자유에너지의 세계로서 '추상'이라는 말로 요약할 수 있다. 반면에 우리의 현실계는 물질계로서 '구체'를 그 특질로 하는 세상이다. 따라서 불교의 입장은 보이는 4차원의 세계를 홀로그램 물질계(입자 – 2차 현실)라고 보고, 5차원 이상의 세계를 의식계(파동 – 1차 현실)로 보고 있는 것이다.

20세기 양자 물리학이 발전되면서 과학은 새로운 국면에 들어서게 되었다. 물질과 에너지가 별개이고 파동과 입자가 별개라고 정의했던 기존 과학의 틀이 무너진 것이다.

$E=MC^2$이라는 이 유명한 아인슈타인 방정식은 에너지와 물질이 상호 변환되는 방정식이다. 또한 슈뢰딩거의 고양이 역설에 의해 입자와 파동은 상태공존을 할 수 있다는 양자론이 정립되었다. 의식계의 특성에 대해서는 데이비드 봄이 홀로그램 우주에서 밝혔듯이 부분이 전체의 정보를 가지고 있으며, 이를 아스펙트는 비국소성의 원리의 실험을 통해 이를 증명한 바 있다. 보어의 상보성의 원리, 하이젠베르크의 확률해석, 슈뢰딩거의 상태공존 등 많은 양자론자들이 미시세계를 규명함으로써 최근까지의 국소성이라는 고정관념을 버리지 않을 수 없게 되었다. 그런데 과학자들을 놀라

게 한 것은 20세기 최첨단 과학으로 연구해 놓은 미시세계이론들이 인도와 중국 등 동양에서는 이미 수천 년 전에 이미 문서에 기록을 남기고 있다는 사실이었다. 특히 보어는 동양사상에 심취되어 태극문양을 천에 새겨 잠잘 때도 깔고 잤다고 하며 노벨상 수상 시에도 주역 팔괘가 새겨진 옷을 구해 입고 수상하였다는 말이 전해지고 있다.

더욱 놀라운 것은 고대의 풍습을 살펴보면 모든 사물을 의식화했다는 사실이 드러난다. 생활 주변의 모든 자연물을 의식화하여 제사를 지내거나 소망을 빌었고, 죽은 자도 사후 세상에 다시 태어나거나 환생한다는 것을 믿었다는 증거들이 곳곳에서 발견된다. 이는 지구상의 일부에서가 아니라 인간이 거주했던 모든 곳에서 나타나는 공통된 현상인 것이다. 과학이 발달하고 현대화가 진행되면서 이러한 풍습들은 미신이라는 오명을 쓰고 배격되거나 말살되었지만 아직도 우리의 주변과 우리의 내면에 그 풍습은 잠재되어 있다. 이러한 우리의 풍습을 잘 음미해 보면 미신이 아닌 양자론 등 최첨단 과학에 바탕을 두고 있음을 깨달을 수 있다.

아래에 과학계와 종교계, 그리고 본서에서 절대계와 상대계를 보는 관점을 요약 정리해 보았다. 아마 이러한 구분을 이해하면 과학서, 철학서, 종교서적을 읽고 이해하는 데 상당한 도움을 받을 것이다.

● 절대계와 상대계를 보는 관점 비교

구분	절대계	상대계
과학계	5차원 – 11차원세계 (시간, 공간 초월, 비국소성)	4차원세계 (시간, 공간 존재, 국소성)
	작게 말려 숨겨진 세상	펼쳐진 세상(현상계)

구분	절대계	상대계
과학계	미시세계(양자이하 세상)	거시세계(원자이상 세상)
	기준광선	홀로그램
	비물질계	물질계
불교, 힌두사상	1차적 현실 세상 (우리가 기준 삼아야 할 곳)	2차적 현실 세상 (2차 판단의 기준이 되는 곳)
	진리의 세상	환영(변화만이 진리인 세상)
	부처님이 계신 세상	인간계
기독교 사상	2차적 현실 (2차 판단의 기준)	1차적 현실 (우리가 기준 삼아야 할 곳)
	하나님이 계시는 세상	현실 세상
이 책의 정의	진공	현상계
	마음, 영혼의 본원처	마음과 물질이 함께하는 곳
	미립자 이하 세상	원자 이상 세상
	시공을 초월한 마음(순수의식)이 지배하는 세상	마음이 물질을 창조하는 세상

3. 우주는 이 세상이 '믿음체계'임을 보여 주고 있다

앞에서 살펴보았듯이 이 세상 존재의 원천은 진공이고 진공은 0이자 ∞이다. 왜 0=∞인가? 어떤 물체의 속도가 무한대일 때 관찰하면 속도가 0인 것으로 보인다. 파동이 무한대로 진동하면 고요함과 같다. 백지는 비어 있으나 모든 것을 채울 수 있다. 빛의 3원색을 합치면 백색이 되고, 물감의 3원색을 합치면 검정색이 된다. 우주에서 백색만 있는 곳은 검게 보인다. 여기서 우리는 직관적으로 알 수 있다. 이 세상이 무한대라고 믿으면 무한대로 보여주고, 이 세상을 0으로 보면 0으로 보인다는 것을. 바로 이것이 이 세상 이면의 본질인 것이다. 그러나 드러나는 이 물질계는 한계지음이 본질이고 바로 '1'이 그 기반인 것이다. 정적인 절대계는 무한 움직임을 품고 있고 그 본질은 공(空)이나 또한 가득 차 있다. 동적인 상대계는 한정적 움직임을 가지고 있고 그 본질은 1이나 거의 비어 있거나 거의 가득 차 있다. 즉 한계지음의 명확화 정도에 따라 절대계의 요소가 적어지고 상대계의 요소가 강화되는 것이다. 미립자는 상대계의 최소 구성인자로 가장 많은 절대계의 성분을 가지고 있어 비국소성을 본질로 하는 반면, 항성은 절대계의 성분은 거의 없고 대부분 상대계의 성분이어서 완전히 국소적인 것이다.

● 절대계와 상대계의 특징 비교

절대계	상대계					
진공(순수의식)	양자	미립자	원자	분자	무생물	생물	항성
정적(잠재적에너지, 정보장)	동적(활동에너지, 물질계)					
한계 없음(0 또는 ∞)	小 한계지음의 정도 大					

4. 우주만물의 본질은 정보(순수의식)이다

4.1. 우주만물의 본질이 정보라고 보는 이유

이 세상은 물질과 에너지로 구성되어 있다. 물질은 미립자를 기반으로 원자를 구성하며 이 원자들이 모여 분자, 세포 등으로 집단화하면서 물질을 구성한다. 에너지는 여러 가지 힘의 형태로 나타낼 수 있으며 열에너지, 전기에너지, 화학에너지 등의 여러 가지 형태의 힘의 근원이다. 그러면 물질과 에너지는 무엇으로부터 비롯된 것일까? 과연 그 근원은 무엇일까? 바로 그 근원은 정보, 디지털정보라는 생각이 오늘날 양자론을 신봉하는 물리학자들 사이에서 뿌리내려 가고 있다.

존 휠러

존 휠러가 모든 물리적 실체들이 순수한 정보로 전환될 수 있다고 주장한 이래 베겐슈타인은 블랙홀의 정보개념을 한 단계 발전시켜서 다음과 같은 질문을 제기한다.

"혹시 우주 전체가 하나의 거대한 컴퓨터 프로그램은 아닐까? 과연 우리는 우주적 CD의 한 비트(bit)에 지나지 않는 것일까?"

그러면서 그는 아래와 같이 주장한다.

"물리학의 진정한 언어는 장이론이 아니라 정보이다. 무한대로 발산하는 장이론은 궁극적인 이론이 될 수 없다. 궁극의 이론은 물리적 과정을 장이나 시공간이 아닌 정보의 교환으로 설명할 수 있어야 한다."

또한 울프램이나 에드워드 프레드킨처럼 우주가 하는 일이 가장 일반적인 의미의 '연산과정'이라는 사실을 의심치 않는 소위 '디지털 철학'에 동의하는 물리학자들은 우주만물의 근원이 정보라는 데 이의가 없다.

에드워드 프레드킨

우리가 컴퓨터 프로그램 안에 살고 있을지도 모른다는 아이디어는 할리우드 영화 〈매트릭스(Matrix)〉에 실감나게 표현되어 있다.

물리학의 화두는 만물을 지배하는 모든 힘들의 행동을 설명할 수 있는 단 한 줄의 공식을 찾아내는 것이며 이를 '통일장 이론'이라고 부른다. 아인슈타인은 말년의 대부분을 이를 찾는 데 바쳤으나 결국 뜻을 이루지 못하고 눈을 감았다. 천체물리학자인 영국의 스티븐 호킹 박사는 "이 성배를 찾고 나면 마침내 신의 뜻을 알 수 있을 것이다."라고 말한 바 있을 정도로 과학 영역의 성배가 바로 통일장이론이다.

여기서 필자의 개인적 입장을 피력해 보고자 한다.

필자는 마음의 근원을 탐구하는 과정에서 양자 진공에서 입자들이 탄생하고 소멸하는 것이 마음이 생각을 만들어 내고 없애는 과정과 너무나 유사함을 발견하였다. 또 블랙홀의 특성이 미립자의 특성과도 유사하여 전자나 미립자를 미니블랙홀로 추정하는 물리학자도 있다는 것도 알았다. 그리고 미립자의 탄생과 소멸은 아인슈타인의 방정식 $E=Mc^2$으로 간단히 표시할 수 있음도 알았다. 그렇다면 미립자를 탄생시키는 양자 진공이야말로 우주의 본질이라 할 수 있을 것이다. 따라서 그 진공(순수의식)과 그 태양(態

樣)이 너무나도 유사한 마음이야말로 진공(순수의식)이 개별화된 순수의식 이라고 표현할 수 있다. 즉 물질과 에너지가 탄생하는 미분화 상태의 근원 이 바로 진공이자 순수의식이요, 이곳은 마음과 영혼의 고향인 것이다.

순수의식이 진공의 본질이며 순수의식은 우주의 도처에 균질적으로 퍼져있기 때문에 시공을 초월하여 에너지의 산출이나 소모 없이도 무한대로 정보를 주고받을 수 있는 정보장인 것이다. 바로 우주의 본질은 정보장으로 볼 수 있는 것이다.

이미 고대인들은 공간이 비어 있지 않다는 것을 알았다. 공간은 지금 존재하며, 또 지금까지 존재해 왔던 모든 것의 기원이며 기억인 것이다. 이를 다른 말로 힌두교에서는 '아카식 레코드'라고 부른다. 바로 우주의 정보 저장 창고라는 말이다.

정보장의 실체를 어떻게 알 수 있을까?

컴퓨터의 핵심 두뇌는 마이크로프로세서이다. 마이크로프로세서는 몇 가지 연산 회로와 메모리로 구성되어 있으며, 외부로부터 입력된 전기신호(binary code)를 메모리에 잠시 보관하였다 +/−/shift 등의 전기 회로적 조작을 통해 원하는 연산을 수행하며, 다시 전기신호로 출력하는 장치이다. 이러한 과정 중에 마이크로프로세서는 우리가 생각하게 되면 두뇌의 상태가 바뀌듯이 내부의 상태가 다양하게 바뀐다. 즉 내부 전기 회로는 변하지 않지만 100이라는 숫자를 기억하는 상태일 때도 있고 1,000만이라는 숫자를 기억하는 상태일 때도 있으며, 덧셈을 수행 중인 상태, 뺄셈을 수행 중인 상태인 때도 있다. 마이크로프로세서가 작동하기 위해서는 외부로부터 전기에너지가 주입되어야 하는데 이 에너지는 마이크로프로세서가 하나의 상태에서 다른 상태로 전이되는 과정의 정보전달매체로서 필요한 에너지이지 정보를 구성하는 대상으로서의 에너지는 아니며, 이 정보전달 매체로서의 에너지는 그 크기가 극미하여 대부분 저항으로 소모된다. 따라서 마이크로프로세서의 내부 상태가 변하더라도 마이크로프로세서 내부의 각 상태가 가지는 에너지 준위에는 차이가 없다. 즉 100이라는 숫자를 기억하는 상태일 때나 1,000만이라는 숫자를 기억하는 상태일 때, 또 덧셈을 수행 중인 상태나 뺄셈을 수행 중인 상태일 때도 마이크로프로세서 내부의 에너지 준위는 변화가 없다는 얘기이다. 달이 지구 궤도를 돌 때 상(상태)은 바뀌지만 에너지 상태는 바뀌지 않는 것처럼 말이다.

이러한 관점에서 이상적 마이크로프로세서는 에너지를 소모하지 않고도 정보를 바꾸고 조작할 수 있는 장치라 할 수 있다. 전기적 접속 단자를 통해 마이크로프로세서를 연결하여 마이크로프로세서의 상태를 읽으면 마이크로프로세서의 정보 상태가 도출된다. 이러한 의미에서 마이크로프로세서는 정보 처리기 및 정보 발생기라 할 수 있다. 다만, 마이크로세서의 정보는 전기적 접속을 통해서만 도출된다는 점에서 자연계의 정보장과는 달리 상당한 한계를 가지고 있다고 할 수 있다. 이러한 마이크로프로세서의 정보는 자기적으로 광학적으로 또는 전자기적으로도 읽어 낼 수 있다. IC 카드나 리모콘, 핸드폰이 이에 해당하는 예다. 이는 마이크로프로세서가 한정된 정보장의 역할을 한다고 할 수 있다. 한정된 정보장이라고 지칭한 이유는 범 공간적 전파에 제한이 있기 때문이다. 마이크로프로세서의 정보는 전기적 접속을 통해 그 내용을 읽어내든 읽어내지 않든 정보 처리기 및 정보 발생기의 역할에는 변함이 없다고 할 수 있다. 마이크로프로세서가 복잡한 연산(예를 들어 원주율 값을 계산)을 하는 경우에는 입출력 신호가 없는 상태에서 마이크로프로세서 내부에서의 상태만 수억 번 이상 바뀐다.

즉 계산이 진행되는 단계마다 마이크로프로세서의 내부 상태는 바뀐다. 물론 이를 위해 소량의 전기 에너지를 필요로 하지만 이 전기에너지는 모두 저항과 열의 대가이지 마이크로프로세서의 상태에 따라 소요되는 에너지가 아니다(물론 각 상태마다 마이크로프로세서의 에너지 상태는 미세한 등락이 있지만 이 에너지 등락이 마이크로프로세서의 상태를 대변하는 것은 아니다).

마이크로프로세서라는 정보 발생기는 에너지에 상관없이 정보를 조작하고 발생시켜 결국에 가서는 비디오 게임도 보여 주고, 전산처리도 하며 통신도 하게 해 준다.

오직 마이크로프로세서의 상태를 읽어서 그 정보 신호를 전기적으로 증폭시키기만 하면 현재의 모든 IT기술과 상품이 재현되는 것이다. 이처럼 정보발생기는 마이크로프로세서처럼 에너지를 정보의 매체로서 보조적으로 필요하지만 그 자체로는 에너지의 소모를 요구하지 않는다. 보름달과 초승달의 상태는 다르지만 에너지의 입출은 필요 없는 것처럼 말이다.

이번에는 마이크로프로세서 대신 물 분자가 하나 있다고 하자. 이 물 분자 하나는 현재 최고 수준의 마이크로프로세서가 가질 수 있는 상태보다 훨씬 많은 내부 상태(전자의 궤도와 에너지 상태의 조합에 따른 양자 상태)를 가지고 있으며, 이 물 분자 하나는 마이크로프로세서보다 훨씬 더 다양한 방법으로 바깥과 접촉하며 상호 작용한다. 마이크로프로세서가 전기적 접촉을 통해 바깥과 상호작용하는 데 반해 물은 다양한 빛을 흡수하고 방출하며, 소리와 압력에도 반응하고, 다양한 이온이나 물질과 결합 분리할 뿐 아니라, 진동하고, 주변의 다른 물 분자와 결합하거나 엮여 구름이나 수증기, 눈송이, 얼음이 되기도 하고, 또 온도나 외부 자장에 일일이 반응하기도 한다. 물 분자 하나는 이처럼 인간이 만든 어떠한 초고성능 마이크로프로세서보다 훨씬 더 많은 양자 상태 즉 정보 상태를 가졌을 뿐 아니라 훨씬 더 다양한 전달 방법을 가지고 있다. 양동이에 있는 물을 주먹으로 때리면 물은 반응하고 또 기억하며 그 경험과 기억을 전달한다. 기타 줄을 튕기면 소리로 대답하듯이, 그리고 튕긴 자극을 몇 초 동안 기억하며 울림을 지속하듯이. 양동이의 물을 때렸을 때 물의 반응과 기억은 발생하는 물결의 진동과 그 지속성에서 그 일단을 보여 주고 있다고 할 수 있다. 물을 때리는 방법은 다양하다. 뜨거운 막대를 접촉시키거나 소리나 바람으로 진동시킬 수 있고 설탕이나 소금을 녹이거나 얼리고 끓일 수도 있다. 자석이나 전기 또는 빛을 주입할 수도 있다. 물은 이 모든 것에 반응하고 기억하고 전달한다.

이러한 물 분자와 물 분자 클러스터는 마이크로프로세서로는 비교도 할 수 없는 초강력 정보 처리기일 뿐 아니라 정보발생기이며 또 정보 통신기라 할 수 있다. 이 물 분자는 이러한 정보처리 및 상태유지와 전달을 위해 근본적으로 에너지를 소모하지 않는다. 그러나 다양한 방법으로 주변은 물론 원거리 대상과 영향을 주고받는다. 물 분자가 가지는 중력효과나 직접적인 전기자기 효과도 있지만 자연이 가질 수 있는 모든 채널과 이동 수단을 통해 온 우주와 정보를 주고받고 영향을 주고받는다. 이러한 관점에서 물 분자를 자연의 정보장이라 할 수 있다.

뉴턴의 중력이나 페러데이나 맥스웰의 전자기장과 같은 직접적인 상호작용은 물이 전달할 수 있는 수많은 상호작용의 극히 일부에 불과하다. 수천만 년 전의 빙하처럼 수천만 년 전의 공기 구성 원소에 대한 기억도 간직할 수 있고, 쓰나미처럼 태평양을 가로질러 그 충격을 전달할 수도 있다.

DNA를 조사하여 수천 년 된 미라의 병력을 알아내듯이 물 분자의 상태를 분석하여 수억 년 과거의 역사를 알아낼 수도 있을 것이다.

이것은 물이 에너지를 필요로 하지 않는 정보 상태를 가질 수 있기 때문이다. 자기 메모리나 플래시 메모리처럼 말이다. 이러한 관점에서 물은 정보체이면서 정보장의 한 표상이다. 정보의 전달 매체는 굳이 빛 속도의 탄성적 전달 방법에만 한정할 필요가 없다. 정보장은 정보를 전달할 수 있는 자연의 모든 채널과 이동방법을 포함한다. 또한 지구에 대한 달의 위치가 모든 바다의 물 분자 각각에 동시에 영향을 미치는 것처럼, 거시적 압력이나 거대 정보에 대해 수많은 물 분자는 동시적으로 상호작용한다. 에너지를 수반하지 않는 위상이나 구조와 같은 정보장은 동시적 전달(엄밀한 의미에서 동시적 반응과 영향)의 수단을 포함한다.

물을 데울 때 용기의 밑바닥에 벌집패턴으로 나타나는 베나르 셀이나 바람이 불 때 나타나는 물결은 하나의 셀이나 하나의 파동이 먼저 발생하여 점차 다수의 셀이나 파동으로 번져 나가는 것이 아니라 다수가 동시에 원인과 상호작용하여 발생한다. 또한 하나의 셀이나 파동을 구성하는 수많은 물 분자는 제각각 원인과 반응하면서도 전체의 요소가 하나로 엮여져 협동하여 반응한다. 등방적 시공간을 인정한다면 상호 떨어져 있는 대상이 특정 변화에 동시에 반응할 수 있다는 사실이 전혀 이상하지 않으며, 시공간적으로 떨어진 위치에서 동일하거나 유사한 발생이 일어날 수 있다는 현상도 당연하다고 할 수 있다.

노벨 화학상 수상자 일리야 프리고진(Ilya Prigogine)의 '산일구조'나 '혼돈으로부터의 질서'라는 명제는 이러한 동시적 반응과 수많은 요소의 협동성이 있는 자연현상을 규명한 것이다. 자연의 모든 요소는 결코 혼자 움직이거나 변할 수 없다. 각자는 독립된 하나이면서 엮어진 전체의 일부이기 때문이다.

현대 과학의 정수인 양자역학은 엮어진 전체로 표상된 파동만 존재할 수 있다는 가정 하에 이루어진 학문이고, 20세기 말의 카오스 이론은 자연에 시공간적으로 분리된 각 개체 간에도 그 각각의 개체에 적용되는 법칙(물리 법칙을 포함한)의 공유를 통한 연결이 있음을 증명한 이론이다. 정보의 전달에는 중력이나 전자기력과 같은 탄성적 전달, 물리적 이동을 통한 전달뿐 아니라 물에 대해 달의 위치가 주는 영향처럼 동시적 전달 수단을 모두 포함한다. 물결의 포락선을 구성하는 수많은 물 분자가 하나로 엮여 있다는 사실에서 자연에서의 정보 전달은 탄성적 전달이나 이동을 통한 전달 외에 동시적 전달의 방법이 있음을 알 수 있다. 양자역학에서 대부분의 자연 현상은 시간에 따른 지연이나 연속성을 배제한다. 동시적 패턴으로(파동의 상태로) 존재할 수 있는지 없는지만이 문제가 될 뿐이다. 즉 수소원자의 전자분포는 궤도를 따라 시간이 경과함에 따라 이동하는 무엇이 아니라 파동 분포만 이룰 수 있다면 도깨비처럼 어디에서나 나타나고 사라져도 된다는 것이다.

일리야 프리고진

파도를 이루는 수억 수조개의 물 분자가 매끈하고 리드미컬한 파동의 수면을 이루는 모습이 신비롭고 기적처럼 보이지 않는가? 어떻게 그 많은 물 분자는 각각이 난삽하게 제멋대로 움직이지 않고 최고로 훈련된 군대의 사열보다 더 정렬되어 있으며, 꽃잎을 이루는 세포집단은 정렬된 수준을 넘어 그 구성이 아름답기까지 한 것일까? 날마다 보는 물결과 꽃잎의 요소가 보여 주듯이 보여 주는 동시성과 아름다움은 초과학도 아니고 초자연도 아니며 다만 자연스러운 자연일 뿐이다. 강가에 바람이 불면 비슷한 형태와 크기의 물결이 동시에 일어난다. 마찬가지로 생명체들은 거대 자연에서 일어나는 한 무리의 물결로 볼 수 있으며, 유사한 사건이나 현상은 시공간을 거슬러 동시적으로 발생할 수 있고 의식도 얼마든지 동시에 발현할 수 있다. 수억의 원소나 물 분자뿐 아니라 수많은 세포들은 각기 동일한 구조를 이루고 있다. 그들은 강가에 부는 바람과 같은 거시적 자극에 동시에 동일하게 반응한다.

이러한 사실에서 우리에게 떠오르는 생각이나 아이디어 또는 풀 한포기의 움직임이 홀로 그렇게 이루어진 것이 아니라는 사실을 짐작하게 한다. 달의 움직임에 인도양의 물과 태평양의 물 그리고 생명체를 구성하는 물은 동시에 같이 반응한다.

각각의 개체는 이처럼 떨어져 있고 상호 무관한 것 같으면서도 동일성으로 묶여 있는 것이다. 물 분자 하나가 어떤 정보를 가지고 있다면 다른 물 분자도 유사한 정보를 가지고 있다. 위치와 시간 환경조건에 따라 조금씩 다르지만 유사한 정보를 가진 물 분자의 집합은 홀로그램처럼 특정 사건을 구성하고 재현한다. 바람에 발생한 물결집단이 바람의 모습을 재현할 수 있는 것처럼.

연결되어 있지 않고 조금씩 다른 정보 상태를 지닌 물 분자의 집단은 이처럼 전체나 부분에 영향을 준 사건을 홀로그램처럼 기억하고 표상한다. 이것은 직접적이고 탄성적인 연결뿐 아니라 물리적 이동과 동시적 전달과 그리고 동일성을 통한 연결을 통해서이다. 이러한 정보장은 물 분자처럼 미세한 영역을 차지하는 형태일 수 있고 그 정보를 공유하는 모든 집단일 수 있으며, 자연을 통한 모든 전달과 연결 채널일 수도 있다. 나아가 홀로그램처럼 동일성을 통한 연결도 포함한다. 이제는 중력과 전자파처럼 탄성적 연결만이 정보전달의 수단이라고 보아서는 안 된다. 이동과 접촉, 동시적 반응과 동일성을 통한 홀로그램적 연결도 정보장 즉 정보 전달의 한 형태로 보아야 한다. 이 우주는 모든 연결의 관계를 갖고 있으며 이를 정보장이라 할 수 있다.

최근의 양자물리학 이론에 의하면, 만물은 하나의 공동 근원에 연결되어 있다고 본다.

이것을 통일장(unified field) 혹은 영점장(Zero Point Field), 홀로그램 우주(Holographic Universe), 디바인 매트릭스(Divine Matrix)라 부른다.

또 고대 유태인들은 보이드(Void)라고 불렀다. 만물은 하나의 근원에서 파생된 것일 뿐만 아니라, 여전히 하나의 근원에 이어져 있는 것이다. 이 하나의 근원을 종교에서는 신(神, 창조주), 심리학에서 마음, 초의식, 명상가들이나 도교에서는 태허(太虛) 또는 무극(無極)이라고 하고, 불교에서는 일반적으로 공(空)이라 부른다. 또 요가에서는 '소리 없는 소리'라고 말하기도 한다. 이러한 만물의 근원에 대한 사고는 현대물리학에서 속속 그 모습을 드러내고 있는 양자 진공의 모습이며 이는 바로 순수의식, 즉 정보장인 것이다.

최근 물리학에서는 아인슈타인의 $E=Mc^2$은 물질과 에너지를 연결시키고, 중력방정식은 물질과 중력을 연결시키며, 란다우어의 원리는 정보와 에너지를 연결시키므로 정보가 중력의 본질이라고 하는 주장이 나오고 있다. 란다우어의 원리란 하드디스크를 포맷할 때처럼 정보를 지울 때 반드시 에너지가 소모되며, 이는 결국 열로 전환된다는 원리이다. 최근 우주를 팽창시키는 힘의 근원으로 여겨지는 암흑에너지의 본질도 정보이며 이 정보가 소멸하면서 발생하는 음의 에너지가 바로 우주를 팽창시키는 힘이라는 주장이 국내 과학자들에게서 제기된 바도 있다. 이러한 분석은 모든 힘의 근원이 정보, 즉 우주의 순수의식이라는 점을 보여 주는 예라 할 수 있다.

다만, "정보가 자신을 담을 물질 없이 스스로 존재할 수 있는가?" 하는 점이 물리학계에서 논란이 되고 있으나, 우리의 영혼이 존재한다는 점을 믿는다면 정보를 담는 그릇은 바로 진공인 것이다. 사고의 지평을 넓혀 생각하면 정보의 근원은 진공이고, 진공은 그 크기가 무한대이자 0이라는 점을 감안한다면 정보를 담는 그릇에 대한 논의는 한계지음의 세상에 발을 딛고 있는 우리 의식의 한계가 가져오는 불필요한 논의라는 사실이다.

뉴욕시립대의 이론물리학자인 미치오 카쿠는 만약 태양계가 팽창하여 생물이 존재할 수 없는 절대온도 근방까지 기온이 떨어지면 인류는 몸이라는 옷을 벗어버리고 존재할 수 있는 길을 찾을 수도 있다고 예상한 바 있다. 이러한 형태의 생존이 증명되면 유체 이탈한 영혼이 그릇(육체) 없이 존재할 수 있다는 것이 입증될 것이다.

4.2. 우주만물은 매트릭스로 상호 연결되어 있다

인간의 육체를 구성하고 있는 세포는 11개월에 한 번씩, 그리고 원자는 7년이면 모두 새로운 원자로 교체된다고 한다. 사실 우리는 7년이 지나면 이미 과거의 우리가 아닌 새로운 우리가 탄생하는 것이다. 그런데도 불구하고 우리는 나의 연속성을 추호도 의심하지 않으며 '내가' 계속 존재한다고 생각한다. 사실 우리를 규정하는 것은 물질적인 원자라기보다는 원자들 간의 배치관계, 즉 정보인 것이다.

따라서 우리를 규정하는 것은 정보의 질과 양이다.

바로 구체적 무엇이 아니라 내가 규정하는 추상적인 정보장의 '범주(category)'가 바로 나란 이야기이다.

정보의 질과 양이 풍부할수록 그 물질이나 생명의 에너지의 양과 질이 풍부하고 우수하여 우주의 본질인 순수의식에 접근하게 되는 것이다.

우리는 여기서 정보교환곡선이라는 그래프의 개념을 도입하여 우주 만물 사이에 정보의 교환이 어떻게 이루어지는지 살펴보고자 한다. 이는 만물이 하나로 연결된 정보장이라는 가정에 전제하고 있다는 점을 말씀드린다.

아마 정보장은 정보의 양과 질에 따라 그 진화의 계층구조를 가지며 하나의 매트릭스 체계를 유지하고 있을 것으로 추정된다. 즉, 정보량을 기준으로 보면 정보처리능력(의식의 양, 자극에 대한 반응의 종류 수)에 따라 가장 낮은 단계인 무생물에서부터 미생물, 식물, 동물, 영장류인 인간, 그리고 가장 높은 단계인 육체를 떠난 영혼으로 구분되고, 정보의 질(의식의 진화 정도, 진동수 반응인 주파수 응답범위)을 기준으로 보면 일반적으로 초월심리학 등에서 사용하는 구분을 따를 때 낮은 단계부터 아스트랄계, 멘탈계, 직관계, 영계의 높은 단계로 구분할 수 있을 것이다.

질적 측면에서 볼 때 진화의 상층부로 올라갈수록 자유의지의 크기, 의식의 양과 질이 기하급수적으로 증가한다고 볼 수 있으며, 가장 하층의 영역에는 우리의 본능과 생명유지 기능을 담당하는 물질과 혼연일체가 되어 자율적 반응을 그 본질로 하는 '아스트랄계'가 위치할 것이다. 두 번째 계층 영역에는 지적 판단을 그 본질로 하면서 계속 배우고 깨달아가는 과정의 연속을 그 속성으로 하고 있는 한마디로 '돈오점수(頓悟漸修)'의 영역인 '멘탈계'가 위치할 것이다. 세 번째 계층 영역에는 모든 결정과 해답이 한순간에 자연적으로 이루어지는 것을 그 속성으로 하므로 과정은 생략되고 바로 진리에 도달하게 되는 한마디로 '돈오돈수(頓悟頓修)'의 영역인 '직관계(直觀界)'가 위치할 것이며, 네 번째 계층 영역에는 상대계에서 도달할 수 있는 가장 높은 영역인 '영계(靈界)'가 위치하지 않을까 하는 생각이다. 이 영계는 완벽히 깨달아 해탈을 이룬 영혼이 도달할 수 있는 영역으로 바로 절대계와 모든 정보를 공유하게 되는 생명체가 여러 윤회의 과정을 거쳐 최종적으로 도달하게 되는 영역이라 볼 수 있다.

부처님이나 예수님 등 아주 높은 깨달음을 얻은 영혼이 머무르는 곳이 바로 이곳이 아닐까?

이들 계는 동떨어져 존재하는 것이 아니라 중층적으로 존재하면서 상호 유기적 작용을 하고 있어 모든 존재들은 그들의 계층에 따라 평균보다 높은 진화영역이나 낮은 진화영역에 발을 걸치고 있는 것이다. 따라서 자신의 능력을 계속 개발하거나 능력이 어떤 이유에서 평균보다 낮은 수준에 있게 되면 보다 높은 단계나 낮은 단계의 세상도 들여다볼 수 있는 것이다. 이것이 소위 종교에서 이야기하는 지옥이나 천국의 형태를 띨 수도 있으며, 여기서 귀신이나 혼령과의 조우도 경험하게 되는 경험자들의 경험담을 설명해 줄 단서가 된다.

아래 도표는 진화의 계층에 따른 정보의 질과 양에 대한 상호 정보교환 곡선을 알기 쉽게 도식화한 것이다.

● **진화에 따른 계층별 정보교환곡선**

정보(의식)의 질	존재유형						내용
절대계							모든 의식(정보)의 근원
영계							해탈
직관계							돈오돈수
멘탈계							돈오점수 (사랑, 이성)
아스트랄계							자동적 감성반응
진화의 계층	무생물	미생물	식물	동물	인간	영혼	정보(의식)의 질과 양

5. 마음의 근원인 진공, 무한한 보물창고

> 마음의 근원은 진공이다.
> 우리가 이 본질을 제대로 이해하면 공짜 점심을 먹을 수 있다. 게다가 이 공짜 점심은 엄청난 성찬이다.

양자 진공은 소립자를 생성시키고 소멸시키는 원천임을 우리는 앞에서 살펴본 바 있다. 바로 진공이야말로 이 세상의 창조의 본질이자 온 우주의 배경공간이다.

일부 물리학자들은 양자 진공 1㎥에서 일어나고 있는 입자 쌍의 진동에너지를 다 합치면 그것만으로도 지구상의 모든 바닷물을 증발시킬 수 있다는 계산결과를 내놓은 바 있다.

이것은 진공에너지야 말로 그 에너지가 무궁무진하다는 것을 의미하는 것이다. 과학계 일각에서는 무한한 공짜에너지인 이 진공에너지(영점에너지)를 이용할 수 있는 방법을 연구하고 있는데, 만약 성공한다면 그야말로 이 지구상의 빈곤은 일거에 해결될 것이다.

그러나 관점을 조금만 바꾸어 생각하면 이미 우리 모두는 이 무한에너지를 자기도 모르는 사이에 가져다 쓰고 있다는 것을 알 수 있다. 만약 우리가 무엇을 염원하면 염원의 파동은 마음의 본질인 영점장의 영점에너지와 공명하게 된다. 그러면 그 파동은 증폭되어 고주파를 형성하게 되고 이 파동은 시공을 초월하여 우주공간으로 퍼져나간다. 그런데 우리의 염원이 마음이 텅 빈 상태(무아의 상태, 중요성이 없어진 상태, 관찰자 효과가 최대화된 상태, 당연히 이루어질 것이라는 안정적인 마음의 상태)에서 주변 환경과 격리되면 우리의 염원파와 영점장의 영점파가 일치하는 결맞음 상태에 도달하게 된다. 이때 영점장의 변화는 바로 우리가 머무는 거시적 물질세계라는 스크린 위에 현실로 반영되는 것이다. 바로 영점장 에너지가 물질우주를 빚어내는 근본 질료인 것이다.

선각자들이 말한 '우주는 신의 거대한 생각'이라는 통찰은 바로 이를 일컫는 것이다.

물질우주는 신이 생각(우주의 청사진)으로 빚어낸 현실이고, 인간은 그 안에서 자신의 생각으로 물질을 조합하여 자신의 현실을 빚어내는 것이다. 그러므로 얼마나 높은(깊은) 의식 상태에 접속하느냐가 인간인 우리의 창조능력을 좌우하게 된다.

아폴로 14호의 우주비행사였던 에드거 미첼(Adger Mitchell)과 나사의 대기권 물리학자인 바바라 브래넌(Barbar Brennan)은 우리 신체의 정보-에너지장은 우주의 에너지장과 공명을 일으켜 동일한 리듬으로 활동하면서 정보와 에너지를 주고받는다고 주장한다.

홀로그램 이론에 따르면 물질우주의 정보-에너지(파동정보)를 기록할 수 있는 필름, 즉 홀로그램은 다름 아닌 양자 진공이다. 홀로그램 필름은 전일성과 비국소성, 5차원성 등 파동만이 보여 줄 수 있는 신비로운 성질을 가지고 있어 한 장의 홀로그램 위에 이론상 무한대의 피사체 정보를 담을 수 있다.

에드거 미첼

오직 제약조건은 기록매체인 홀로그램의 감도(感度)이다. 염원의 양과 질에 따라 나타나는 진공에너지 파동의 감도(공명 정도)만이 영상을 선명하거나 흐릿하게 반영할 뿐이다.

그런데 우리에게 반가운 소식은, 진공에너지는 거의 무한대에 가까운 감도를 지닌 지극히 섬세한 파동으로서 우주에서 일어났거나 일어나고 있는 사건, 그리고 일어날 사건(5차원 이상의 세계에서는 시공의 개념은 그 의미를 상실한다)의 모든 파동을 담을 수 있는 고감도 홀로그램이라는 사실이다.

따라서 나의 염원파동의 양과 질에 따라 나타나는 시기의 차이와 나타나는 질의 차이는 있을지언정 언제든지 그 반응은 나타나게 된다는 것이다. 만약 내가 염원을 그치지만 않는다면.

한마디로 말해 현실이란 내가 염원하거나 염원하지 않는 것들의 파동이 영점장의 진공에너지와 공명하여 형성된 물질우주라는 입체영상이 '현재'라는 무대 위에 비쳐져 나오는 현상인 것이다.

고대 인도인들이나 마호메트는 우주공간에는 모든 기록을 보관하고 있는 우주도서관이 있다고 믿었다. 이것이 아카식 레코드인 것이다. 또 여러 문화권의 많은 예지자나 발명가들은 하늘의 책이나 영계에서 갑자기 계시가 내려왔다거나 그림으로 나타났다고 하는 기록을 남기고 있는데 이것은 우주의 홀로그램인 진공(가능태 공간, 무한가능성의 장)에 기록된 우주의 과거, 현재, 미래의 파동정보를 흘낏 훔쳐본 것이다.

따라서 진공이야말로 그냥 보기에는 아무것도 나타나 있지 않으나 모든 나타남, 즉 현시(顯視, manifestation)의 가능성을 품고 있는 창조의 모태이자 우리의 바람이 현실로 바뀌는 마법이 일어나는 무대라 할 수 있다.

절대계와 상대계라는 구분을 가지고 진공과 마음의 관계를 살펴보자.

우리가 사는 눈에 보이는 세상은 존재계이며 상대적 세상이다. 즉 모든 것은 상대가 있는 세상이다. 음이 있으면 양이 있고, 안이 있으면 밖이 있는 것이다. 상대계는 물질계와 Energy계(마음 측면에서 보면 현재의식)로 이루어져 있고 이중성(Dualism)을 그 특성으로 한다. 반대로 비존재계인 절대계(마음 측면에서 보면 순수의식 또는 무의식, 우주의식)는 눈에 보이지 않는 곳에 있어 인간이 구별할 수 없는 세상이다. 이곳은 상대계에 작용하는 제 법칙들은 무용지물이 되고 항상성, 보편성, 절대성이 그 속성이며 정적상태의 세상이다(속도=0에 수렴하고 위치=∞에 수렴한다). 이곳은 너도 없고 나도 없는 일체의 구분이 없는 세상이며 그 존재가 무한대이자 0이다. 즉 물질계도 비물질계도 아닌 백지상태(무한가능성의 장=空)이다. 무소부재가 이 세상을 표현하는 가장 적당한 말이리라.

무소부재하면 생각나는 것이 '신(神)'이라는 개념이다. 독자들이 알아챘듯이 이 세상의 본질(신)은 우리가 과학적으로 증명해 낸 적이 없으나 상대계에 대비되는 또 다른 세상, 상대계가 태어난 모태라고 할 수 있는 절대계인 것이다. 우리가 막대자석에 쇳가루를 붙이면 S극과 N극에서 나온 쇳가루가 양극의 중간 부분으로 모이는 것을 관찰할 수 있다. 이곳은 음극도 아니고 양극도 아닌 곳으로 존재하는 것이 분명하나 존재를 증명하려고 그곳을 자르면 그곳은 없어지고 자른 막대자석은 각각 또 다른 S극과 N극의 중간 부분에 그곳이 다시 생겨난다. 즉 중간 부분은 음도 양도 아닌 0인 곳으로 그곳은 분명히 존재하나 또한 존재하지 않는 곳이다. 이것이 무소부재로 신이 존재하는 곳일 것이다.

이곳은 신을 비인격인 용어로 사용하면 순수의식 또는 우주의 마음(우주심(宇宙心))이나 근본심(根本心)이 거주하는 곳이며 무한가능성의 장인 절대계이다.

최근 우주의 대부분(약 96%)이 암흑물질과 암흑에너지로 이루어져 있고 우리가 물질이라 알고 있던 보통물질은 4%에 불과함이 밝혀졌다. 그런데 보통물질을 구성하는 4%도 대부분 보이지 않는 수소와 헬륨 등이고 우리가 물질이라 부르는 무거운 물질은 불과 0.03%에 불과한 것이다. 이것은 무엇을 의미하는가? 대부분의 우주는 진공이라는 것과 다름 아니다. 이 진공에서 양자요동을 거쳐 물질의 기본이 되는 미립자들이 생겨나는 것이다. 바로 공(空, 0을 서양에서는 무라고 해석하나 이는 잘못된 해석이다)에서 유가 창조되는 것이며, 이것이야말로 한마디로 '공짜 점심'이다.

상대계 내에서의 에너지 교환은 인과관계에 의존하기 때문에 공짜점심은 없다. 그러나 절대계의 에너지는 상대계에 일방적으로 주어지기 때문에 인과의 고리가 깨지는 일방적 에너지 제공이다.

이것을 이해하면 우리는 엄청난 에너지를 얻을 방법을 알게 된다. 최근까지 진공의 힘에 대해 무관심했던 과학자들은 1998년 두 연구팀이 초신성을 관찰하면서 놀라운 사실을 발견하였다. 연구팀이 관찰한 결과 지구에서부터 초신성까지 명백히 알려진 거리를 계산한 결과 기존 천문학자들이 초신성의 밝기는 마땅히 이 정도여야 한다는 예상보다 어둡게 보였다. 이 관측 사실을 설명할 수 있는 유일한 해답은 "초신성이 폭발하고 난 뒤 우주의 팽창이 더욱 빨라져 계산보다 초신성이 더 멀어졌고, 그래서 더 흐리게 보였다."라고 설명해야 하는 수밖에 없었다. 이것은 이때까지의 일반 상식인 은하에 작용하는 힘은 중력이 유일하기 때문에 결과적으로 우주의 팽창에 제동이 걸려야 한다는 생각에 어긋나는 것으로 우주에는 지금까지 생각지 못했던 강력한 어떤 힘이 중력을 압도해 우주의 팽창을 가속시키고 있다는 뜻이었다. 그런데 그 힘이 나올 곳은 은하들 사이의 빈 공간밖에 없었다. 진공은 아무것도 없기는커녕 기이한 반중력으로 가득 차 있어야 하는 것이다. 즉 진공의 암흑에너지가 은하들을 멀어지게 하고 있는 주원인이라고 볼 수밖에 없게 된 것이다. 우리 우주에서 진공이 결정적인 역할을 한다는 이러한 사실은 과학계에 커다란 충격을 던져주었다.

물리학자들의 대부분은 당혹감을 감추지 못하였으나 터록(Neil Turok)과 스테인하트는 충돌하는 우주에서 진공은 본질적인 요소라고 보았다. 제5차원에서 브레인을 끌어당긴 인력을 만들어 낸 것이 바로 진공이요, 심벌즈를 쨍하고 부딪치듯 브레인을 철썩 쳐서 빅뱅을 일으킨 것 또한 진공이라는 것이다.

진공은 4차원인 우리 우주에서는 불어내는 척력작용을 하면서 5차원에서는 빨아들이는 인력작용을 하는 것도 가능한데, 이러한 상대적 작용은 브레인들을 서로 잡아당기는 힘과 현재 우주의 팽창을 가속시키는 힘 두 가지를 한꺼번에 설명하는 데 유익하다. 어디 그뿐이랴. 진공은 압력과 에너지 밀도

닐 터록

의 비가 늘 일정하게 유지될 필요도 없어 진공은 빨아들이다가 불어내기도 하는 등 수시로 그 작용을 바꿀 수 있다는 것이다. 이러한 주장은 빅뱅을 일으킨 충돌이 여러 번 반복해 일어날 가능성을 열어 주는 주장으로 빅뱅이 단 한 번만 있었던 것이 아니라 무한한 과거까지 거슬러 올라 일련의 빅뱅들이 있었다는 뜻이 된다.

이러한 견해에 따르면 진공이 우주창조의 원천이자 현상계를 유지하는

근본임을 의미하는 것이다.

진공은 앞에서도 여러 번 언급했다시피 마음의 특징과 너무나 유사하다. 따라서 필자는 마음의 근원이 진공이라고 주장하는 것이다.

동양철학에서의 기(氣)는 마음 가는 곳에 따라간다고 했다. 기는 에너지의 흐름으로 볼 수 있고, 마음 가는 곳에 따라 에너지가 간다고 했으니 마음의 작용은 에너지의 흐름이라 볼 수 있다. 즉, 마음(의식)은 일종의 파동이며, 파동은 에너지적 요소가 있으므로(파동에너지) 파동자체에 의식이 깃들어 있다고 볼 수 있다. 이런 점에서 볼 때 물질의 최종 구성요소인 미립자는 본질이 파동이므로 미립자에도 의식이 깃들어 있다는 결론에 이르게 된다.

이렇게 볼 때 미립자의 행동양식은 마음의 행동양식과 닮아야 한다. 이 책 곳곳에서 진공의 행동양식을 마음과 비교하여 살펴보았듯이 진공에서 태어난 첫 번째 자식이라 할 수 있는 미립자와 마음의 태양(態樣)은 매우 유사함을 알 수 있다. 특히 암흑물질을 구성하고 있는 중성미자는 모든 면에서 마음의 행동양식과 너무나 닮아 있어 틀림없이 마음의 근본 질료라는 확신이 생긴다. 더욱이 빛이 없으면 존재할 수 없는 일반물질의 미립자와는 달리 중성미자는 마음이 어둠속에서 그 활동력이 크듯 암흑 속에서 서로 간 마음대로 변환(이는 미친개가 갑자기 고양이로 바뀌는 것으로 비유된다)하고, 아무리 엄청난 길이와 질량을 지닌 물체도 삽시간에 통과하는 능력을 가지고 있어 마음의 속성과 너무나도 닮아 있다.

한 걸음 더 나아가 절대계와 상대계를 연결할 수 있도록 이끄는 매체는 무엇인지 살펴보자.

그것은 바로 우리의 마음 중에서 순수의식의 성분을 가장 많이 가지고 있는 '개별화된 무의식'이라고 할 수 있다. 절대계의 본질을 순수의식(우주의식 또는 집단 무의식)이라고 볼 때, 순수의식은 무한한 에너지와 무한한 파동을 가지고 있다고 생각된다. 그런데 인간의 마음은 크게 현재의식과 잠재의식, 그리고 개별화된 무의식으로 구성되어 있다고 볼 수 있다. 따라서 무한에너지를 가진 순수의식과 접촉하려면 이와 가장 가까운 성분을 가지고 있는 개별화된 무의식을 통해서만 가능한 것이다.

이런 측면에서 볼 때 순수의식에는 육체를 작동시키는 자율신경심도 포함되는 것으로 보인다. 왜냐하면 자율신경심은 우리의 두뇌에서 인식하는 의식과는 상관없이 육체를 움직이는 마음으로 우주의 본질인 우주심에 보다 가깝다고 생각되기 때문이다.

뇌사해도 몸은 죽지 않는다. 즉 몸을 움직이는 마음은 뇌와 관계없다. 그 마음은 우주의 본질인 순수의식과 의식을 교환하는 것이다. 그러나 생각(현재의식이 나타났다 사라지는 행태로 이는 보다 물질측면에 가까운 저에너지 저파동이다)은 못한다(식물인간).

이런 점에서 볼 때 개별화된 무의식은 우주의 본질적인 요소와 함께 유전자에 기억된 인류발생 이후의 지식과 생후 습관화된 의식, 그리고 기본의식인 자율신경심의 총합으로 보인다.

광의의 의식은 개별화된 무의식(개별화된 순수의식, 창조주의 개체화, 영혼, 기본의식인 자율신경심)과 잠재의식(유전자기억 의식〈원초적 + 인류발생이후 의식〉과 생후 습관화된 의식을 포함한다), 현재의식(일반적인 나, 습관화 전 생각과 느낌)의 총합으로 볼 수 있는 것이다. 좀 복잡한 구분이지만 향후 마음공부의 깊이를 더하기 위하여 숙지하여 주시기 바란다.

● **마음은 에너지와 물질의 본질을 모두 가지고 있는 정보장이다.**

에너지란 일을 할 수 있는 능력을 말한다. 위치·운동·열·전기·화학·핵 또는 여러 가지 다른 형태로 존재할 수 있다. 또한 열, 일과 같이 한 물체에서 다른 물체로 이동하는 과정에서 존재하는 에너지도 있다. 에너지가 이동되고 난 후 변한 상태의 성질에 따라 이름이 붙는다. 열이 전달되면 열에너지로 되고, 일이 전달되면 역학적 에너지의 형태로 된다. 에너지의 모든 형태는 운동과 연관되어 있는데, 운동 상태에 있는 모든 물체는 운동에너지를 갖는다. 에너지는 여러 가지 방법을 통해서 한 형태에서 다른 형태로 변환될 수 있으며 연료의 연소·열기관·발전기·축전지·연료전지·자기유체역학 장치와 같은 여러 기구로부터 사용할 수 있는 역학·전기 에너지가 생성된다.

마음은 이러한 관점에서 보면 에너지의 성질이 매우 강하다. 그런데 마음의 본질인 진공은 물질과 에너지를 만들어 내는 근원이다. 진공이 물질과 에너지의 모든 성분을 가지고 있어 현상계에 에너지와 물질을 만들어 내듯이 마음도 에너지와 물질의 성분을 모두 가지고 있어 현상계에 에너지와 물질을 만들어 낸다고 봄이 마땅할 것이다. 그러나 마음은 그 속성상 이 세상에 펼쳐지는 경우는 대부분은 에너지로서이고 물질로서는 아주 특별한 경우(바로 주변 환경과 '격리'가 100% 달성된 경우를 말한다)를 제외하고는 거의 없다고 여겨진다.

마음이 가진 물질적 성분은 육체와 마음의 다리 역할을 하여 모든 개체가 물질과 마음을 공유할 수 있게 해준다는 데 이르면, 왜 우리가 육체와 정신 또는 마음처럼 구분할 수 있는 실체를 함께 가지고 있는지 이해할 수 있을 것이다.

최근 마음의 가장 밑바닥은 정보라는 주장이 제기되는데, 마음의 성분을 지성과 감성을 나눌 경우 무한범주를 가진 정보장인 순수의식은 지성(그 성질은 차고 고요하다) 또는 잠재에너지라고 봄이 합당하며, 이 순수의식이 "나는 누구인가?"라는 질문을 던지고 움직이기 시작할 때 분출되는 빅뱅의 열기는 감성 또는 운동에너지로 볼 수 있다고 생각된다.

● 화엄경은 마음이 우주임을 말해 주고 있다.

화엄경의 본래 명칭은 '대방광불화엄경'이다.
이 뜻은 무엇인가?

대(大)란 생명의 체(體)인 순수의식, 즉 법신(부처님)을 말하며 이는 곧 여여한 진리인 법계성(法界性)을 이름이다. 바로 이 세상의 근원인 진공의 무한함을 이르는 것이다.
방(方)이란 생명의 상(相, 물질이 고체, 액체, 기체로 나타나듯이 마음도 오감으로 느끼고 나타난다)인 잠재의식, 즉 보신(寶身, 보살)을 말하며 이는 갖은 보화로 장식된 법신이라는 의미이다.
광(廣)이란 생명의 용(用)인 현재의식, 즉 화신(化身)을 말하며 인간으로서의 석가모니부처님을 이른다.
즉, 대방광이란 곧 객관 대상인 마음의 본체인 덩어리와 나타나는 모양 그리고 그 작용을 말하는 것이다.
불(佛)이란 마음의 덩어리, 모양, 작용을 모두 깨달은 자로 바로 부처님을 이름이다.
화(華)란 씨를 심는 것(心之因)을 이름이며, 바로 초발심을 뜻한다.
엄(嚴)이란 마음자리를 장엄하게 함(心之行)을 이름이며 바로 육바라밀(보시, 지계, 인욕, 정진, 성정, 지혜)의 실천을 말한다.
경(經)이란 깨달은 바를 써놓은 책(心之詮)이란 의미이다. 즉, 불화엄경은 깨닫는 주체가 어떻게 하여야 하는 가를 말하는 것이다. 결국 화엄경은 마음이라는 객체를 나라는 주체가 어떻게 갈고 닦아야 진여에 이를 수 있는가를 설한 경전이다.

〈해설〉
대승의 중관사상과 유식론을 포용하면서 여래장의 입장에서 쓰인 논서(아뢰야식과 여래장을 하나로 보는 입장)인 대승기신론(大乘起信論)에 따르면 "일법계(一法界)를 통달하지 못하면 마음과 본성이 서로 상응되지 않는데 이때 발생하는 것이 업(業)이라 한다. 그릇된 생각이 뜻으로 가서 짓는 업이 의업(意業)이요, 그릇된 생각이 생각으로 가서 짓는 업이 사업(思業)이요, 그릇된 생각이 입이나 몸으로 나와 행동으로 짓는 업이 사이업(思已業)이다.

이러한 삼업이 본성 자리에 쌓이면 집착(執着)을 낳고 그 업의 힘으로 생명은 윤회한다. 중생은 업보를 받은 육신 자체가 본래 생명작용에 대한 그림자인 줄을 모르고 그것이 본래 생명인 줄 알기 때문에 생사윤회의 고통에서 벗어날 수가 없는 것이다.

진여는 공간적으로나 시간적으로 그 본질이 변하지 않지만 업에 의해 자꾸 변화된 모습으로 나타난다는 것을 알아야 한다."라고 설한다.

이 말은 본질인 순수의식(절대계)은 시공을 초월하여 변하지 않으나, 현상계인 물질계(상대계)에서는 물질이 삼상(고체, 액체, 기체)을 가지고 있고 이는 온도의 변화에 기인하고, 우리의 삶에서 기쁨과 슬픔, 담담함 등을 느끼는 것은 감정의 변화에 기인하는 것으로 자꾸 변화된 모습으로 나타나는 것을 말하는 것이다.

물질의 기초가 되는 양자는 바라보면(즉 양자의 상대방이 되면) 주변 환경과 상호작용하여 결 어긋나고 이때는 입자의 형태를 띠어 어느 한 곳에 모습을 드러내내(현상계의 모습), 바라보지 않으면(제3자, 즉 관찰자로 멀리 떨어져 관찰하면) 주변 환경과 격리되어 결맞음이 되고 이때는 파동의 형태를 띠어 2 이상의 장소에 모습을 드러낸다(절대계의 모습). 이것의 의미는 만약 우리가 마음을 주변 환경의 변화에서 벗어나 격리시킬 수만 있다면 원하는 모든 것을 물질화시킬 수 있다는 것이고 바로 절대계의 특징이다. 반면 나와 상대방이 있는 현상계인 이 세상은 분별심('한계지음')이 빚어낸 환영(maya)이라는 것이다.

따라서 이 경전의 가르침은 간절한 마음과 생각이 본성자리와 통하면(이는 원하나 원하는 것 자체에서 마음이 떠난 상태, 중요성을 멸한 상태로서 원하는 것이 주변 환경의 변화의 영향을 완전히 벗어난 격리상태를 말하는 것이다) 만물과 내가 서로 유통되어 불가사의(不可思議)한 재주(해탈의 경지)로 나타날 수 있다는 것을 가르쳐주고 있다.

"알라딘의 램프요정 '지니'가 바로 '무의식'이다"

6. 진공과 미립자는 생명의 원천이다

> 양자진공은 양자적 요동을 통해 가상입자를 만들어 내고 이 입자들이 블랙홀의 사건의 지평선에서 살아남으면 실재입자가 되며, 이 입자들이 서로 만나 물질을 형성하는 것이다.
> 바로 생명의 원천은 진공이다.

진공은 미니블랙홀의 집합이자 바로 미립자일 가능성이 크다. 그 이유는 진공은 아무것도 존재하지 아니하는 상태에서 요동치면서 바로 미립자를 만들어내고, 미립자의 특성은 블랙홀의 특성과 정확히 같으며 블랙홀의 가장 작은 형태는 미립자 크기 수준이라는 점, 이 우주가 빅뱅 전에는 전자보다도 작은 미립자 규모였다는 점 등을 생각해 볼 때 진공은 바로 블랙홀의 집합이라고 볼 수도 있을 것 같다. 또 블랙홀은 화이트홀의 역할도 하는 것으로 추정된다는 점을 고려하면 진공이 미립자를 탄생시키는 것이 이해가 되는 것이다. 다만, 이러한 주장은 물리학계에서 제기된 주장이 아니라 필자가 진공과 마음의 관계를 연구하면서 직관적으로 얻은 결론이므로 마음의 본질을 이해하는데만 참고하기 바란다. 왜냐하면 이 책은 마음에 대한 비밀을 연구한 책이지 물리학을 연구하기 위한 책이 아니기 때문이다.

다만, 필자가 앞에서 양자 진공과 마음의 비교를 통해서 주장한 것처럼 마음의 본질이 진공이라고 볼 때 아래와 같이 이야기할 수 있을 것이다.

1) 순수진공은 순수의식(純粹意識, 무의식(無意識)을 포함한다)을 의미하며 이는 정적이므로 바다로 보면 심해에 해당한다. 즉 주위환경과 거의 영

향을 주고받지 않는 상태이다. 그러므로 시공을 초월하고 무소부재이며 전지전능이요, 바로 신(神)이다. 그러면서도 0의 상태를 유지한다. 모든 것을 포용할 수 있는 상태이기 때문이다.

2) 양자 진공은 진공이 개별운동을 시작하여 미립자의 세상으로 바뀐 상태이다. 이 상태는 순수의식 상태이긴 하나 주위환경과 작용을 주고받기 시작하게 되는 진공으로서 바다로 보면 표면의 파도치는 부분과의 경계선에 해당된다. 순수의식과 현재의식을 연결해 주는 개별화된 무의식(無意識, 영혼-여기서 개별성이 강한 혼이 분리되면 영만 남고 바로 순수의식과 일체화된다)으로 볼 수 있다.

3) 미립자는 결합하여 생명의 최소수준인 원자를 만들고 원자는 모여 분자를 만들어 생명의 시작을 알린다. 이렇게 보면 생명이란 집단운동이 극대화되는 단계로서 바다로 보면 파도를 타고 뛰어오른 물방울로 비유할 수 있다. 물방울은 주변 환경에 그 영향을 즉각적으로 주고받는 상태이며, 따라서 생명은 주위환경과의 격리되어서는 존재할 수 없는 존재로 현재의식(現在意識)을 이룬다.

4) 우주생물학에서 일반적으로 엑소제네시스(Exogenesis)라는 이름으로 알려진 '생포자 가설'에 의하면 우주는 생명의 바탕이 되는 생포자(生胞子)로 가득 차 있다고 한다. 태초 빅뱅의 시점에서 발생된 엄청난 에너지가 우주 전역으로 골고루 퍼졌는데 이때 이 에너지에 내재된 생포자가 광활한 우주의 모든 물질에 깃들게 되었다는 것이다. 이 이론을 자세히 살펴보면

왜 아무것도 없는 진공이 요동치면서 생명의 기반인 양자를 만들어 내는지에 대한 생물학적 설명이라는 것을 알 수 있다. 우리가 여름날 먹고 남은 과일이나 음식에서 몇 시간도 지나지 않아 하루살이나 날파리가 생겨나는 것을 수없이 보았지 아니한가? 이러한 현상도 진공의 생명창조력을 보여주는 일례라 할 수 있을 것이다.

우리가 일반적으로 이야기하는 "이 우주에는 공짜 점심은 없다."는 선입견이 깨어지는 순간이다. 놀라운 것은 절대계에 해당하는 무한진공이 상대계인 우리가 아는 물질계로 전환되는 과정에서는 공짜점심이 일반적인 현상이라는 것이다. 반면에 우리가 알고 있는 사실(공짜 점심은 없다)은 상대계인 물질계 내에서의 변화에서 나타나는 국지적 현상인 것이다. 이를 종합해 보면 진공은 생명의 원천이며, 미립자는 생명의 시작이라 볼 수 있는 것이다.

프랑스의 위대한 철학자 베르그송은 생명체를 이끄는 본질적인 힘을 'Élan Vital(생명의 도약)'로 정의하였다. 진공에서 양자들이 요동쳐 생명을 탄생시키기 때문에 생명은 멈출 수가 없는 것이다. 멈추면 이미 죽은 것이나 마찬가지이므로.

베르그송

진공에서 끊임없이 일어나는 '양자도약'을 보자. 양자도약이란 양자가 시공을 뛰어넘어 끊임없이 공간이동을 계속하는 현상을 이르는 말로 이미 물리학에서는 당연한 사실로 받아들이고 있다.

공간이동을 보자. 일반적으로 공간이동이란 그 원자의 몸체인 껍데기는 그대로 둔 채 성질(정보)만을 이동시키는 것을 말한다. 이 견해에 따른다면 원리적으로는 인간의 순간이동도 유체이탈 상태로는 가능할 수 있음을 시사한다. 바로 이것은 죽은 자의 영혼이 영매를 통해 그의 뜻을 전달해 주는 심령현상을 설명해 주는 단서가 될 수도 있을 것이다. 그러나 유체이탈 상태인 영혼의 능력은 여러 장소로의 순간 이동에 의한 기존 정보의 전달은 가능하나 정보를 조작, 생산, 소멸시키는 것은 불가능하다는 의미도 된다.

이것은 정보의 조작, 생산, 소멸은 오직 영(유체)과 몸(물질)이 합일되어 복합작용을 하여야만 가능하다는 의미일 수도 있다. 이렇게 본다면 생물학적으로 살아 있을 때만이 정보를 마음대로 조작하거나 생산, 소멸시키는 행위가 가능하다고 볼 수 있고 사후에는 기존 정보만을 보유한 채 윤회의 과정을 거치는 것이 아닐까 하는 심증을 갖게 한다. 좀 더 연구해 볼 일이다.

이런 점에서 보면 육체와 정신을 공유한 이생에서의 우리의 삶은 만물의 본질을 향한 진화를 촉진하기 위해서 신이 우리에게 부여한 아주 특별한 기회가 아닐까? 인간 개개인 스스로 자유의지에 따라 그가 원하는 것을 창조하거나 소멸할 수 있는 능력을 부여했으니 말이다.

불교에서는 환생에서 벗어나 해탈에 이르는 길을 찾는 것을 지상목표로 삼고 있으나, 해탈하여 이르는 곳이 앞에서 공부한 것처럼 절대계와 모든 소통이 가능한 영계라면 이곳은 만물의 구별도 없고 일체가 하나가 된 혼돈의 세상일 것이며 재미없고 매우 지루한 세상일지도 모른다. 그리고 영혼의 능력은 여러 장소로의 순간 이동에 의한 기존 정보의 전달은 가능하나 정보를 조작, 생산, 소멸시키는 것은 불가능하다는 점을 고려할 때 지금 우리가 사는 세상보다 재미가 없을 것 같다. 그렇다면 지구상에 다시 인간으로 환생하는 것이 더 좋지 않을까?

　오직 마음과 물질의 합일을 통해서만이 정보의 창조와 생산, 소멸이 가능하다는 위의 전제를 받아들인다면 지구상에 다시 환생하는 것은 커다란 축복이 아닐 수 없다.

　이러한 가설은 지상천국의 건설이야말로 우리 인류가 추구해 나가야할 의무임을 일깨워 주는 것이 아닐까?

7. 연결을 지향하는 것이 본질에 이르는 길이다

21세기 4차 기술혁명은 이 우주의 본질인 '연결성'을 지향하고 있다. 반면에 개인은 보다 고독한 존재가 되어 가고 있다는 딜레마(dilemma)에 빠져있다.

그 이유는 우리 보통 사람들이 연결성의 달콤함에 빠져 "나는 누구인가?"에 대한 해답을 얻으려는 노력도 하지 않고 있고, 또 그 답을 얻지도 못했기 때문이다.

연결성의 끝에는 너무나 단단한 독점성이 자리하고 있음을 알아채야 한다. 그래야 우리는 이 우주의 중심이 되어 고독과 소외의 그늘에서 벗어날 수 있다.

우리 역사를 돌이켜보면 보통 사람들이 잠들어 있을 때 모든 것은 힘을 가진 특정집단의 전유물이 되었고, 보통 사람들이 깨어날 때 자유와 평등의 세상이 되었다.

4차 기술혁명 시대에 접어든 21세기는 더욱 더 보통 사람들이 깨어나야 한다. 그렇지 않으면 영국의 저명한 물리학자 스티브 호킹이 예언하듯이 우리는 지구를 떠나 이 우주를 방황해야 할지도 모른다.

"한 문화에서 스토리텔링이 잘되지 않으면, 그 문화는 쇠락하게 된다."는 아리스토텔레스의 말은 20세기에 이르기까지 진리였다.

그러나 이 말은 4차 기술혁명의 문을 막 연 21세기에는 옛말이 되고 있다. 21세기는 단체게임보다 개인이 기분 내키는 대로 혼자 즐기는 스노보드, 골프 등 익스트림 스포츠가 대세가 되고 있다. SNS 등의 사적인 미디어의 개인주의와 익스트림 스포츠의 개인주의는 점차 확산되고 있다.

이제 게임도 선이 악을 이긴다는 스토리 중심에서 벗어나 게이머가 참여하고 스토리를 바꾸는 경험과 자기 주도게임으로 바뀌고 있다. 이제 멀리 떨어져 있어도 인터넷망만 통하면 누구나 세계의 수많은 사람들과 만나 스스로 의사결정을 하여 게임을 주도하는 경험주도자적 게임, 그리고 승자 없는 무한게임으로 게임이 급격히 변화하고 있는 것이다. 이제 세상의 누구와도 자유로운 연결이 가능한 '인터넷 시대'가 도래하여 정보와 정보가 만나는 매듭점이 바로 '창조점'이자 지식의 정보화 포인트가 되고 있는 것이다. 바로 내가 창조주가 되는 시대가 도래한 것이다. 유사 이래 계속되어 온 시간의 선형성은 이제 소멸되어 오직 현재만 존재하는 세상으로 바뀌고 있는 것이다.

그러나 이렇게 모든 것은 연결되는 반면, 인간이 고등동물인 이유인 '사회성'이 사라지고 개인화가 일상이 되고 있다는 점은 향후 인류라는 종이 지구상에서 사라질지도 모른다는 우려를 낳고 있다.

디지털시대인 21세기는 이 세상의 본질인 연결성(절대계의 특징)을 지향하지만 개인은 바로 물질계의 최고봉인 분열(상대계의 특징)의 극단으로 치닫는 디지털 분열(deciphering) 현상이 나타나고 있다. 내가 현실에 살고 있는지 미래에 살고 있는지 또는 살아 있는 것인지 죽어서 다른 세상에 와 있는 것인지조차도 구분할 수 없는 연결성의 증가는 우리가 사는 세상의 상대성과 구별을 모조리 뒤엎어 우리를 혼동의 충격 속으로 몰아가고 있다. '인간은 사회적 동물이다.'라는 한마디로 정의되던 인간과 인간의 연결만이 모든 것을 만들어내던 스토리텔링의 시대는 끝나가고 있으며, 이제 컴퓨터나 모바일 도구만 있으면 나 혼자만으로도 모든 일을 처리하고 즐길 수 있는(즉, 신이 곧 나인) 개인 주도시대가 도래하고 있다. 여기저기서 쏟아지는 디지털 상의 가짜 현재와 살아 숨 쉬는 인간이 몸담고 있는 참된 지금 사이의 구별이 모호해지고 있는 혼란의 시대가 도래한 것이다.

우리는 인간과 인간의 연결인 사회성을 파괴하는 '혼자 하는 도박게임' 등 인간성을 말살시키는 도구들에 빠져들어서는 안 된다.

왜냐하면 이들을 꼭두각시로 만들어 이 세상을 지배하려는 세력이 호시탐탐 이들을 노리고 있기 때문이다.

지난날을 돌아보면, 축(軸)의 세상에 살았던 농부들은 이전과 이후라는 것을 체득했고 시계로 돌아가는 세상을 살았던 노동자들은 똑딱 소리에 맞춰 살았다. 그러나 디지털 시대에 사는 우리는 전기적 신호인 펄스에 맞춰 살아야 한다. 디지털 시간은 물과 같은 흐름이 아니라 찰칵하는 순간의 움직임이다. 두 개의 선택지가 있는 것처럼 디지털 시간은 여기 아니면 거기다. 시간의 흐름에 대한 우리의 경험과는 대조적으로 디지털 시간은 언제나 현재며 순간이다. 그것은 정지해 있고 유보되어 있다.

축의 시대가 달력에 의해 돌아가고 시계의 시대가 일정표에 의해 돌아갔다면 디지털 시대는 우리의 코드(code, 정보를 나타내기 위한 기호체계)의 권위를 따라야 한다. 디지털 시대의 시간이란 더는 선형적이지 않고 분리되어 여기저기 결합할 수 있는 것이다. 과거는 타임라인의 뒤쪽에 있지 않고 정보의 바다에 흩어져 있는 것이다. 시간이란 처리 과정을 밟아야 하는 또 다른 형태의 정보 혹은 일용품으로 바뀌고 있다. 시간은 과거에서 미래로 이행되는 것이 아니라 장소에서 속도와 가속도 등으로 파생적 형태로 이행된다. 이제 변화는 우리가 생각하듯 유일한 불변항(不變項)이 아니다. 변화 역시 변화하고 있기 때문이다. 변화의 본질은 변화한다는 바로 그것이다. 정보의 흐름과 통제는 이제 난기류(혼동) 속으로 들어가 정보의 흐름이 더는 위에서 아래로 흐르지 않기 때문이다. 이제 정보의 흐름은 언제나 사방에서 흘러 들어오고 나간다. 이 말은 곧 변화를 관리하고 이끌 수 있는 능력의 기반이 더는 전기전자 통신이나 커뮤니케이션 그리고 전통적 후원방식에 있지 않고, 그 기반은 정보를 주고받고 기록하고 개정하는 '과정' 그 자체에 있다는 말이다. 이런 틀 안에서도 변함이 없는 단 하나의 진실은 바로 진화다. 우리 인간은 선형적 시간 축을 따라 움직이는 것이 아니라 일정한 프로그램이 만들어 낸 불연속적이고 단속적인 단계를 밟아 나간다. 과거엔 신비로운 의식의 영역으로 여겨졌던 것들도 디지털시대에는 정보의 복잡성으로부터 새롭게 대두되는 하나의 현상으로 치부될 뿐이다.

이제 우리는 프로그램 된 존재로 변화하고 있다. 개인의 비밀은 이제 없어지고 있다. 프로그램 된 존재 배후에는 이 프로그램을 만드는 정보독점자가 있다는 사실을 잊으면 안 된다. 이를 잊어버리는 기간이 길어지면 우리는 과거의 독재자의 손아귀에 놀아났던 불행한 역사를 되풀이할지도 모른다. 우리 보통 사람들이 깨어나야 한다. 디지털화의 본질을 직시하고 모두를 위한 방향으로 나아가도록 감시해야 한다. 우리는 프로그램이 명령하는 것에 단순히 수동적으로 반응하는 데 그치는 프로그램 된 존재가 아니라 프로그램 하는 존재가 되어야 비로소 디지털 분열과 정보독점자의 손아귀에서 벗어날 수 있다.

우리의 자아는 신체적 시간과 분리된 시간 속에 존재한다. 이 두 현실이 충돌하면서 현재충격을 낳는다. 원시 부족민이 지구의 회전에 의거한 '전체적 시간' 속에서 살았다면 디지털 인간은 컴퓨터에 의거한 '무 시간' 속에서 사는 것이다. 우주의 중심에 어떤 절대시계가 있다고 할 때, 우리는 그

것으로부터 벗어날 수는 있지만, 서로에게서는 벗어날 길이 없다. 왜냐하면 모든 존재는 촘촘히 연결되어 있기 때문이다. 한 생물계나 한 문화 내부에서 보면 타이밍이 전부인 것이다. 이 세계 속의 서로 다른 부분들 사이에 동기화가 이루어져 있다는 근거로 사람들의 생리주기가 달의 주기인 28일과 일치한다든지, 지구의 주파수와 인간의 주파수가 일치하면 건강과 장수를 누릴 수 있다든지 하는 많은 현상들이 동조화를 바탕으로 일어나고 있는 것이다.

신경전달물질의 발현도 지구와 달의 주기에 영향을 받는다는 것이 과학적으로 밝혀졌다. 우리 내부의 리듬과 자연의 리듬이 동조화하는 것이다. 이는 시간이란 하나의 커다란 덩어리가 아니라 서로 교환 가능한 구체적 요소들로 이루어졌다는 추정이 가능하다.

스티브 잡스는 패턴의 반복성을 직시하고 3년 주기의 제품 개발을 늘 염두에 두고 있었다고 한다.

디지털 경로는 결심지점들(decision point)로 이루어진 여러 갈래로 뻗은 계층구조를 띤다. 디지털 타임라인은 한 시점에서 다른 시점으로 이동하는 것이 아니라 한 선택에서 다른 선택으로 이동하는 것이다. 고대 그리스인들에게는 두 가지의 시간이 있었다. 그 하나는 크로노스(chronos)로 시간을 정량적으로 재는 것이며 이는 우리가 일반적으로 말하는 선형적 시간(time)이고, 다른 하나는 카이로스(kairos)로 시간을 정성적으로 재는 것이며 이는 기회(timing)를 말하는 것이다.

현재충격은 4차 기술혁명이 가져온 크로노스(time)와 카이로스(timing)가 서로 뒤섞이는 데서 기인한다. 타임과 타이밍, 현실의 시간과 직관의 시간, 과거와 현재, 그리고 미래, 점과 파동의 서로 간의 뒤섞임이 가져오는 역작용– '디지털 분열'–에서 오는 것이다.

우리는 디지털혁명에 대한 올바른 이해와 훈련을 통해 디지털 분열에서 벗어나야 한다. 디지털 분열이 초래하는 강요된 현재만이 전부인 삶은 램(RAM)의 공간과 비슷하다. 램 상태는 모든 것이 진행 중일 뿐 손에 잡히는 무언가가 존재하지 않는 상태다. 현재주의 적 삶은 램이 하드드라이브 역할을 해 주기를 바라는 강박적이고 짧은 영원에 기대는 삶이다. 지금과 그때 사이의 거리가 사라져 우리의 과거뿐만 아니라 미래도 현재 안으로 압축되어 버리는 것이다. 우리들이 참 나를 찾지 않는다면, 결국 디지털 시대인 21세기는 짧은 영원, 즉 일종의 정신적 매쉬-업(mash-up) 상태의 나락으로 우리들을 데려갈 것이다. 이 짧은 영원에서는 나란 존재란 일시적 소모품에 불과하게 된다. 이를 증명하는 현상들을 살펴보자.

오늘날 소비행위는 공연관람을 닮아 가고 있다. 소비자 입장에서의 진정한 소비는 없고 단지 경험만 있을 뿐이다. 다른 이가 소유한 물건과 정보, 서비스를 이용할 권리를 갖기 위해 끊임없이 대가를 지불할 뿐이다. 진정 실제 소유한 것은 아무것도 없는 사회로 진입했다. 자동차, 집, 고용(인력공급업체에 등록된 파견근로자), 음원, 영상 등 모두 타인 소유로 둔 채 이용 가능한 세상이 된 것이다.

또한 상품이나 돈을 직접 주고받을 필요가 없는 파생상품 시장의 규모가 폭발적으로 증가하여 시장은 투기화되고 급변하고 있다. 즉 시간이 무한압축을 반복해 과거, 현재, 미래가 압축되고 있는 것이다. 아무리 추상적이라 할지라도 가치란 인과 구조를 가진 시간적 우주의 산물이라는 점에서 인과율을 위협하는 디지털 분열은 심각한 문제를 초래할 수밖에 없다.

우리는 깨어 있어야 한다. 변화를 면밀히 관찰하고 그 변화가 이끄는 대로 따라가는 군중들의 행태에서 벗어나 나를 직시하여야 한다.

자연의 법칙인 프랙털법칙은 유한에 무한을 품고 있다는 법칙이다. 위로 아래로 진행되는 방향성은 무시간성을 상징한다. 무한 반복되는 자기유사성은 급기야 어떤 단계를 들여다보고 있는 것인지 가늠할 수 없게 만든다. 어떤 세부든지 확대를 해 놓으면 다른 차원이나 단계의 세부와 같기에 몇 단계만 들어가도 영원히 길을 잃게 된다. 프랙털은 우리를 어떤 방향으로 이끄는 동시에 어떤 척도와 적합성에 대한 우리의 감각을 상실시킨다. 그것은 우리로 하여금 복잡계의 기저에 내재된 패턴에 접근할 수 있도록 해주는 동시에 우리를 꾀어 어떤 것도 존재하지 않는 곳의 패턴에 주목하게 만든다. 이런 특성은 현재충격과 관련된 모종의 패턴 찾기의 놀라운 아이콘이 된다. 이 패턴은 시간이 사라진 세계는 동시성과 연결성이 지배하는 세상임을 짐작케 한다. 카오스로 가득 찬 전자미디어 시대에는 패턴을 찾아야 제대로 헤쳐 나갈 수 있는 것이다. 대다수의 괄목할 만한 성취가 홀로 연구실에서 연구에 몰두하고 있는 때가 아니라 회의시간이나 점심을 같이 머물면서 어울릴 때 나왔다는 사실은 사고가 더 이상 개인의 행위가 아닌 집단의 행위라는 주장의 근거가 되고 있다. 바로 우주의 네트워크적 연결을 짐작케 하는 증거이다.

모든 것이 연결되어 있다면 도대체 이 연결은 어디부터 시작되었을까? 상대계와 절대계의 통합으로 나아가고 있는 21세기는 원인과 결과를 선형적으로 보던 시각에서 벗어나 원인과 결과 이 모든 것이 동시에 일어난다는 것을 이해해야 한다. 원인과 결과는 동일한 순간에 결합되어 있기 때문이다. 피드백이 유용해지기 위해서는 행한 것과 그것이 초래한 결과 사이에 일정한 시간적 간격이 존재해야 한다. 그러나 디지털 시대인 현재주의 세계에서는 이 피드백 회로가 너무 촘촘해 무슨 일이 일어났는지 가늠하기 어렵다. 마이크를 쥐고 엠프 가까이 접근하면 잡음만 들리듯이 이 신호와 소음을 구분하기 어려운 것이다. 시간의 상실은 비국소성, 상하방향으로 흐르는 시간, 원인과 결과의 혼합으로 모든 것이 블랙홀 속으로 압축되는 것이다. 프랙털은 이러한 혼란 속에서 내재된 패턴을 찾아내어 혼란 속에 담긴 본 파동을 파악할 수 있게 해 주는 지침이 된다.

소셜 미디어는 사람들로 하여금 즉각적으로 반응하게 만들었고 관련 기업이나 정치인에게 향하던 것을 모두가 공유하게 만들고 있다. 그 결과 사람들은 어떤 제품이나 정책에 반응하듯 다른 사람들의 반응에도 반응하게 됐다. 여러 곳에서 즉각적으로 피드백이 이뤄지는 환경이 도래한 것이다.

네트워크가 열악하고 투명성이 낮은 곳에선 죄수의 딜레마에서 보듯 모두 보다 이기적이고 개별적이어서 예측 가능한 행동을 보이나 정보가 공개된 투명한 곳에선 행동이 예측 불가능하다. 이것은 고전물리학에서 양자물리학으로 넘어오면서 이 우주는 확률이 지배하는 세상임을 밝혀낸 것과도 일맥상통하는 것이다. 즉, 확률적으로만 예측할 수 있을 뿐인 세상이 도래한 것이다.

이 말은 관심분야가 더 넓고 이해관계에 덜 얽혀 있는 사람이 한 분야만 파고든 전문가보다 더 좋은 예측을 내놓을 수 있다는 주장의 근거가 된다. 디지털시대에는 감정이입(empathy) 능력을 높여야 한다. 부분보다 전체를 보아야 진정한 해답을 얻을 수 있다. 감정이입은 단순히 학습하거나 이해해서 할 수 있는 일이 아니다. 그것은 다른 사람을 느끼고 경험하는 것으로 파동이 일치되는 것이다. 바로 선율이 아니라 화음에 관한 것이다. 접속점(node)이 아니라 접속점들 사이의 연결에 관한 것이다.

자연의 법칙인 프랙털에서 얻는 교훈은 누군가와 맺고 있는 관계는 그가 개별적으로 축적한 지식보다 중요하며, 공유가 소유를 앞지르고, 관계는 자아를 대체한다는 것이다. 다시 말해서 이 세상은 '관계'에 의해 규정되는 어떤 것이다. 현재충격이 휩쓰는 오늘날 이 혼돈에서 벗어나려면 혼돈(추상성) 속에서 패턴을 찾아 방황하는 나를 정립시켜야 하는데 이는 오직 관계망 안에서 자신의 위치를 알아내는 데서 찾아야 한다.

불확실성이 일상인 디지털 시대인 지금 우리는 무엇인지 알 수는 없지만 우리가 알아챌 수 없을 만한 속도로 모든 것이 지금과는 전혀 다른 형태로 바뀔 것이라는 막연한 두려움이 만연하고 있다. 지금 그동안 당연한 것으로 믿어왔던 인간의 서사는 붕괴되고 끝없는 유보상태나 무한게임으로 환치되고 있다. 지금까지는 다른 사람의 변화를 따라하면 모든 것이 무난히 해결되었으나, 현재는 나의 본질을 제대로 이해하지 못하면 소모품으로 전락하고 마는 시대가 된 것이다.

시간은 블랙홀의 특이점이 종점이다. 모든 것이 다른 모든 것과 연결되면 현실은 모종의 특이점에 도달하게 된다. 즉, 모든 것이 동시에 일어나는 무한 복잡성의 순간이 되는 것이다. 그것은 절대적인 현재충격의 순간이며 거기서 역사와 미래와 현재가 한데 겹쳐져 그야말로 종말의 시간 속으로 들어가는 것처럼 보인다.

지금 우리는 상대계의 특질인 분리의 최정점에 서 있으면서 동시에 절대계의 특질인 연결성도 함께 경험하는 시대에 와 있다. 그렇기에 모든 것은 손쉽게 연결되는 반면, 개인인 나는 이 우주를 홀로 떠도는 '단독자(單獨者)'가 되어 정신적 분열 상태에 빠져드는 것이다. 마약과 게임중독, 놀이화 되는 자살의 빈번한 발생 등이 이러한 혼돈이 가져오는 일종의 사회적 현상이 되고 있다.

지금 우리에게 다가오고 있는 세상은 전체와 내가 일치되어 나라는 존재 자체가 전체가 되는 세상으로 나는 없고 전체만 존재하는 연결성의 세상이기에 분리에 길들여진 우리는 혼돈에 빠져 이에서 헤어나지 못하는 현상이 도처에서 발생하고 있는 것이다. 0과 1로 표현되는 디지털 시대는 상대계의 특질인 분리의 최정점에 우리가 서 있다는 것을 알려주고 있다. 그런데 우리는 분리의 최정점을 연결성을 통해 체험하고 있어 내가 전체에 흡수되어 없어진 것인지, 전체는 없고 오직 나만이 존재하는지를 구분할 수 없는 혼란에 빠져들고 있다. 이러한 혼란을 극복하고 우리가 차분히 연결성을 받아들이기 위해서는 0과 1을 연결할 수 있는 도구인 양자컴퓨터의 출현을 기다릴 수밖에 없을 것 같다. 양자컴퓨터는 0과 1 사이의 간극을 메꾸어 완벽한 연결성을 확보할 수 있는 도구로 이미 그 개발을 위해 많은 과학자들이 뛰어들어 혼신의 노력을 다하고 있어 조만간 이의 출현을 기대해 볼 만하다.

양자컴퓨터가 발명되기 전까지 오늘날 모든 것의 연결성은 확대되는 반면, 나는 세상과 점점 분리되어 '나홀로'라는 고독감과 존재 의미의 상실이 일상화되고 있다는 모순이 가져오는 혼돈에서 벗어날 수 있는 방법은 오직 추상성이 지배하는 전체에서 범주(category)를 찾아내어 나를 구체화시켜 지금의 혼돈의 이유를 직시하는 냉철한 판단력으로 이러한 상호 충돌을 나름대로 조화시켜 나가는 것이 가장 현명한 방법일 것이다.

제2장

내가 우주의 중심이다

1. 부족함이 일상이라는 제한적 생각을 털어내고, 풍요로움이 일상이라는 생각으로 마음을 가득 채우자

요즘 양자 진공의 창조력에 대한 이해가 깊어짐에 따라 아인슈타인이 주창했던 $E=Mc^2$이라는 에너지보존법칙에서 나온 우리의 일반적인 생각(이 세상에 공짜 점심은 없다)의 틀은 여지없이 깨지고 있다.

양자 진공의 에너지 무한 생산법칙을 이용할 줄 알게 된 21세기의 세상은 지난 20세기의 물질을 중심으로 한 '산업사회(이 사회는 한계의 인정이라는 틀에 바탕을 둔 구분과 분리가 지배하는 사회이다. 그래서 한계비용(Marginal Cost)을 인정해야 자본주의가 성립된다)'에서 벗어나 무한한 지식과 정보를 중심으로 하는 '지식정보화사회(이 사회는 무한계라는 틀에 바탕을 둔 통합과 공생이 지배하는 사회이다. 바로 한계비용이 0이 되는 세상이다)'로 급격히 변화하고 있다.

산업도 분리에서 통합으로, 깎아내어 물건을 만들던 생산형태에서 집적하여 물건을 만드는 생산형태로 빠르게 전환하고 있는 것이다.

예를 들어보자. 지금 우리는 원하는 지식정보를 사이버공간에 무한 비축하거나 비축된 정보를 찾아 변형 또는 확대 재생산할 수 있다. 바로 네트워킹을 통하여 정보의 확대재생산이 무한대로 가능한 세상이 된 것이다. 또 최근 영국에서는 공간에 있는 공기를 이용하여 기름을 만들어 내는 데 성공함으로써 아직 초보단계인 이 기술이 빠른 시일 내에 경제적으로 실용화된다면 엄청난 연료비의 절감은 물론 화석연료 사용으로 인한 심각한 환경오염도 없어질 것이라고 한다.

요즈음 그야말로 지금까지 아무것도 없다고 믿었던 진공이 무엇이든지 창조해 낼 수 있는 화수분이라는 증거들이 속속 드러나고 있다.

지나간 산업기반 시대가 만물의 표면적인 모습인 입자 또는 파동(싸인 또는 코싸인 파동)이라는 이분법에 기반을 둔 '한계 지음(상대계를 대표하는 숫자는 '1'이고 여기서 모든 수는 파생하며 이에 수렴한다)'을 그 특징으로 하는 세상이라면, 지식정보화시대인 요즘 시대는 만물의 표면적인 모습뿐만 아니라 그 이면의 본 모습을 함께 아우른 '한계 없음'(상대계를 대표하는 숫자 '1'과 절대계를 대표하는 숫자인 '0(=∞)'의 결합)을 그 특징으로 하는 탄젠트 파동의 세상인 것이다. 이는 신이 추구하는 최종목적일지도 모르는 '3'의 세상이 도래하고 있다는 증거라고 필자는 생각한다. 바로 디지털(입자)인 지성과 아날로그(파동)인 감성의 결합에 의한 통합과 공생의 세상이 다가오고 있는 것이다.

때문에 앞으로 다가올 세상은 절대계의 특성인 무한을 활용하게 되어 이 세상의 모든 것이 충만한 세상으로 드러나게 될 것이다.

드디어 인류는 무한자원으로 가득 찬 이 우주의 원리를 100% 활용하는 풍요의 시대로 접어들고 있다. 그러나 디지털 기술의 고도화는 이 우주의 본질인 통합과 공생을 향하여 빠르게 나아가도록 조직과 사회를 이끄는 반면, 우리 개인을 디지털 분열로 이끌어 집단보다는 개인이 중심이 되면서 개인의 고립화, 무력화가 심화되고 있다.

그 이유는 분리의 마지막인 디지털혁명이 연결을 알리는 신호탄이라는 사실을 알면 이해가 된다.

새로운 세상을 맞이하려면 당연히 고통도 따르게 된다. 이것이 연결성에 뒤따르는 개별화의 심화이다. 이를 극복하려면 교육제도의 대변혁, 정신세계에 대한 재인식과 나의 고정관념에서의 과감한 탈피, 그리고 세상의 중심은 바로 나라는 의식의 대전환 등을 통해 나란 존재는 연결에 의해서만이 존재가치가 있을 뿐만 아니라 이것이 우주의 흐름이라는 것을 마음속 깊이 새겨야 할 것이다.

2. 내가 우주의 중심이다

얼마 전 바둑의 세계 최고수로 인정받고 있는 이세돌 9단과 구글이 만들어 낸 인공지능인 알파고와의 대결이 벌어져 인공지능이 4대 1로 이긴 바 있다. 그 후 딥러닝에 의해 더욱 강해진 알파고는 세계에서 내로라하는 바둑 최고수를 차례로 격파하고 은퇴를 선언했다. 정말 기계가 건방지기 짝이 없다. 그러나 인정해야 할 것은 드디어 인간의 두뇌로 인간을 뛰어넘는 기계를 발명했다는 사실이다. 이제 비로소 인간이 신 그 자체임이 증명되는 순간이 다가온 것이다.

이제 인간은 기술혁신을 통해 우주에 가득 차 있는 무한정보를 이용하기 시작하고 있다. 인간이 마음을 활용하여 신의 영역에 도전을 하고 있는 것이다. 이 말은 인간이 바로 신이 화현한 존재이며, 인간 개개인이 그 안에 있는 능력을 알아채고 꺼내 쓸 줄만 알면 우리 모두 신적 능력을 발휘할 수 있음을 의미한다.

이 말은 무엇을 의미하는가?

우리는 그저 신의 명령에 따라 움직이는 '종'이 아니라 바로 '주인'이라는 말이다. 즉 우리 각자는 바람 따라 흔들리는 흔해빠진 갈대와 같은 객체가 아니라, 모든 것을 결정하고 행할 수 있는 주체라는 의미이다. 주체는 모든 결정을 스스로 내리는 힘이 있는 존재이다. 그러나 힘 뒤에는 반드시 책임이 따라온다는 것을 명심하자. 그래서 주관이 없는 사람은 힘 있는 사람에게 기대어 종이 되기를 원한다. 시키는 대로 하기만 하면 되니까 그것이 편하기 때문이다. 인류가 지금까지 걸어온 길이 바로 이 길이다.

그러나 21세기는 생각의 대전환이 필요하다.

지수의 세상은 변화의 속도가 엄청나기에 내가 우주의 중심이라는 이 우주의 진정한 지혜를 획득한 사람만이 낙오되지 않고 살아남을 수 있을 것이다.

이 책을 여기까지 읽은 독자들은 무엇이 진리인지 대강 눈치 챘을 것이다. 앞으로 나를 변화시킬 수 있는 여러 가지 조언을 담고 있는 제2부 《풍요로운 삶의 비밀》과 스스로 깨어나 빛나는 성공을 성취하여 인류에게 커다란 족적을 남긴 멘토와 나아갈 길을 밝혀주는 자기계발서를 엄선하여 필자의 의견을 가미하여 핵심만을 요약한 제3부 《내 인생의 멘토》를 읽고 나면 독자들은 진정으로 내가 누구인지, 풍요로운 삶을 살려면 어떻게 생각하고 행동해야 하는지, 그리고 지금까지 배운 진리를 알아채고 이를 삶에 활용한 이들이야 말로 이 세상에서 성공적인 삶을 살고 간 사람들이며 독자를 성공으로 이끌고자 하는 많은 자기계발서들이 이러한 진리의 일부나마 가르쳐주고 있다는 것을 알게 될 것이다.

그리고 이 우주의 가장 중요한 진리인 바로 '내가 이 우주의 중심이다.'라는 것을 알아채게 될 것이다.

이제 독자들의 생각이 이렇게 변하기만하면, 자신감이 용솟음치는 창조적 인간으로 변화하는 자신을 바라보면서 스스로도 놀라움을 금치 못할 것이다.

Epilogue

우리는 이미 "나는 누구인가?"라는 질문을 통해 생명을 얻어 이 세상에 태어난 것이야말로 우주에서 가능성이 거의 0인 사건이며, 이러한 기적이 실행된 실체인 우리는 모두 엄청난 행운아이자 피조물이 아니라 창조자 자신이라는 사실을 알았다.

그리고 이 세상은 부족한 것이 일상적이라는 우리의 일반적인 생각과 달리 이 우주는 풍요로 가득 차 있으며, 생명을 얻은 행운아들은 누구도 이러한 풍요를 누릴 권리가 있음도 알았다.

우리 스스로의 소중함을 모르면 다른 사람의 소중함도 모른다.

또 다른 사람을 배려하는 것이야말로 나를 위한 것임을 이해했다.

이 우주는 시공을 초월하여 모든 사물이 서로서로 촘촘히 연결되어 있어 한마디로 '관계맺음(with)'이 우리 우주의 본질임을 양자역학은 이야기해 주고 있다.

심지어 우리가 나라고 느끼는 나의 몸도 자기의식을 가지고 있는 70조 개의 세포가 상호 협조하면서 소우주를 이루고 있음이 밝혀졌지 아니한가?

이 우주에 존재하는 모든 것이 하나에서 출발해서 이 무수한 별과 항성, 행성을 이루었다는 점에서 보면 이러한 연결성은 오히려 당연한 것이다.

이제 우리는 수백만 년의 분리의 시대를 지나 연결의 시대로 막 발을 내

딛고 있다. 바로 4차 기술혁명이라 부르는 이 변화가 연결성의 시대로 우리를 이끌고 있는 것이다. 이 변화는 지금까지 지속되어온 '분리기술'이 최고도화 되면서 '연결기술'화 하고 있는데 기반하고 있다. 인간의 역사는 분화를 통한 복잡화의 역사였다. 나눔으로서 우리는 구별할 수 있었고 분화의 최정점에서 우리는 디지털이라는 기술을 습득했다. 그러나 분화의 정점 기술인 디지털은 연결을 그 속성으로 한다는 것이 사물인터넷, 가상현실, 인공지능(AI), 3D프린팅, 자동주행자동차 등 이 기술의 결과물들이 말해주고 있다. 이제 우리는 분리가 그 본질인 상대계인 이 세상을 연결이 본질인 절대계의 세상으로 이끌고 갈 기술을 발견한 것이다. 이 연결기술 등은 우리가 그려온 이상향, 즉 본질계로의 접근을 촉진할 것이다. 그러나 인간의 이성에는 이기심이라는 분리의 본질이 도사리고 있어 이 기술이 이끌어갈 미래가 그야말로 장밋빛일지 아니면 암울할지 아무도 모른다. 물론 전문가들의 의견도 나뉘고 있는 형편이다. 모든 것에는 긍정적인 측면과 부정적인 측면이 있는 것이 우리가 살아가고 있는 이 세상이다. 이를 경제학에서는 인간의 행동에는 양(+)의 경제효과와 부(−)의 경제효과가 함께 일어난다고 보아 무엇을 행할 때는 반드시 기회비용(행하지 않음으로 인해 얻을 수 있는 이익의 포기)이 필요하다고 정의하고 있다.

앞으로의 세상을 올바른 방향으로 이끌 책임은 우리 보통 사람들과 미래를 짊어질 젊은이들에게 있다.

그런데 필자가 보기에 지금 젊은이들은 어지러울 정도의 빠른 변화에 길을 잃고 헤매는 길 잃은 순한 양들로 보인다. 순한 양은 '나'라고 하는 주관이 없다. 그래서 남들이 하면 하는 대로 따라하다 결국에는 내가 어디로 가고 있는지도 모르고 길을 헤매게 된다. 격랑에서는 정신을 똑바로 차려야 그곳을 헤치고 살아남을 수가 있다.

갈 길을 잃고 방황하는 젊은이들, 지쳐 용기를 잃은 직장인들, 직장에서 해고되어 앞으로의 삶에 길이 보이지 않는 사람들을 비롯해 참된 삶이 무엇인지 찾아 성공의 과실을 내 것으로 만들어 풍요롭고 행복하게 삶을 살아가고 싶어 하는 사람들은 많은데 이들을 이끌어줄 등불은 너무나 찾기 어려운 것이 현실임을 필자는 직감하였다.

이제 필자는 살아온 수십 년이 넘는 기간 동안 탐구해 왔으며 정리해 온 나란 존재가 무엇인지와 삶이란 무엇이고 어떻게 살다가 가야 진정한 삶인지에 대하여 공론화할 때가 왔음을 직감하였다.

고민과 고민 끝에 필자는 어두운 미래를 향해 나아가는 사람들에게 하나의 등불이 되어야겠다는 일념에서 집필에 몰두한 끝에 《나는 누구인가?》(1권)를 시작으로 《풍요로운 삶의 비밀》(2권)에 이어서 우리가 본받을 만한 성공을 이룬 멘토들의 삶과 교훈 그리고 성공적인 삶을 살기 원하는 사람들을 위한 석학들의 조언을 한 권의 책으로 엮어 《내 인생의 멘토》(3권)를 집필하였으며, 끝으로 인간의 마지막 질문에 대한 필자의 탐구 결과인 《신과 영혼, 그리고 나》(4권)라는 제목의 책을 집필하여 총 4권의 시리즈물로 출간하게 되었다.

독자 분들에게 이 책이 펼쳐지는 순간, 독자 분들은 진정 나란 존재가 누구이고 살아 있다는 것이 이 세상에서 얼마나 어려운 일인지를 깨닫게 되었을 것이다. 그리고 바로 자신이 이 세상에서 '최고의 행운아'임을 직감했을 것이다. 그러면 이제 당신의 삶은 지금의 삶과는 전혀 다른 길(성공과 행복, 풍요가 넘치는 삶 그리고 연결된 세상)을 따라 쉬지 않고 흐를 것이다. 아무쪼록 여기 제시된 사항들을 숙독하고 숙독하여 내 것으로 만들자.

이 세상 모든 것의 성취는 습관화에 달려 있음을 기억하자.

습관화란 나의 현재의식을 잠재의식 속으로 갈무리하는 것이며, 이는 곧 우주의식과의 연결로를 만드는 것이기 때문이다.